Das DRSC und die Regulierung der Rechnungslegung

Betriebswirtschaftliche Studien
Rechnungs- und Finanzwesen, Organisation und Institution

Herausgegeben von
Prof. Dr. Dr. h.c. Wolfgang Ballwieser, München
Prof. Dr. Christoph Kuhner, Köln
Prof. Dr. Dr. h.c. Dieter Ordelheide †, Frankfurt

Band 63

Peter Lang
Frankfurt am Main · Berlin · Bern · Bruxelles · New York · Oxford · Wien

Jörg Hoffmann

Das DRSC und die Regulierung der Rechnungslegung

Eine ökonomische Analyse

Peter Lang
Europäischer Verlag der Wissenschaften

Bibliografische Information Der Deutschen Bibliothek
Die Deutsche Bibliothek verzeichnet diese Publikation in der Deutschen Nationalbibliografie; detaillierte bibliografische Daten sind im Internet über <http://dnb.ddb.de> abrufbar.

D 19
ISSN 1176-716X
ISBN 3-631-39882-4

www.peterlang.de

Geleitwort

1998 wurde in Deutschland das DRSC eingerichtet, dessen Aufgaben § 342 Abs. 1 HGB enthält. Herr Hoffmann würdigt das DRSC ökonomisch. Hierbei geht es ihm um (1) eine Klärung der Notwendigkeit rechtlicher Regulierung der Rechnungslegung, (2) einen alternativen Vergleich von Gesetzesrecht und Standards, (3) die modellhafte Einbeziehung von Lobbyismus in die Regulierung der Rechnungslegung und (4) die theoretische Analyse der Machtverhältnisse im DRSC und in seinen Arbeitsgruppen.

Nach dem Verfasser soll der Staat Rahmenbedingungen für die Publizität von Rechnungslegung schaffen, wobei die Art der Regulierung offen ist. Nach seiner Analyse werden die DRS „zu einem GoB-Kommentar mit hoher Bindungs- aber ohne Gesetzeskraft". Wegen § 342 Abs. 2 HGB sei es dem Gesetzgeber gelungen, „das private Rechnungslegungsgremium mit einem hohen Maß an Autorität auszustatten, ohne die Normsetzungsbefugnis in verfassungsrechtlich bedenklicher Weise auf ein privates Gremium zu übertragen." Für die faktische Bindungskraft komme es darauf an, „ein möglichst breites Spektrum persönlich unabhängiger ‚Rechnungsleger' zu beteiligen, sie finanziell hinreichend auszustatten und das Normsetzungsverfahren offen zu gestalten."

Bei der Würdigung des DRSC stellt der Verfasser auf institutionelle Rahmenbedingungen, Standardisierungsprozeß, personelle Besetzung und Qualität der Standards ab. Er zeigt Mängel im Standardisierungsvertrag und im Aufbau der Organisation. Zu Recht kritisiert er die undurchschaubare Finanzierung. Während die Offenheit des Verfahrens der Standardisierung positiv beurteilt wird, sieht er das für die Transparenz anders. Bei der Würdigung der DRS sind ihm Eindeutigkeit und Konsistenz wichtig. Während viele Standards wahlrechtsfrei und insofern eindeutig sind, kritisiert er den DRS 1a als widersprüchlich zu früheren Standards.

In Kapitel 4 untersucht Herr Hoffmann in einem Signaling-Modell die Rolle eines Intermediärs wie des DRSC als Berater des Gesetzgebers. Es zeigt sich, daß das Gleichgewichtsergebnis von der Glaubwürdigkeit des Intermediärs abhängt. Anhaltspunkt für seine Glaubwürdigkeit kann (1) die Zusammensetzung des als Gremium gedachten Intermediärs sein und (2) die Macht, die den einzelnen Interessengruppen in diesem Gremium zusteht. Auf diese Art verbindet Herr Hoffmann die spieltheoretische Analyse mit der anschließenden Analyse von Abstimmungsmacht. Er zeigt, „wie im Zusammenspiel von Regierung und Regulierer der Verbandseinfluß zurückgedrängt werden kann. Allerdings gilt hierfür, daß der Regulierer das Vertrauen der Regierung benötigt. Ob er dieses besitzt, hängt maßgeblich von seiner Besetzung ab."

Kapitel 5 gibt einen Überblick über den Shapley-Wert und den Banzhaf-Index als Maßstäbe zur Messung der Abstimmungsmacht von Gruppenmitgliedern. Mit diesen Indizes hat man bereits in den achtziger Jahren die Macht in Rechnungslegungsgremien der USA analysiert. Herr Hoffmann mißt mit ihnen – literaturgestützt – die Verhältnisse beim FASB, bevor er erstmals die Werte für das IASB, DRSC und die Arbeitsgruppen des DSR berechnet. Hierbei wird zu Recht auch auf Spieler, die ein Veto einlegen können, eingegangen. Schließlich hat das BMJ die Möglichkeit, DRS-Entwürfe nicht zu verkünden.

Die Ergebnisse zeigen, daß in einigen Gremien „Dummy-Spieler“ sitzen oder saßen und daß Empfehlungen über sinnvolle Abstimmungsmehrheiten von vielen Annahmen und Wertungen abhängen. Auch wenn der Leser gerne allgemeine Aussagen hätte, die hier nicht zu liefern sind, gelingt es Herrn Hoffmann sehr gut, ihn für die Arbeit und die Abstimmungsprozesse beim DRSC zu sensibilisieren.

Ich kenne keine vergleichbare ökonomische Analyse des DRSC und wünsche dem Verfasser deshalb eine gute Aufnahme.

München, den 20. Juli 2002 Wolfgang Ballwieser

Vorwort

Beim Verfassen einer Dissertation nimmt man die Hilfe zahlreicher Menschen aus dem eigenen Umfeld in Anspruch. Das Vorwort ist der Ort, ihnen zu danken.

An erster Stelle gilt mein Dank meinem verehrten akademischen Lehrer und Doktorvater Prof. *Dr. Dr. h.c. Wolfgang Ballwieser*. Ich danke ihm für eine fundierte Ausbildung, für die freundliche Aufnahme an seinem Lehrstuhl und für zahlreiche Anregungen bei der Erstellung der Arbeit, die jedoch nie den wissenschaftlichen Freiraum einschränkten. Ich danke ihm zudem für das gute, arbeitsame Klima am Lehrstuhl und für die Möglichkeit, im Rahmen der Mitarbeit in der Schriftleitung der zfbf tiefe Einblicke in den Stand der Wissenschaft und in den Wissenschaftsbetrieb zu gewinnen. Die Arbeit am Lehrstuhl hat sehr viel Spaß gemacht - ich möchte die Zeit nicht missen. Ebenfalls danken möchte ich Herrn Prof. *Dr. Bernd Rudolph* für die freundliche Übernahme des Korreferats, dessen rasche Erstellung und konstruktive Kritik.

Viele Kollegen am Lehrstuhl haben mich unterstützt. Hervorzuheben sind die Professores *Dres. Dirk Hachmeister, Christoph Kuhner* und *Stefan Rammert*, die mich durch viele Hinweise sehr unterstützt haben. *Christoph Kuhner* gilt insbesondere der Dank für die Beiträge zur Themeneingrenzung, *Stefan Rammert* für die Hilfe in der Schlußphase. Auf den Rat von *Dr. Ursula Schäffeler* und Dipl.-Kfm. *Michael Dobler* konnte ich mich stets verlassen. Große Lehrstuhlunterstützung erhielt ich auch durch die studentischen Hilfskräfte, die unermüdlich bei der Literaturbeschaffung und beim Korrekturlesen waren. Stellvertretend für sie alle sei hier cand. oec. publ. *Anneke Behrendt* genannt. Dipl.-Kffr. *Natalia Charpilo* danke ich für die Erstellung der Graphiken.

In mancher Hinsicht habe ich in der Dissertation für mich wissenschaftliches Neuland betreten. An die Hand genommen haben mich dabei von der Fakultät für Volkswirtschaftslehre Dipl.-Volksw. *Florian Englmaier*, Prof. *Dr. Marcel Thum* und PD *Dr. Achim Wambach*. Ohne die Ratschläge und Hilfestellungen dieser drei hätte die Arbeit ein anderes, konturloseres Gesicht erhalten. Konstruktive Anregungen erhielt ich auf dem 2. Doktoranden-Workshop zur Prüfungsforschung der Universität Potsdam unter Leitung von Prof. *Dr. Hansrudi Lenz* und Prof. *Dr. Martin Richter*.

Zunächst waren meine beiden Mitstreiter *Dr. Bernd Hacker* und *Dr. Martin Hebertinger* „nur" Kollegen. Dies hat sich jedoch rasch geändert. Durch die unglaublich gute Zusammenarbeit, die uns am Lehrstuhl zum HHH-Team werden ließ, fanden wir schnell auch viele private Gemeinsamkeiten und wurden zu Freunden. Die gemeinsame Arbeit im Doppelzimmer mit *Bernd* war sehr anregend - fachlich wie privat. *Martin* wird für mich stets ein Vorbild für Teamarbeit und Zuverlässigkeit sein.

Freunde haben mich fachlich und moralisch unterstützt. In juristischen und stilistischen Fragen stets an meiner Seite war *Dr. Andreas Paulus*. Hinzu gesellte sich

Dr. Ralph Dautel, der mir seine Anregungen stets „just-in-time“ zukommen lies. Aufbauarbeit aus der Ferne betrieb *Axel Schulz*, LL.M. - nicht nur für manche hohe Telefonrechnung stehe ich in seiner Schuld. Ein großes Vorbild in vielerlei Hinsicht, vor allem in unternehmerischem Denken, ist mein väterlicher Freund, *Dr. F. Wolfgang Laub*. Ihm gilt mein Dank für viele richtungsweisende Ratschläge. Während des schwierigen Lebensabschnitts des Examens und der Promotion hat mir *Christina Krenzler* mit sehr großer Nähe beigestanden. Danach haben sich unsere Wege getrennt. Ich bedauere dies sehr und danke ihr aus tiefstem Herzen für die schöne gemeinsame Zeit.

Am Schluß stehen die, die am Anfang stehen: meine Eltern. Meine Mutter, *Bärbel Hoffmann*, hat durch ihre umsichtige Erziehung und durch ihr Vorbild an Zielstrebigkeit, Ausdauer und Herzlichkeit erst diejenigen Eigenschaften in mir geweckt, die mich auf meinen Weg geführt haben. Mein Vater, Dipl.-Volksw. *Willfried Hoffmann*, hat mein Interesse an wirtschaftlichen Zusammenhängen gefördert und meinen Werdegang stets aufmerksam begleitet. Ihnen beiden gilt mein innig empfundener, herzlicher Dank.

München im August 2002 Jörg Hoffmann

INHALTSVERZEICHNIS

ABKÜRZUNGSVERZEICHNIS

AA	Arthur Andersen
a.A.	anderer Auffassung
AAS	Australian Accounting Standard
Abs.	Absatz
AcSEC	Accounting Standards Executive Committee
ADHGB	Allgemeines Deutsches Handelsgesetzbuch
AG	Aktiengesellschaft; Arbeitsgruppe(n)
AICPA	American Institute of Certified Public Accountants
AKA	Akademiker
AktG	Aktiengesetz
Anm.	Anmerkung
AO	Abgabenordnung
APB	Accounting Principles Board
Art.	Artikel
ASB	Accounting Standards Board
ASC	Accounting Standards Committee
ASR	Accounting Series Release
BAN	Banken
Bd.	Band
BFH	Bundesfinanzhof
BFHE	Entscheidungen des Bundesfinanzhofes
BGB	Bürgerliches Gesetzbuch
BGBl	Bundesgesetzblatt
BiRiLiG	Bilanzrichtlinien-Gesetz
BMF	Bundesministerium der Finanzen
BMJ	Bundesministerium der Justiz
BMWi	Bundesministerium für Wirtschaft und Technologie
BR-Drs.	Bundesratsdrucksache
bspw.	beispielsweise
BT-Drs.	Bundestagsdrucksache
Buchst.	Buchstabe
BVerfG	Bundesverfassungsgericht
BVerfGG	Gesetz über das Bundesverfassungsgericht
bzw.	beziehungsweise
CC	Completed Contract
CCR	Committee on Corporate Reporting
CON	Statement of Financial Accounting Concepts
c.p.	ceteris paribus
CPA	Certified Public Accountant
DAX	Deutscher Aktienindex
ders.	derselbe
d.h.	das heißt
dies.	dieselben

DIN	Deutsches Institut für Normung
DP	Discussion Paper
DRS	Deutscher Rechnungslegungsstandard
DRSC	Deutsches Rechnungslegungs Standards Committee
DSR	Deutscher Standardisierungsrat
DT	Deutsche Telekom
DVO	Durchführungsverordnung(en)
DWG	Gesetz über die Rundfunkanstalt des Bundesrechts „Deutsche Welle“
€	EURO
ebd.	ebenda
E-DRS	Entwurf Deutscher Rechnungslegungsstandard
EG	Europäische Gemeinschaften
EG-RL	EG-Richtlinie
EGV	Vertrag zur Gründung der Europäischen Gemeinschaft
EITF	Emerging Issues Task Force
EuroEG	Gesetz zur Einführung des Euro
EStG	Einkommensteuergesetz
EU	Europäische Union/European Union
EuGH	Europäischer Gerichtshof
e.V.	eingetragener Verein
f.	folgende
FAF	Financial Accounting Foundation
FAS	Financial Accounting Standard
FASB	Financial Accounting Standards Board
FEI	Financial Executives International
FRED	Financial Reporting Exposure Draft
GAAP	Generally Accepted Accounting Principles
gem.	gemäß
GG	Grundgesetz
GGO	Gemeinsame Geschäftsordnung der Bundesministerien
GO	Geschäftsordnung
GoB	Grundsätze ordnungsmäßiger Buchführung
GoK	Grundsätze ordnungsmäßiger Konzernrechnungslegung
GWB	Gesetz gegen Wettbewerbsbeschränkungen
HGB	Handelsgesetzbuch
h.M.	herrschende Meinung
Hrsg.	Herausgeber
HS	Halbsatz
HU	Humboldt-Universität
IAS	International Accounting Standards
IASB	International Accounting Standards Board
IASC	International Accounting Standards Committee
i.d.R.	in der Regel
IDW	Institut der Wirtschaftsprüfer in Deutschland e.V.

IFRS	International Financial Reporting Standards
i.e.S.	im eigentlichen Sinne
IND	Industrie
insb.	insbesondere
IOA	impairment only approach
i.S.d.	im Sinne des
i.S.v.	im Sinne von
i.V.m.	in Verbindung mit
Jg.	Jahrgang
Jr.	Junior
KapAEG	Gesetz zur Verbesserung der Wettbewerbsfähigkeit deutscher Konzerne an Kapitalmärkten und zur Erleichterung der Aufnahme von Gesellschafterdarlehen (Kapitalaufnahmeerleichterungsgesetz)
KonTraG	Gesetz zur Kontrolle und Transparenz im Unternehmensbereich
KPMG	Klynfeld Peat Marwick Goerdeler
K+S	Kali und Salz
LMU	Ludwig-Maximilians-Universität
LSE	London Stock Exchange
MDAX	Midcap DAX
m.E.	meines Erachtens
Mio.	Millionen
MitbestG	Gesetz über die Mitbestimmung der Arbeitnehmer
MWC	Minimum Winning Coalition
m.w.N.	mit weiteren Nachweisen
NPÖ	Neue Politische Ökonomie
Nr.	Nummer
No.	Number
Nos.	Numbers
NYSE	New York Stock Exchange
o.	ohne
o.g.	oben genannte(n)
OLG	Oberlandesgericht
o. V.	ohne Verfasser
p.a.	per annum
Par.	Paragraph
PartG	Gesetz über die politischen Parteien
PoC	Percentage of Completion
PS	Prüfungsstandard
PwC	PricewaterhouseCoopers
Q	Quorum
RdNr.	Randnummer
SFAS	Statement of Financial Accounting Standards
RFH	Reichsfinanzhof
RGBl.	Reichsgesetzblatt
Rn.	Randnummer

Rz.	Randziffer
S.	Seite(n)
SEC	Securities and Exchange Commission
SG	Schmalenbach-Gesellschaft für Betriebswirtschaft e.V.
sog.	sogenannte(s) (n)
StückAG	Gesetz über die Zulassung von Stückaktien
Tz.	Textziffer
u.a.	unter anderem
UK/U.K.	United Kingdom
UN	Vereinte Nationen
US	United States
USA/U.S.A.	United States of America
USD	US-Dollar
usw.	und so weiter
v.	von
VER	Versicherungen
vgl.	vergleiche
Vol.	Volume
vs.	versus
WP	Wirtschaftsprüfung(s)
z.B.	zum Beispiel
ZPO	Zivilprozeßordnung
z.T.	zum Teil
4. EG-Richtlinie	Bilanzrichtlinie 78/660/EWG
7. EG-Richtlinie	Konzernbilanzrichtlinie 83/349/EWG

Verzeichnis der Zeitschriftenabkürzungen

ABACUS	ABACUS - A Journal of Accounting, Finance and Business Studies
ABR	Accounting and Business Research
AER	The American Economic Review
AG	Die Aktiengesellschaft
AH	Accounting Horizons
AJM	Australian Journal of Management
AM	The Accountants Magazine
AOS	Accounting, Organizations and Society
APSR	The American Political Science Review
AR	Accounting Review
BB	Betriebs-Berater
BFuP	Betriebswirtschaftliche Forschung und Praxis
BH	Business Horizons
CPOA	Critical Perspectives on Accounting
DB	Der Betrieb
DBW	Die Betriebswirtschaft
DStR	Deutsches Steuerrecht
EAR	European Accounting Review
EJ	The Economic Journal
FAJ	Financial Analysts Journal
FB	Finanz Betrieb
IJA	International Journal of Accounting
IPSR	International Political Science Review
JAAF	Journal of Accounting, Auditing and Finance
JAE	Journal of Accounting and Economics
JAPP	Journal of Accounting and Public Policy
JAR	Journal of Accounting Research
JASIS	Journal of the American Society for Information Science
JBF	Journal of Business Finance
JBFA	Journal of Business Finance and Accounting
JET	Journal of Economic Theory
JfB	Journal für Betriebswirtschaft
JFE	Journal of Financial Economics
JLE	Journal of Law and Economics
JMG	Journal of Management and Governance
JoA	Journal of Accountancy
JoB	Journal of Business
JoF	Journal of Finance
JoP	Journal of Politics
JoPE	Journal of Public Economics
JPE	Journal of Political Economy
KOR	Zeitschrift für kapitalmarktorientierte Rechnungslegung
MSc	Management Science

QJE	Quarterly Journal of Economics
REconStat	Review of Economics and Statistics
RJE	The Rand Journal of Economics
RQFA	Review of Quantitative Finance and Accounting
RULR	Rutgers Law Review
sbr	Schmalenbach Business Review
SCW	Social Choice and Welfare
ST	Der Schweizer Treuhänder
StuB	Steuern und Bilanzen
StuW	Steuer und Wirtschaft
SZVS	Schweizerische Zeitschrift für Volkswirtschaft und Statistik
WEJ	Western Economic Journal
WiSt	Wirtschaftswissenschaftliches Studium
WM	Wertpapier-Mitteilungen
WPg	Die Wirtschaftsprüfung
ZBB	Zeitschrift für Bankrecht und Bankwirtschaft
ZfB	Zeitschrift für Betriebswirtschaft
zfbf	Schmalenbachs Zeitschrift für betriebswirtschaftliche Forschung
ZGR	Zeitschrift für Unternehmens- und Gesellschaftsrecht
ZIP	ZIP - Zeitschrift für Wirtschaftsrecht (vormals Zeitschrift für Wirtschaftsrecht und Insolvenzpraxis)

ABBILDUNGSVERZEICHNIS

TABELLENVERZEICHNIS

Symbolverzeichnis

a	Auszahlung bei Anwendung des bevorzugten Standards
a^*	optimales Aktionsprogramm für den Prinzipal
a^+	Aktionsprogramm mit höchstem Nutzen des Agenten
a^-	Aktionsprogramm mit mittlerem Nutzen des Agenten
c	Auszahlung bei erfolgreicher Koordination; Kosten
c_i	Transaktionskosten
EU	Erwartungsnutzen
G_i	Auszahlung an die Regierung im Umweltzustand i
I	Investition
I_i	Auszahlung an den Interessenverband im Umweltzustand i
i	Laufindex
j	Laufindex
K	Gesamtkosten
k	Laufindex; Konsultation des Intermediärs
k^E	Erstellungskosten
k^I	Interpretationskosten
k^V	Verhandlungskosten
k_a^V	Verhandlungskosten des Agenten
k_p^V	Verhandlungskosten des Prinzipals
N	Normierungsgrad; große Koalition in einem Spiel
n	Gesamtanzahl der Spieler in einem Spiel
nk	keine Konsultation des Intermediärs
nz	Interessenverband sendet kein Signal
P	Preis
P_m	Monopolpreis
P^*	Marktpreis
p	a posteriori-Wahrscheinlichkeit; Eintrittswahrscheinlichkeit
p_i	Wahrscheinlichkeit für die Wahl einer bestimmten Strategie durch Spieler i
q	Quorum
S	Verbreitung; Koalition in einem Spiel
s	Anzahl der Spieler in einer Koalition S
s_{ij}	j-te Strategie des Spielers i
T	Koalition in einem Spiel
U_G	gesamtgesellschaftlicher Nutzen
U_I	Nutzen des Interessenverbandes
u	Auszahlungsvektor
u_i	Nutzen des Spielers i
V	Wert eines Aktionsprogramms
v	Funktion eines Spiels
w	Auszahlungsvektor
x	Output; Auszahlungsvektor

x_i	Auszahlung an Spieler *i*; Handlungsalternative
x_m	Monopoloutput
x^*	Marktoutput
y	Auszahlungsvektor
y_i	Umweltzustand
z	Auszahlungsvektor
z_i	Umweltzustand
α	definiertes Auszahlungsverhältnis
β_i	normalisierter Banzhaf-Index des Spielers *i*
β_i'	nicht normalisierter Banzhaf-Index des Spielers *i*
λ	a priori-Wahrscheinlichkeit
π	Permutation
π_i	Wahrscheinlichkeit für Signal z_2 des Intermediärs in Umweltzustand y_i.
ρ_i	Wahrscheinlichkeit für Signal z_2 der Lobby in Umweltzustand y_i; Wahrscheinlichkeit für die Beauftragung eines Intermediärs in Umweltzustand y_i; relatives Stimmgewicht
ρ_i'	absolutes Stimmgewicht des Spielers *i*
σ_1	Wahrscheinlichkeit für die Wahl von x_2 bei keinem Signal
σ_2	Wahrscheinlichkeit für die Wahl von x_2 bei Signal z_2
Γ	Spielform
ϕ_i	Auszahlung an Spieler i; Shapley-Shubik-Index für Spieler i
ω	definierte Ausprägung von ρ_1

1 Problemstellung

„Der Gesetzgebungspatriotismus ist tot.“[1]

Die apodiktische Aussage eines Mitglieds des Deutschen Standardisierungsrates (DSR) steht am Beginn dieser Untersuchung. Sie umfaßt zwei Überlegungen. Zum einen diejenige, daß es in Deutschland eine gefühlsmäßige, vielleicht irrationale Bindung an die Werte der Regulierung durch den Gesetzgeber gab, und zum zweiten, daß diese jetzt beseitigt sei. Beide Überlegungen sind zu überprüfen. Ist das Wertschätzen des Gesetzgebers wirklich gefühlsmäßig, wie es der Ausdruck „Patriotismus“ suggeriert? Und ist diese Wertschätzung wirklich ausgelöscht?

Ausgangspunkt der Überlegungen ist die Frage, ob Rechnungslegung überhaupt reguliert werden muß. Tatsache ist, daß in allen industrialisierten Staaten der Welt Regelungen zur Unternehmenspublizität bestehen. Welche Ratio steht hinter ihnen? Kommt Publizität freiwillig an einem Markt zustande, so ist eine Regulierung überflüssig. Dabei ist einerseits zu untersuchen, ob es einen Markt für Unternehmensinformationen, andererseits, ob es einen Markt für Rechnungslegungssysteme gibt; mit Hilfe dieser Systeme können Informationen erst gegeben werden.

Auch in Deutschland gibt es seit dem Allgemeinen Preußischen Landrecht von 1794 Regelungen zur Unternehmenspublizität.[2] Gravierend verändert wurde die deutsche Regulierung durch die Gründung des Deutschen Rechnungslegungs Standards Committee (DRSC) im März 1998 und dessen Anerkennung als privates Rechnungslegungsgremium im Sinne des § 342 HGB im September desselben Jahres. Erstmals wurde damit ein privates Standardisierungsgremium im Bereich der Rechnungslegung eingeführt. Vorbild hierfür waren nationale Standardisierungsgremien anderer Länder, wie z.B. das US-amerikanische *Financial Accounting Standards Board* (FASB), und das internationale Standardisierungsgremium *International Accounting Standards Committee* (IASC).

Die Gründung einer privaten Rechnungslegungskommission wurde schon früh diskutiert,[3] eingerichtet wurde sie erst 1998. Erkennbar nahe liegt die Vermutung, daß erst der Druck durch die Internationalisierung der Wirtschaft in den Jahren nach 1990 die Gründung erzwungen hat. Die Einsicht, daß ein privates Gremium „bessere“ Standards erarbeitet als der bisher hierfür verantwortliche Gesetzgeber, könnte bei der Veränderung Pate gestanden haben. Andererseits könnten auch Vorgaben des - als dominant anzusehenden angelsächsischen - Auslands zu berücksichtigen gewesen sein.

---

1 *Niehus, Rudolf J.*, Reformbedarf, 2000, S. 28.

2 Vgl. *Schneider, Dieter*, Rechnungswesen, 1997, S. 22f.; *Wysocki, Klaus v.*, Research, 1983, S. 61.

3 Vgl. *Biener, Herbert*, Möglichkeiten, 1987, S. 52-55; *Kommission Rechnungswesen im Verband der Hochschullehrer für Betriebswirtschaft e.V.*, Reformvorschläge, 1979; *Langenbucher, Günther/Blaum, Ulf*, Rechnungslegungsgremium, 1995, S. 2325f.

Mit der Einführung des § 342 HGB wurde in Deutschland gesetzespolitisches Neuland betreten. Mit dem Deutschen Institut für Normung (DIN) existiert nur eine mäßig vergleichbare Einrichtung. Umstritten ist, welche Vor- und Nachteile die Delegation von Aufgaben im Bereich der Normierung der Rechnungslegung vom Gesetzgeber an private Rechnungslegungsgremien mit sich bringt.

An dieser Stelle setzt die Arbeit an und stößt in eine Forschungslücke vor. Zwar haben schon mehrere Autoren zu der Frage der Regulierung der Rechnungslegung Stellung bezogen, doch unterscheidet sich der hier eingenommene Blinkwinkel von dem bisher Publizierten in mehrfacher Hinsicht. Die einzige Studie, die nach der Gründung des DRSC zur Problematik der Regulierung der Rechnungslegung veröffentlicht wurde, ist die Arbeit von *Paal.*[4] Gemeinsamkeiten bestehen in der Untersuchung der Struktur und Organisation des Gremiums. *Paal* widmet sich aber stärker juristischen Aspekten und vergleicht verschiedene nationale und internationale Standardsetter. Hier steht die ökonomische Analyse im Vordergrund, Vergleiche werden nur am Rande gezogen. Die Arbeit verfolgt eine andere Richtung.

Andere Publikationen, die sich mit der Frage der Ausgestaltung des Regulierungsprozesses befassen, sind vor der Einführung des § 342 HGB erschienen. Dies betrifft die Arbeiten von *Brand,*[5] *Achleitner*[6] und *Breidenbach.*[7] In allen drei Werken wird neben anderem die Regulierung durch private Rechnungslegungsgremien untersucht. Zum Teil werden dort vorgestellte Würdigungskriterien hier wieder aufgenommen. Abgewichen wird aber in der Untersuchungsmethodik. Während dort die verbale Analyse normativer Argumente im Vordergrund steht, wird hier versucht, mit Hilfe eines spieltheoretischen Instrumentariums Ergebnisse zu gewinnen.

Dieses Instrumentarium kommt auch in den Arbeiten von *Feldhoff*[8] und *Noth*[9] zum Einsatz. Dort stehen jedoch, ähnlich wie bei *Schubarth,*[10] nicht Fragen des *Entstehens*, sondern des *Inhalts* der Regeln im Vordergrund. Nur an Stellen, an denen *Feldhoff* die Eingriffsnotwendigkeit des Staates diskutiert, bestehen Parallelen zu dieser Ausarbeitung. Ähnliches gilt für die Schrift von *Watrin,*[11] der hauptsächlich die Inhalte von Rechnungslegungsnormen theoretisch untersucht, weniger den Prozeß ihrer Ausarbeitung.

---

4 Vgl. *Paal, Boris P.*, DRSC, 2001.
5 Vgl. *Brand, Hans,* Rechnungslegungskommissionen, 1981.
6 Vgl. *Achleitner, Ann-Kristin,* Normierung, 1995.
7 Vgl. *Breidenbach, Karin,* Normensetzung, 1997.
8 Vgl. *Feldhoff, Michael,* Regulierung, 1992.
9 Vgl. *Noth, Michael,* Regulierung, 1994.
10 Vgl. *Schubarth, Andreas,* Regulierung, 1997.
11 Vgl. *Watrin, Christoph,* Regulierungstheorie, 2001.

Die Literaturlücke, in die diese Arbeit stößt, kann damit wie folgt umrissen werden: In Werken, in denen die hier verfolgte Fragestellung des Prozesses der Regulierung der Rechnungslegung untersucht wird, geschieht dies mit einem anderen Instrumentarium und mehrheitlich ohne die konkrete Bezugnahme auf das DRSC. Ausarbeitungen, die das hier verwendete Instrumentarium einsetzen, beziehen es auf eine andere Fragestellung.

Der hier verfolgte Ansatz ist aus mehreren Gründen interessant: In zahlreichen Veröffentlichungen zur Legitimität privater Standardsetter in der Regulierung der Rechnungslegung wird vor deren Verwundbarkeit aufgrund von Aktivitäten von Interessenverbänden, vulgo Lobbyismus, gewarnt.[12] Ermahnungen resultieren, „den negativen Einflüssen des Lobbyismus entgegenzuwirken."[13] Dabei wird Lobbying und das Vertreten eigener Interessen in einem Standardisierungsprozeß per se als Übel eingestuft. Wer Lobbyismus aus welchen Motiven treibt, welche Kanäle Lobbyisten benutzen, ob Lobbyismus tatsächlich in signifikanter Form auftritt und, falls ja, ob es tatsächlich die befürchteten negativen Konsequenzen hat, wird nicht thematisiert. Ausführungen dazu, ob Lobbyisten in einem privaten Gremium besser wirken können als beim demokratisch legitimierten Gesetzgeber, sind kaum zu finden.[14] Hier kann die vorliegende Arbeit neue Einsichten vermitteln.

Zunächst muß festgestellt werden, welche Gruppen der von der Rechnungslegung beeinflußten Kreise ein Interesse an Einflußnahme haben. Ohne eine präzise Identifizierung lassen sich keine Schlüsse ziehen. Die „Lobby" als ebenso prägnanten wie negativ besetzten Begriff in die Diskussion zu bringen, ist ohne Konkretisierung inhaltslos.

Denkbar ist, daß Interessenvertreter nicht nur im Eigeninteresse auftreten, sondern durch die Weitergabe ihres spezifischen Fachwissens an Entscheidungsträger eine wichtige Funktion im Rahmen jeder Art der Regulierung spielen. Ist dies der Fall, steht der Entscheidungsträger allerdings vor dem Dilemma, das eine vom anderen zu unterscheiden. Hier muß die Frage nach der Glaubwürdigkeit von Interessenverbänden gestellt werden. Ein weiterer Untersuchungsgegenstand ist deshalb, ob unter bestimmten Bedingungen Anreize für Interessenverbände bestehen, wahrheitsgemäße Informationen weiterzugeben. Dies wird hier erstmals in Bezug auf die Regulierung der Rechnungslegung spieltheoretisch untersucht.

---

12 Vgl. jüngst *Schmidt, Matthias,* Legitimating, 2001, S. 19 sowie *Böcking, Hans-Joachim/Orth, Christian,* Fragen, 1998, S. 1877; *Hommelhoff, Peter/Schwab, Martin,* Selbststeuerung, 1998, S. 44f. und S. 48-51; *Pellens, Bernhard/Bonse, Andreas/Gassen, Joachim,* Perspektiven, 1998, S. 790; *Schildbach, Thomas,* Rechnungslegungsgremium, 1999, S. 651; *Schwab, Martin,* Standardisierungsvertrag, 1999, S. 734-738.

13 *Pellens, Bernhard/Bonse, Andreas/Gassen, Joachim,* Perspektiven, 1998, S. 790.

14 Vgl. *Solomons, David,* Regulation, 1974, der Lobbyisten gegenüber dem Gesetzgeber größere Einflußchancen einräumt.

Interessante Einsichten verspricht auch die Untersuchung der Machtverteilung im Deutschen Standardisierungsrat (DSR). Sie hängt eng mit der spieltheoretischen Untersuchung der Einflußnahme von Lobbyisten zusammen. Lobbyismus ist nur dann erfolgversprechend, wenn einzelne Gruppen einen überproportionalen Einfluß auf die Normierung nehmen können. Aus der kooperativen Spieltheorie sind Berechnungsmethoden bekannt, die die Machtverteilung in einfachen Abstimmungsspielen darstellen. Hierzu werden bestimmte Indizes berechnet, die Aussagen über die Abstimmungsstärke in Gremien treffen sollen. Sie werden hier erstmals für die Untersuchung des DSR herangezogen.

Mit dem Problem der richtigen Form der Regulierung der Rechnungslegung ist die Frage des Systemwettbewerbs verbunden. Selbst wenn die Notwendigkeit der Regulierung bejaht wird, ist noch nicht geklärt, ob nicht mehrere Regulierer ihre Systeme anbieten können und sich dann das beste System am Markt durchsetzt. Allerdings zielt der Systemwettbewerb auf die Inhalte der Systeme und nicht auf die Art ihres Zustandekommens. Deshalb und weil die Frage des Wettbewerbs Stoff genug für weitere Ausarbeitungen liefert,[15] wird der Wettbewerb von Rechnungslegungssystemen bei der Betrachtung ausgeklammert.

Ebenso vernachlässigt wird das Problem, wie festgelegte Standards durchgesetzt werden können. Die Frage des *Enforcement* stellt sich erst nach der Festsetzung der Standards und hat deshalb mit der hier behandelten Thematik nur eine Randverbindung.[16]

Das Erkenntnisziel dieser Arbeit kann mit Hilfe eines Zitats eines ehemaligen Vorsitzenden des FASB knapp präzisiert werden: „I trust you agree with me that the answer is clear - standards should be set in the private sector“.[17] Die Ausarbeitung soll Aufschluß darüber bringen, ob die Antwort tatsächlich klar ist.

---

15 Vgl. grundlegend *Währisch, Mark,* Evolution, 2001; vgl. ferner bspw. *Ordelheide, Dieter,* Wettbewerb, 1998.

16 Vgl. zur Durchsetzung von Rechnungslegungsstandards grundlegend *Böckem, Hanne,* Durchsetzung, 2000.

17 *Kirk, Donald J.,* Politics, 1978; dieser Meinung war auch die große Mehrheit einer Befragung von Abschlußerstellern, Prüfern und Nutzern in den USA von 1978 (vgl. *Ronen, Joshua/Schiff, Michael,* Setting, 1978); es ist anzunehmen, daß die eindeutige Bevorzugung privater Standardsetzung in den USA bis heute gilt.

2 Zur Notwendigkeit der Regulierung der Rechnungslegung

2.1 Funktionen von Rechnungslegungssystemen aus ökonomischer Sicht

Versteht man Rechnungslegung als Gut, wird sie einer ökonomischen Analyse zugänglich.[18] Das Gut konkretisiert sich nicht in einer einzelnen Ausprägung, wie z.B. dem Konzernabschluß eines DAX-Unternehmens, es wird vielmehr auf die Gesamtheit, d.h. auf das Rechnungslegungssystem mit seinen einzelnen Normen, abgestellt. Als Rechnungslegungssystem sei hier die Gesamtheit aller Normen zur Bestimmung von Inhalt, Umfang und Form der Rechnungslegung von Unternehmen verstanden.[19]

Die handelsrechtliche Rechnungslegung in Deutschland erfüllt zwei Funktionen: Zum einen dient sie der Ausschüttungsbemessung für Anteilseigner und - eingeschränkt - auch für den Fiskus. Zum anderen erfüllt sie eine Informationsfunktion.[20] Für den hier zu behandelnden Themenkomplex sind beide Aufgaben von Bedeutung. Wenngleich die Normierung durch den DSR ebenso wie die des IASB und FASB[21] auf Konzernabschlüsse zielt, denen keine Ausschüttungsbemessungsfunktion zukommt, ist eine Trennung in Abschlüsse mit Ausschüttungsbemessungsfunktion und Abschlüsse mit Informationsfunktion für die vorliegende Untersuchung aus folgenden Gründen nicht sinnvoll:

(1) Rechnungslegungsstandards für Konzern- und Einzelabschluß sind nicht isoliert voneinander zu betrachten. Es besteht ein ständiges Wechselspiel zwischen beiden. Selbst wenn man akzeptiert, daß von GoB getrennte GoK existieren,[22] bleibt die Tatsache, daß auf den Konzernabschluß nach § 298 Abs. 1 HGB die für den Einzelabschluß gültigen Ansatz- und Bewertungsvorschriften der §§ 244 bis 256 HGB anzuwenden sind. Selbst wenn man eine unterschiedliche Auslegung dieser Regelungen je nach Anwendungsbereich fordert,[23] ist eine gegenseitige Beeinflussung dieser verschiedenen Auslegungen wahrscheinlich. Eine strikte Trennung im Sinne einer Spaltung der GoB in solche mit Wirkung für den Einzel- und solche für den Konzernabschluß ist daher nicht möglich. Dies wird auch an der Diskussion über die in § 342 Abs. 1 S. 1 Nr. 1 HGB festgelegte Aufgabe des DRSC, Empfehlungen über die Anwendung der Grundsätze über die Konzernrechnungslegung zu entwickeln, deutlich.[24] Schwer vorstellbar ist, daß der DRS zum Thema Stock Options keine Rückwirkungen auf die Bilanzierung von Stock Options im Ein-

---

18 Vgl. *Pellens, Bernhard/Gassen, Joachim*, Bereitstellung, 1998, S. 635; *Meyer, Dirk*, Information, 1990, S. 104.

19 Vgl. *Rost, Peter*, Harmonisierungsprozeß, 1991, S. 8.

20 Vgl. bspw. *Moxter, Adolf*, Sinn und Zweck, 1987. *Moxter* spricht von Gewinnermittlung und Einblicksregelung.

21 Vgl. *Glaum, Martin*, Internationalisierung, 2001, S. 125.

22 Dies kann bezweifelt werden, vgl. *Ballwieser, Wolfgang*, Unabhängigkeit, 1995, S. 52-57.

23 So bspw. *Niehus, Rudolf J.*, Paradigmawechsel, 1994, S. 637-639.

24 Vgl. *Ballwieser, Wolfgang*, Rechnungslegungsgremium, 1999, S. 443.

zelabschluß haben wird, zumal im Einzelabschluß eine Regelungslücke besteht.[25] Noch stärker wird die Vermutung von Rückwirkungen der Regulierung durch den DSR auf den Einzelabschluß bei der Frage der Erstellung eines *Frameworks*. Dieses Rahmenwerk wird zwar keine direkten Rückwirkungen auf die Erstellung von Einzelabschlüssen haben, es ist aber zu vermuten, daß es die Auslegung von GoB nachhaltig beeinflussen wird.[26]

(2) Regelungen zur Rechnungslegung können als nachträgliche Ergänzung unvollkommener Verträge verstanden werden.[27] Wirtschaftssubjekte können bei Vertragsschluß nicht alle möglichen künftigen Umweltsituationen berücksichtigen.[28] Sie können sich aber in ihren Verträgen auf allgemein zugängliche Ergänzungen berufen. Dies geschieht bspw., wenn ein Manager mit seinem Unternehmen eine Entlohnung vereinbart, die an Größen aus dem Rechnungswesen anknüpft. Relevant ist z.B. auch, daß Rechnungslegungsdaten als Grundlage für Kreditverträge dienen. Viele weitere Ergänzungen sind denkbar. Wenn sich auf privatrechtlichem Wege unterschiedliche Konsequenzen an die Rechnungslegung knüpfen lassen, so kann die Rechnungslegung in diesem Kontext sowohl eine Ausschüttungsbemessungs- (Managergehalt) als auch eine Informationsfunktion (Kreditvertrag) haben, und zwar unabhängig davon, ob es sich um Regeln für den Einzel- oder den Konzernabschluß handelt. An welche Regeln angeknüpft wird, ist allein Sache der Vertragspartner.

Durch die Anwendung von Rechnungslegungsnormen werden Informationen gegeben. Die Informationen, verstanden als zweckorientiertes Wissen,[29] dienen der Fundierung ökonomischer Entscheidungen, indem sie eine Prognose künftiger Entwicklungen von Unternehmen erlauben.[30] Die Frage, ob so verstandene Informationen überhaupt gegeben werden können und ob sie individuellen oder gesamtgesellschaftlichen Nutzen stiften, hat viele Autoren beschäftigt.[31] Da die Fragestellung der Arbeit nur am Rande die Inhalte der Normen berührt,[32] sei hier nur darauf verwiesen, daß Rechnungslegung erwartungsgemäß eine positive Wirkung auf die Faktorallokation an den Kapitalmärkten hat.[33] Es gelingt nur unter sehr restriktiven Annahmen, diese positive Wir-

---

[25] Dies wird vom DSR sogar explizit eingeräumt; vgl. *DRSC*, Pos. Stock Options, Tz. A3.

[26] Vgl. die ausführliche Diskussion in Abschnitt 3.5.3.

[27] Vgl. *Watts, Ross L./Zimmerman, Jerold L.*, Positive, 1986, S. 196-198.

[28] Vgl. *King, Ronald/Waymire, Gregory*, Contracts, 1994, S. 580.

[29] Vgl. *Wittmann, Waldemar*, Unternehmung, 1959, S. 14.

[30] Kritisch hierzu *Schneider, Dieter*, Rechnungswesen, 1997, S. 366f.

[31] Vgl. bspw. *Fama, Eugene F./Laffer, Arthur B.*, Information, 1971; *Hirshleifer, Jack*, Value, 1971; *Marschak, Jacob/Radner, Roy*, Teams, 1972, S. 45-92; *Demski, Joel S.*, Impossibility, 1973; *Hakansson, Nils H./Kunkel, J. Gregory/Ohlson, James* A., Exchange, 1982. Einen Überblick geben *Ballwieser, Wolfgang*, Begründbarkeit, 1982; *ders.* Informationsökonomie, 1985; *Verrecchia, Robert E.*, Use, 1982, insb. S. 3-9.

[32] Vgl. *Laughlin, Richard C./Puxty, Anthony G.*, Regulation, 1983, S. 453.

[33] Vgl. *Ballwieser, Wolfgang*, Informationsökonomie, 1985, S. 39; *ders.* Wettbewerb, 2001, S. 645-646.

kung in Frage zu stellen.[34] Auch aus Gründen mangelnden Geheimsphärenschutzes eventuell vorliegende negative Allokationseffekte auf den Gütermärkten werden hier nicht weiter untersucht.[35]

In diesem Zusammenhang stellt sich die Frage, ob sich Rechnungslegungssysteme im freien Spiel des Marktes herausbilden würden. Dazu müßte es Anbieter und Nachfrager auf einem Markt für Rechnungslegungssysteme geben. Wäre dies nicht der Fall, würde der Markt für Rechnungslegungssysteme versagen und es wäre ein regulierender Eingriff des Staates notwendig.[36]

Ein Anbieter von Rechnungslegungsnormen ist eindeutig festzumachen: Jedermann kann Rechnungslegungsnormen erstellen und diese den Nachfragern zum Gebrauch zur Verfügung stellen. Schwieriger ist es, den Kreis der Nachfrager zu definieren. Zum einen sind dies die Unternehmen, die sich eines bestimmten Rechnungslegungssystems bedienen, um Rechenschaft abzulegen. Zum anderen nutzen auch die Empfänger der Rechnungslegungsinformationen[37] das System, durch das diese Informationen zustande gekommen sind. Beide Gruppen, Rechnungsleger wie Adressaten, kommen damit als Nachfrager von Rechnungslegungsnormen in Betracht. Dabei sind sie von den Anbietern nicht scharf abzugrenzen, denn sowohl Unternehmen als auch Adressaten können auch als Anbieter von Systemen am Markt auftreten. Diese mögliche Überschneidung ist aber für die weitere Argumentation unproblematisch.

---

34 Vgl. *Schmidt, Reinhard H.*, Rechnungslegung, 1982, S. 743.

35 Für einen Überblick vgl. *Kuhner, Christoph*, Verfügungsrechte, 1998, S. 86-91; ausführlich *Kirchner, Christian*, Wettbewerbsfaktor, 2000, S. 58-67.

36 Vgl. Abschnitt 2.2.

37 Auf die Frage des richtig verstandenen Adressatenkreises von Rechnungslegungsinformationen soll hier nicht eingegangen werden. Vgl. zur Bedeutung der Adressatenkonkretisierung *Moxter, Adolf*, Rechenschaft, 1976, S. 94f.; *Ballwieser Wolfgang*, B 105, 1999, Rz. 72; zum Adressatenkreis bspw. *Coenenberg, Adolf G.*, Jahresabschluß, 2000, S. 36. Der Fiskus als möglicher Nutzer der Normen soll hier außen vor bleiben. Beim Maßgeblichkeitsprinzip handelt es sich um eine Besonderheit, die im Falle einer anderen als der gesetzlichen Normierung nicht aufrecht erhalten bleiben könnte. Der Fiskus müßte dann eigene Regeln zur Steuerbemessung aufstellen und er würde diese alleine nutzen. Da aber die Art der Normierung erst untersucht werden soll, kann die Maßgeblichkeit hier keine Beachtung finden.

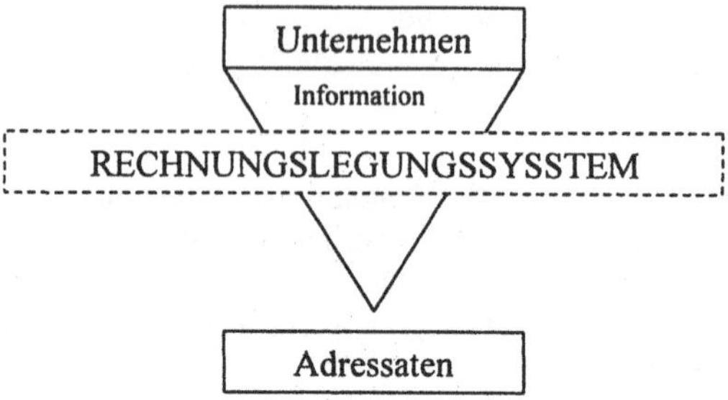

Abbildung 1: Nachfrager nach einen Rechnungslegungssystem.

Die Betrachtung darf sich nicht auf die Frage der Systemerstellung beschränken. Damit ein Rechnungslegungssystem überhaupt angeboten werden kann, muß auch eine Nachfrage bestehen, d.h. Unternehmen müssen anstreben, die Systeme mit Inhalten zu füllen und diese an Adressaten weiterzugeben. Deshalb muß die Betrachtung auch darauf eingehen, ob es für Unternehmen sinnvoll ist, Informationen weiterzugeben. Falls nicht, kann gefragt werden, ob Adressaten ein berechtigtes Interesse an Informationen haben. Falls dies bejaht wird, gelangt man zurück zur Regulierung und zur Frage, ob der Staat in das Marktgeschehen eingreifen soll. Auch dieses Problem kann unter dem Aspekt des Marktversagens untersucht werden.

Damit sind im Rahmen der Überlegungen zur Notwendigkeit der Regulierung der Rechnungslegung zwei Fragen zu beantworten:

(1) Muß Unternehmenspublizität zwingend vorgeschrieben werden?

(2) Muß das Instrument der Unternehmenspublizität zwingend vorgeschrieben werden?

Beide Fragen sind nicht immer eindeutig trennbar.

2.2 Marktversagen als Begründung für die Regulierung

2.2.1 Ursachen für Marktversagen

In der ordnungspolitischen Theorie wird untersucht, unter welchen Umständen sich der Staat regulierend in das Marktgeschehen einschalten soll. Dies soll immer dann geschehen, wenn die Gefahr droht, daß das Spiel der Marktkräfte eine wohlfahrtsoptimale Allokation von Gütern verfehlt. Grundsätzlich werden Wirtschaftsgüter in einer Marktwirtschaft bei entsprechender Nachfrage von unabhängigen Wirtschaftssubjekten angeboten.[38] Unter der Annahme vollkommener Konkurrenz führt dies zu einer Maximierung der am Markt erzielten Gesamtrente,[39] und es gilt der erste Hauptsatz der Wohlfahrtsökonomie, wonach es zu einer pareto-optimalen Allokation der Ressourcen kommt.[40] Es sind die Abweichungen von diesem wohlfahrtsoptimalen Gleichgewicht, die staatliches Eingreifen rechtfertigen.

Die Präsenz von Abweichungen wird auch als Marktversagen bezeichnet. *Stiglitz/Schönfelder* identifizieren sechs Ursachen hierfür:[41]

(1) Mangelnder Wettbewerb,

(2) unvollständige Märkte,

(3) Arbeitslosigkeit, Inflation und Ungleichgewicht,

(4) Informationsmängel,

(5) öffentliche Güter und

(6) externe Effekte.

Das Vorliegen von Marktversagen ist im Hinblick auf die Rechnungslegung und die Notwendigkeit ihrer Regulierung zu prüfen. Hilft die Regulierung der Rechnungslegung, Marktversagen vorzubeugen, so dient sie dem sogenannten Funktionsschutz.[42]

Mangelnder Wettbewerb, also das Entstehen von Monopolen, ist für die Regulierung der Rechnungslegung nicht relevant. Monopole entstehen zum einen immer dann, wenn durch hohe Anfangsinvestitionen zunehmende Skalenerträge mit entsprechenden Eintrittsbarrieren für neue Anbieter bestehen. Man spricht von einem natürlichen Monopol.[43] Diese Voraussetzung ist in dem hier zu untersuchenden Fall nicht gegeben. Es bedarf keiner hohen Investitionen, um ein Rechnungslegungssystem zu erstellen.[44]

38 Vgl. für einen Überblick *Böventer, Edwin v./Illing, Gerhard*, Mikroökonomie, 1997, S. 25f.

39 Vgl. bspw. *Varian, Hal*, Mikroökonomie, 1994, S. 223f.

40 Vgl. *Stiglitz, Joseph E./Schönfelder, Bruno*, Finanzwissenschaft, 1989, S. 89; *Musgrave, Richard A./Musgrave, Peggy B./Kullmer, Lore*, Finanzen, 1994, S. 98. Kritisch zur Wohlfahrtsökonomie *Brennan, Geoffrey/Buchanan, James M.*, Regeln, 1993, S. 17-19.

41 Vgl. *Stiglitz, Joseph E./Schönfelder, Bruno*, Finanzwissenschaft, 1989, S. 96-107.

42 Vgl. jüngst *Merkt, Hanno*, Unternehmenspublizität, 1999, S. 296f.

43 Vgl. bspw. *Kreps, David M.*, Mikroökonomie, 1994, S. 267f.; *Weizsäcker, C. Christian v.*, Regulierung, 1982, S. 327. Als Musterbeispiel eines natürlichen Monopols galt lange der Telekommunikationsbereich. Der Staat hat hier eingegriffen, um das natürliche Monopol zu beseitigen. Zu den Auswirkungen verschiedener Regulierungsszenarien auf den ehemaligen Monopolisten DT AG vgl. *Sondhof, Harald/Hofmann, Ralf*, Regulierung, 1999.

44 A.A. ist *Pellens, Bernhard*, Rechnungslegung, 2001, S. 602. *Pellens* argumentiert, die hohen anfänglichen Fixkosten gepaart mit gegen 0 tendierenden Grenzkosten führten zu einem natürlichen

Zum anderen können Monopole durch staatliche Vorschriften entstehen.[45] Dies ist i.d.R. dann der Fall, wenn ohnehin bereits natürliche Monopole existieren. Der Staat schützt damit zwar ein bereits bestehendes Monopol, was auf den ersten Blick paradox erscheint, sichert sich jedoch den Einfluß auf die Preisgestaltung des Monopolisten.[46] Wie oben beschrieben, soll aber nur reguliert werden, wenn es zu Marktversagen kommt. Eben dies soll hier für die Regulierung der Rechnungslegung erst untersucht werden, so daß auch diese Art des Monopols hier keine Rolle spielt.

Auf *unvollständigen Märkten* werden Güter nicht angeboten, obwohl Nachfrager bereit wären, die Kosten für die Bereitstellung der Güter zu bezahlen.[47] Klassische Beispiele hierfür sind der Markt für bestimmte Versicherungsleistungen oder für Bankdienstleistungen. Auch hier greift der Staat regulierend ein. Er schuf bereits im 18. Jahrhundert z.B. öffentlich-rechtliche Feuerversicherungen oder Sparkassen für Kleinsparer. Anbieter von Rechnungslegungsnormen finden sich, wenn die Vergütung ihre Kosten deckt.[48] Auch auf diesen Aspekt des Marktversagens braucht hier nicht eingegangen zu werden.

Arbeitslosigkeit, Inflation und Ungleichgewicht sind keine Ursache, sondern eine Folge von Marktversagen und sollen deshalb an dieser Stelle ebenfalls aus der Betrachtung ausgeklammert werden. Es verbleiben das Vorliegen von *Informationsasymmetrien, öffentlichen Gütern* oder *externen Effekten* als Ursachen von Marktversagen. Diese drei Phänomene werden einer genaueren Betrachtung unterzogen.

2.2.2 Öffentliche Güter

2.2.2.1 Eigenschaften öffentlicher Güter und deren Auswirkungen auf den Markt

Folgende Eigenschaften werden als Voraussetzung für die Existenz von öffentlichen Gütern diskutiert:

(1) Bei der Anschaffung eines Gutes durch ein Wirtschaftssubjekt können alle anderen Wirtschaftssubjekte mitkonsumieren, ohne daß sich der Nutzen des Beschaffers ändert. Man spricht von Nichtrivalität im Konsum.

Monopol. Ob die Fixkosten für die Erstellung eines Rechnungslegungssystems tatsächlich so hoch sind, daß sie zur Bildung eines natürlichen Monopols führen, ist fraglich.

45 Hier ist bspw. der bis 1998 bestehende Gebietsschutz für Stromversorger zu nennen.

46 Vgl. bspw. *Kreps, David M.*, Mikroökonomie, 1994, S. 267f. Erneut kann hier das Beispiel der DT AG bzw. der Deutschen Bundespost herangezogen werden, die nicht nur ein natürliches Monopol auf Telekommunikationsdienstleistungen in Deutschland besaß, sondern zugleich eine staatlich verbriefte Monopolstellung.

47 Vgl. *Stiglitz, Joseph E./Schönfelder, Bruno*, Finanzwissenschaft, 1989, S. 102-104.

48 Es geht bei dem Problem unvollständiger Märkte nicht darum, ob die Produkte in „vollständiger" Qualität angeboten werden, sondern ob sie überhaupt angeboten werden. Daher ist eine Thematisierung der Vollständigkeit der angebotenen Rechnungslegungsregeln hier nicht geboten.

(2) Es gelingt nicht, diejenigen Wirtschaftssubjekte vom Konsum eines Gutes auszuschließen, die nicht zu seiner Finanzierung oder Bereitstellung beitragen. Es fehlt am Ausschließungsprinzip (sog. Trittbrettfahrerproblematik).[49]

Es ist strittig, ob das Vorliegen einer der beiden Bedingungen notwendig oder hinreichend ist.[50] Nach einer Meinung (a) müssen beide Eigenschaften kumulativ erfüllt werden, um ein öffentliches Gut zu konstituieren.[51] Nach einer weiteren Meinung (b) ist allein das Vorliegen der Bedingung (1) hinreichend.[52] Bedingung (2) ist dann lediglich ein nicht notwendiges, aber häufig auftretendes Charakteristikum öffentlicher Güter.[53] Sie kann nicht zur Definition öffentlicher Güter herangezogen werden, weil nicht nur die mit dem Gut verbundene Eigenschaft die Ausschließlichkeit bedingt, sondern auch von außen gegebene Voraussetzungen wie bspw. die Rechtsordnung.[54] Einer dritten Meinung (c) nach ist das Vorliegen einer der beiden Bedingungen hinreichend.[55] *Tabelle 1* zeigt, wie durch eine feinere Einteilung von öffentlichen Gütern die drei Thesen zusammenzuführen sind.

Konsum	Ausschluß	
	möglich	nicht möglich (2)
rivalisierend	*privates Gut*	*quasiöffentliches Gut*
nicht rivalisierend (1)	*kluböffentliches Gut/ Kollektivgut*	*rein öffentliches Gut*

Tabelle 1: Einteilung von Gütern.[56]

[49] Vgl. bspw. *Bernholz, Peter/Breyer, Friedrich*, Politische Ökonomie I, 1993, S. 95.

[50] Vgl. zu dieser Diskussion ausführlich *Lohr, Wolfgang*, Analyse, 1989, S. 282-303.

[51] Vgl. *Böventer, Edwin v./Illing, Gerhard*, Mikroökonomie, 1997, S. 4. So auch *Hax, Herbert*, Rechnungslegungsvorschriften, 1988, S. 192; in sich widersprüchlich *Schubarth, Andreas*, Regulierung, 1997, S. 211.

[52] Vgl. *Kreps, David M.*, Mikroökonomie, 1994, S. 148; *Watts, Ross L./Zimmerman, Jerold L.*, Positive, 1986, S. 164; grundlegend: *Samuelson, Paul A.*, Pure, 1953, S. 387: „... each individual's consumption of such a good leads to no subtraction from any other individual's consumption of that good ..."

[53] Vgl. *Bernholz, Peter/Breyer, Friedrich*, Politische Ökonomie I, 1993, S. 95f.; *Lohr, Wolfgang*, Analyse, 1989, S. 33f.; *Lohr* sieht außerdem in der Gleichförmigkeit eine untergeordnete dritte Eigenschaft öffentlicher Güter, die darin besteht, daß alle Individuen die gleiche Menge des öffentlichen Gutes konsumieren.

[54] Vgl. *Bernholz, Peter/Breyer, Friedrich*, Politische Ökonomie I, 1993, S. 95f.

[55] Vgl. *Feldhoff, Michael*, Regulierung, 1992, S. 12.

[56] In Anlehnung an *Musgrave, Richard A./Musgrave, Peggy B./Kullmer, Lore*, Finanzen, 1994, S. 71; *Pellens, Bernhard/Gassen, Joachim*, Bereitstellung, 1998, S. 640. *Pellens/Gassen* gebrauchen die Begriffe „öffentliches Gut" und „Kollektivgut" synonym, was nicht der gängigen Terminologie entspricht (vgl. *Demsetz, Harold*, Production, 1970, S. 295; *Varian, Hal*, Mikroökonomie, S. 417).

Die drei Meinungen fassen den Kreis der öffentlichen Güter unterschiedlich weit. Nach These (a) sind nur öffentliche Güter in der Reinform als solche zu erachten. Die Anhänger von These (b) beziehen die kluböffentlichen Güter mit ein. Nach These (c) schließlich sind auch quasiöffentliche Güter und damit alle drei möglichen Formen öffentliche Güter. Nach herrschender Meinung ist nur die mangelnde Rivalität im Konsum für die Bestimmung eines öffentlichen Gutes maßgeblich (These (b)).[57] Zu dem hier relevanten Marktversagen kommt es allerdings in allen drei Fällen von öffentlichen Gütern.[58]

Bei Nichtrivalität im Konsum entstehen annahmegemäß keine zusätzlichen Kosten für einen zusätzlichen Nutzer: Die Grenzkosten des zusätzlichen Nutzers sind null. Bei der effizienten Produktion liegt die optimale Ausbringungsmenge in dem Punkt, wo der Produktpreis gleich den Grenzkosten ist.[59] Damit ergibt sich hier ein effizienter Preis von null, der es nicht erlaubt, ein rein öffentliches Gut gewinnbringend zu produzieren.

Das Marktversagen bei rein öffentlichen Gütern kann auch anhand des sogenannten Gefangenendilemmas[60] illustriert werden:[61] Als rein öffentliches Gut soll ein frei empfangbares Rundfunkprogramm[62] angeboten werden. Die Kosten für die Ausstrahlung belaufen sich auf 100. Sie werden zwischen den zahlenden Teilnehmern aufgeteilt. Gibt es keine Teilnehmer, so wird das Programm nicht gesendet. Jedem Empfänger des Rundfunks entsteht ein Nutzen von 60. Daraus ergibt sich für zwei Teilnehmer A und B folgende Auszahlungsmatrix:[63]

		B	
		bezahlen	nicht bezahlen
A	bezahlen	10;10	-40;60
	nicht bezahlen	60;-40	0;0

Tabelle 2: Rein öffentliche Güter und Gefangenendilemma.

57 Vgl. *Musgrave, Richard A./Musgrave, Peggy B./Kullmer, Lore,* Finanzen, 1994, S. 72.

58 Vgl. *Musgrave, Richard A./Musgrave, Peggy B./Kullmer, Lore,* Finanzen, 1994, S. 72.

59 Vgl. bspw. *Varian, Hal,* Mikroökonomie, 1994. S. 24. Vgl. mit bezug auf Rechnungslegungsinformation *Schmidt, Reinhard H.,* Rechnungslegung, 1982, S. 739.

60 Zu einer Darstellung des Gefangenendilemmas vgl. bspw. *Fudenberg, Drew/Tirole, Jean,* Game Theory, 1991, S. 9f.; *Myerson, Roger B.,* Game Theory, 1991, S. 97. Die ursprüngliche Darstellung findet sich bei *Luce, R. Duncan/Raiffa, Howard,* Games, 1967, S. 94-97.

61 Vgl. zu diesem Beispiel *Varian, Hal,* Mikroökonomie, 1994, S. 419.

62 Im Idealfall ohne Werbung als reine Form des öffentlich-rechtlichen Rundfunks.

63 Vgl. bspw. auch *Mueller, Dennis C.,* Choice II, 1989, S. 10f.

Für beide Teilnehmer ist die dominante Strategie, nicht zu bezahlen, da sie sich damit, unabhängig vom Verhalten des anderen, bei jeder Alternative besser stellen. Es kommt nicht zu einem öffentlichen Rundfunkangebot, obwohl damit der Nutzen für beide Teilnehmer von 0 auf 10 erhöht werden könnte. Das Ergebnis ist das einzige nicht pareto-optimale Resultat.

Aber auch unter der Annahme technisch vorhandener Ausschlußmöglichkeiten, also beim Vorliegen eines kluböffentlichen Gutes, kommt man zu dem Ergebnis, daß der Markt das öffentliche Gut nicht in der effizienten Menge bereitstellt.[64] Denn der Ausschluß eines nichtzahlenden Nutzers, durch den ein Angebot größer null erst ermöglicht wird, ist mangels durch den Nutzer verursachter Kosten nicht pareto-optimal.[65] Ein Beispiel für die beschriebene Situation bietet das Abonnementfernsehen. Es kann sich am Markt nur etablieren, wenn Nichtzahler ausgeschlossen werden, da sonst niemand bereit wäre, Abonnementgebühren zu bezahlen. Dann wird es jedoch in einer nicht effizienten Menge angeboten, da ein zusätzlicher Fernsehteilnehmer keine Kosten verursacht.

Die Ursache des Marktversagens bei quasiöffentlichen Gütern liegt allein in der fehlenden Ausschlußmöglichkeit. Es herrscht Rivalität im Konsum, d.h. jeder zusätzliche Nutzer verursacht positive Grenzkosten. Um ein effizientes Angebot zu erhalten, müssen diese dem Preis für das Gut entsprechen. Da aber niemand von der Nutzung ausgeschlossen werden kann, verhalten sich alle als Trittbrettfahrer. Es entsteht keine effektive Nachfrage nach dem Gut; es kommt zu einer Unterversorgung durch den Markt.[66]

Bei Vorliegen eines rein öffentlichen und eines quasiöffentlichen Gutes kommt es also zu einem privatwirtschaftlichen Angebot von null; bei einem kluböffentlichen Gut kommt es zwar zu einem Angebot größer null, das aber kleiner als die pareto-effiziente Angebotsmenge ist.

2.2.2.2 Rechnungslegungsinformation als öffentliches Gut

Die obige Unterteilung aufgreifend, wird Angebot und Nachfrage nach Rechnungslegungsinformation betrachtet.

Zunächst wird die Trittbrettfahrerproblematik (d.h. mangelnde Ausschlußmöglichkeit) betrachtet. Z.T. wird die Existenz dieser Form von Marktversagen mit den gesetzlichen Publizitätsvorschriften begründet.[67] Hier liegt jedoch ein Zirkelschluß vor, da die

---

[64] Vgl. *Lohr, Wolfgang,* Analyse, 1989, S. 306.

[65] Vgl. *Mueller, Dennis C.,* Choice II, 1989, S. 12.

[66] Vgl. *Musgrave, Richard A./Musgrave, Peggy B./Kullmer, Lore,* Finanzen, 1994, S. 71. Mit direktem Bezug zur Rechnungslegung vgl. *Gonedes, Nicholas J./Dopuch, Nicholas,* Equilibrium, 1974, S. 75-78.

[67] Vgl. *Brandl, Rainer,* Rechnungslegungsnormen, 1987, S. 147f.

Existenz der Publizitätsvorschriften erst durch die Ausschlußproblematik legitimiert werden soll.[68] Die Frage nach der Ausschlußmöglichkeit muß vielmehr darauf abzielen, ob es möglich ist, Rechnungslegungsinformationen exklusiv an diejenigen weiterzuleiten, die dafür eine Gegenleistung erbringen.

Das Problem ist vielschichtig; oberflächlich betrachtet könnten die Informationsempfänger durch vertragliche Sanktionen gezwungen werden, die Informationen geheim zu halten. Wenn die Informationen aber einen Nutzen für die Empfänger haben sollen, muß es den Empfängern erlaubt sein, auf erhaltene Informationen hin zu handeln. Durch ihre Handlungen geben die Informationsempfänger dann die Mitteilungen indirekt weiter. Ein Ausschluß bestimmter Wirtschaftssubjekte von den Informationen ist deshalb nicht möglich.[69] Trittbrettfahrer verschaffen sich die Informationen, die ihnen direkt nicht zustehen, auf indirektem Weg. Diese Argumentation trägt allerdings nur im Fall eines vollkommenen Kapitalmarktes, in dem alle Informationen unendlich schnell weitergegeben werden und alle Akteure unendlich schnell handeln können. Sobald sich die Besitzer von Informationen durch einen zeitlichen Vorsprung Marktvorteile verschaffen können, kommt man zum Ausgangspunkt zurück, und Informationen, die einem Empfänger exklusiv zugehen, sind dem Ausschlußprinzip insoweit unterworfen, als die Informationen, solange sie einen Wert für die Adressaten haben, nicht allen zugänglich sind.[70] Die Existenz kommerzieller Anbieter von Unternehmensinformationen wie Börseninformationsdiensten, Auskunfteien, Datenbanken etc. kann als Indiz für die Möglichkeit des Ausschlußprinzips und die Handelbarkeit von Unternehmensinformationen gesehen werden.[71]

Dies wirft zugleich Licht auf die Frage der Rivalität im Konsum des Gutes Information. Denn im unvollkommenen Kapitalmarkt werden Informationen zwar durch die Nutzung nicht verbraucht,[72] ihr Wert verändert sich jedoch aufgrund der Nutzung durch mehrere Wirtschaftssubjekte. Wenn davon ausgegangen wird, daß eine Information im Zeitablauf allen Marktteilnehmern zugänglich wird, ist sie für diejenigen, die sie z.B. aufgrund exklusiver Rechte zuerst erhalten, am meisten wert. Mit zunehmender Verbreitung der Information schlägt sich diese auf den Aktienkurs nieder. Derjenige, der die Information zuerst besitzt, kann die Kursentwicklung antizipieren. Damit liegt zumindest unter der Voraussetzung, daß die durch Rechnungslegung gegebenen Informationen der Prognose von Aktienkursen dienen, Rivalität im Konsum

68 Vgl. *Feldhoff, Michael,* Staat, 1994, S. 530.

69 Vgl. *Gonedes, Nicholas J./Dopuch, Nicholas,* Equilibrium 1974, S. 65; *Gonedes, Nicholas J./Dopuch, Nicholas/Penman, Stephan H.,* Disclosure, 1976, S. 96; *Walker M.,* Comment, 1983, S. 492.

70 Vgl. *Cooper, Kerry/Keim, Gerald D.,* Disclosure, 1983, S. 194f.

71 Vgl. *Schmidt, Reinhard H.,* Rechnungslegung, 1982, S. 742; *Watrin, Christoph,* Regulierungstheorie, 2001, S. 63.

72 Vgl. *Hartmann-Wendels, Thomas*, Rechnungslegung, 1991, S. 20; *Hax, Herbert*, Rechnungslegungsvorschriften, 1988, S. 192; *Brandl, Rainer*, Rechnungslegungsnormen, 1987, S. 148.

vor.[73] „In short, games exist in which information possessed and acted upon by one player affects the other players' outcomes."[74]

Es wird deutlich, daß aus Sicht der Informationsadressaten Rivalität im Konsum des Gutes Rechnungslegungsinformation bei gleichzeitiger Ausschließbarkeit vorliegt. Damit kann sich Nachfrage am Markt bilden und Unternehmen als Anbieter werden die Informationen verkaufen. Aus dieser Perspektive handelt es sich demnach bei Rechnungslegungsinformationen um rein private Güter, deren Produktion nicht reguliert werden muß.

2.2.2.3 Rechnungslegungssystem als öffentliches Gut

Ob für die Weitergabe der Informationen auch ein Rechnungslegungssystem zur Verfügung steht, interessiert aus Sicht der Unternehmen und der Adressaten, da es das Werkzeug ist, mit dessen Hilfe Unternehmen ihre Daten an die Adressaten weitergeben. Damit ist zu fragen, ob bei Unternehmen und Adressaten, die ein Rechnungslegungssystem nutzen wollen, das Ausschlußprinzip zum Tragen kommt.

Rechnungslegungssysteme sind immaterielle Güter und lassen sich wie andere Formen geistigen Eigentums urheberrechtlich schützen. Damit greifen bei unbefugter Nutzung die bei Urheberrechtsverletzungen bestehenden strafrechtlichen und zivilrechtlichen Sanktionen. Auf die Frage der Prüfung von Rechnungslegungsinformationen wird an dieser Stelle nicht eingegangen. Es sei aber darauf verwiesen, daß durch einen Prüfer solcher Informationen nicht nur die Konformität der Daten mit dem Rechnungslegungssystem, sondern auch die Beteiligung der Unternehmung an der Finanzierung des Systems testiert werden kann.[75] Somit bestehen verschiedene Möglichkeiten, Trittbrettfahren der Unternehmen zu verhindern. Das Ausschlußprinzip ist gewährleistet.[76]

Des weiteren ist zu klären, ob Unternehmen bei der Nutzung der Systeme rivalisieren. Bei dieser Betrachtung ist es unerheblich, ob ein positiver Nutzen erst bei der Verwendung durch eine Vielzahl von Unternehmen entsteht.[77] Alleine die negativen Effekte aufgrund der gemeinsamen Nutzung sind maßgebend.[78] Solche sind auf den ersten Blick nicht erkennbar, da die Nutzung eines Systems durch ein Unternehmen keinen negativen Einfluß auf das Nutzungspotential dieses Systems für ein anderes Unter-

73 Nur so macht private Informationsbeschaffung Sinn. Vgl. zu deren Auswirkung auf das Marktgleichgewicht *Ballwieser, Wolfgang,* Theorie, 1991, S. 113f. m.w.N.

74 *Demski, Joel S./Feltham, Gerald A.*, Determination, 1976, S. 211.

75 Vgl. *Pellens, Bernhard/Gassen, Joachim*, Bereitstellung, 1998, S. 640.

76 Vgl. *Pellens, Bernhard,* Rechnungslegung, 2001, S. 602.

77 A.A. *Pellens, Bernhard/Gassen, Joachim*, Bereitstellung, 1998, S. 640. Zu den bei *Pellens/Gassen* gemeinten Netzwerkeffekten vgl. *Kapitel 2.2.4.4.*

78 Vgl. *Kreps, David M.*, Mikroökonomie, 1994, S. 148.

nehmen hat. Dieses Argument trifft allerdings nicht den Kern. Urheberrechtlich geschütztes geistiges Eigentum unterliegt der Rivalität im Konsum. Zwar wird das abstrakte Nutzungspotential durch eine Mehrfachnutzung, anders als bei Verbrauchsgütern, nicht gemindert, im konkreten Fall kann aber durch eine Lizenzvergabe die Einschränkung der Nutzung und damit Rivalität im Konsum erreicht werden.[79]

Dieselben Überlegungen zu Ausschlußprinzip und Rivalität gelten auch für Adressaten, wenngleich sie an dieser Stelle nur hypothetischen Charakter haben können. Kaum denkbar ist, daß die Adressaten den Unternehmen die Wahl eines Systems vorschreiben können.[80]

Durch die gegebene Ausschlußmöglichkeit bei gleichzeitiger Rivalität im Konsum erhält man das Ergebnis, daß es sich bei einem Rechnungslegungssystem ebenfalls um ein privates Gut handelt.

Beide Betrachtungsebenen zeigen, daß die Begründung der Regulierung der Rechnungslegung aufgrund von Merkmalen öffentlicher Güter, die den Rechnungslegungsinformationen bzw. dem Rechnungslegungssystem zugeschrieben werden, auf tönernen Füßen steht.[81] Nach diesem Kriterium kann weder die Regulierung der Unternehmenspublizität, also des Zwangs zur allgemeinen Veröffentlichung von Rechnungslegungsdaten, noch die zwingende Vorschrift eines bestimmten Rechnungslegungssystems zur Übermittlung der Daten gerechtfertigt werden.

2.2.3 Externe Effekte

2.2.3.1 Externe Effekte und Rechnungslegungssystem aus dem Blickwinkel der Netzwerkeffekte

Externe Effekte liegen vor, wenn es zu (positiven oder negativen) Auswirkungen auf den Nutzen bei außenstehenden Wirtschaftssubjekten kommt, gegen die sich diese nicht wehren können und die keinen Einfluß auf die Nutzensituation des Verursachers haben.[82] Beim Vorliegen positiver externer Effekte kommt es zu einer Unterversorgung des Marktes, da jeder Produzent nur die eigene Nutzensteigerung in seinem Nut-

---

79 A.A. *Pellens, Bernhard,* Rechnungslegung, 2001, S. 602. Ein ähnlich gelagerter Fall liegt bei Softwareprodukten vor. Sie sind quasi kostenlos unendlich oft duplizierbar, dürfen aber nur vom jeweiligen Lizenzinhaber genutzt werden.

80 Nicht untersucht wird in diesem Zusammenhang, ob die Unternehmen einen Anreiz haben, mit Rücksicht auf die Adressaten ein bestimmtes System zu wählen.

81 Vgl. *Cooper, Kerry/Keim, Gerald D.,* Disclosure, 1983, S. 194-197; *Watts, Ross L./Zimmerman, Jerold L.,* Positive, 1986, S. 167. Grundsätzlich kritisch zur Dichotomie zwischen privaten und öffentlichen Gütern in der Rechnungslegung ist *Leftwich, Richard,* Fallacies, 1980, S. 197-200.

82 Vgl. bspw. *Feldhoff, Michael,* Staat, 1994, S. 530.

zenkalkül berücksichtigt.[83] Bei negativen externen Effekten kommt es entsprechend zu einer Überproduktion.

Eine besondere Art von positiven externen Effekten ergibt sich durch Netzwerkeffekte. Kein Unternehmen hat einen Nutzen aus dem ausschließlichen Gebrauch bestimmter Standards. Versteht man Normierung als Standardisierung einer bestimmten Technologie, so steigert die Normierung den Nutzen der Anwender dieser Technologie.[84] Die Nutzung eines bestimmten Standards, z.B. bei der Faxübertragung, sichert die Kompatibilität zwischen den Geräten. Je mehr Anwender sich einer normierten Technik bedienen, um so größer wird der Nutzen des einzelnen.[85] Faxgeräte werden daher in der Literatur auch als klassisches Beispiel für ein Netzwerkgut bezeichnet.[86] Die Informationsgesellschaft mit ihrer weitreichenden Vernetzung bringt zahlreiche weitere Netzwerkgüter hervor, unter ihnen Computersoftware[87] und Unterhaltungselektronik.[88]

Was sich im Hinblick auf Technologieprodukte intuitiv erschließt, kann auf den Bereich der Rechnungslegung übertragen werden.[89] Auch hier greift das Argument, daß der Nutzen des Bilanzierenden wie des Adressaten steigt, wenn sie auf Standards zurückgreifen können, die von einer möglichst großen Anzahl weiterer Nutzer verwendet werden. Folgende Haupteffekte sind zu identifizieren[90]:

(1) *Skaleneffekte einer weiten Verbreitung*. Die Kosten sinken bspw. durch den Zugriff auf an einheitlichen Standards ausgebildetes Personal. Dies gilt für die Kosten der Erstellung und der Interpretation. Der Arbeitgeber kann bei fehlender Standardisierung nicht auf normiertes Wissen zurückgreifen, das er am Arbeitsmarkt in ausgebildeten Fachkräften vorfinden könnte. Er muß jede Arbeitskraft mit dem System vertraut machen, was die Kosten der Erstellung erhöht. Dasselbe gilt für (potentielle) Anteilseigner, die für die Interpretation der Rechnungslegung hohe Kosten haben, wenn die Regeln nur einmalig existieren.[91]

---

83 Es sei an dieser Stelle auf den Zusammenhang von positiven externen Effekten mit öffentlichen Gütern hingewiesen. Bestehen sehr hohe positive externe Effekte, handelt es sich um öffentliche Güter.

84 Einen knappen Überblick über Netzwerkeffekte und deren Externalitäten gibt *Adams, Michael,* Rechte, 1994, S. 519-524.

85 Vgl. *Blankart, Charles B./Knieps, Günter,* Kommunikationsgüter, 1994, S. 451f.

86 Vgl. *Thum, Marcel,* Möglichkeiten, 1994, S. 465.

87 Man betrachte nur den Kampf um einen Standard beim Betriebssystem für PC in den achtziger Jahren und den Streit um einen Standard für Internet-Browser, der zur Zeit noch anhält.

88 Vgl. *Thum, Marcel,* Möglichkeiten, 1994, S. 465.

89 Vgl. auch *Watrin, Christoph,* Regulierungstheorie, 2001, S. 123f.

90 Vgl. ausführlich *Währisch, Mark,* Evolution, 2001, S. 60-62. Vgl. auch *Breidenbach, Karin,* Normensetzung, 1997, S. 93f; *Pellens, Bernhard,* Rechnungslegung, 2001, S. 607.

91 Vgl. *Achleitner, Ann-Kristin,* Normierung, 1995, S. 43.

(2) *Vergleichbarkeit der Daten.* Dies ist vor allem für Kapitalmarktteilnehmer von Bedeutung, wenn sie bspw. vor der Entscheidung über die alternative Beteiligung an mehreren Unternehmen diese vergleichen. Nutzt jedes dieser Unternehmen andere Standards, so entstehen hohe Einarbeitungskosten.

(3) *Lerneffekte.* Durch die Verwendung einheitlicher Standards sammeln alle Nutzer im Zeitablauf Erfahrungen, die sowohl bei der Erstellung als auch bei der Interpretation der Daten nützlich sind und die Transaktionskosten ebenfalls senken.

(4) *Sinkende Kosten für Komplementärprodukte.* Wenn die Informationen, die ein Unternehmen mit Hilfe eines Rechnungslegungssystems generiert, z.B. einer Prüfungspflicht unterliegen, so kann bei einer einheitlichen Normierung des Systems der Prüfer die Kosten aufgrund der bereits oben genannten Skaleneffekte reduzieren. Dies führt wiederum zu einer Transaktionskostensenkung bei den Vertragsparteien.

Formal lassen sich diese Überlegungen wie folgt konkretisieren: In einer Prinzipal-Agenten-Beziehung wird davon ausgegangen, daß durch die Selbstverpflichtung des Agenten zur Rechnungslegung Kosten sowohl bei den Prinzipalen als auch bei den Agenten entstehen. Es sollen zwei Fälle unterschieden werden: (1) Die Vertragsparteien handeln ein eigenes Rechnungslegungssystem aus, nach dessen Regeln der Agent seine Bücher führt. (2) Die Vertragsparteien beschließen, die Rechnungslegung auf Normen zu stützen, die von einer unabhängigen Instanz vorgegeben werden, und nach diesen zu verfahren. Für Sachverhalte, die in den vorgegebenen Normen nicht berücksichtigt sind, handeln sie zusätzliche Regeln aus.

Im Fall (1) entstehen beim Agenten Kosten für die Aushandlung der Normen k_a^V und Kosten für die Erstellung der Rechnungslegung k^E. Bei den Prinzipalen entstehen Kosten der Aushandlung der Normen k_p^V und Kosten der Interpretation der Rechnungslegung k^I. Die Verhandlungskosten k_a^V und k_p^V können zu k^V zusammengefaßt werden, also

(1) $$k^V = k_a^V + k_p^V .$$

Die Gesamtkosten belaufen sich damit auf

(2) $$K = k^V + k^E + k^I .$$

Ohne Normierung sind die Verhandlungskosten hoch, da jeder denkbare Tatbestand zu regulieren ist. Netzwerkeffekte entstehen nicht.

Im Fall (2) sind die Kosten abhängig vom Normierungsgrad N der Regeln und von der Verbreitung S der Regeln, also $k^V(N)$; $k^E(S)$; $k^I(S)$. N gibt dabei an, wie viele mögliche Tatbestände in die Regeln einbezogen wurden.

Je mehr Tatbestände in den angewandten Regeln berücksichtigt werden, desto geringer sind die Verhandlungskosten. Es gilt demnach:

(3) $$\frac{dk^V}{dN} < 0.$$

Je weiter die Regeln verbreitet sind, desto geringer sind Erstellungs- und Interpretationskosten. Das Know-how der Rechnungslegung (sowohl für die Erstellung als auch für die Interpretation) ist normiert und kann damit bei einer Vielzahl von Anbietern nachgefragt werden. Es gilt also:

(4) $$\frac{dk^E}{dS} < 0 \text{ und } \frac{dk^I}{dS} < 0.$$

Damit ist aus Sicht der Prinzipale und der Agenten ein hoher Normierungsgrad und eine weite Verbreitung der Regeln wünschenswert. Sie senken die Transaktionskosten, da es zu Netzwerkeffekten kommt. Die Aussagen zur kostensenkenden Wirkung aufgrund von Netzwerkeffekten können bestätigt werden. Keineswegs gesichert ist es hingegen, daß sich alle Akteure aufgrund dieser Erkenntnis auf die Anwendung einheitlicher Standards einigen können. Die Möglichkeiten hierfür werden im nächsten Abschnitt untersucht.

2.2.3.2 Spieltheoretische Überlegungen bei Vorliegen von Netzwerkeffekten

2.2.3.2.1 Nicht-kooperative Spieltheorie und die Standardisierung im Rahmen eines Koordinationsspiels

Anhand einer spieltheoretischen Modellierung soll nun untersucht werden, wie sich Akteure verhalten, die die Vorteilhaftigkeit der Vereinheitlichung von Rechnungslegungsstandards erkannt haben.[92] Dabei wird davon ausgegangen, daß die Spieler keine verbindlichen Abmachungen treffen können. Diese Fälle werden im Rahmen der nicht-kooperativen Spieltheorie untersucht.

[92] Vgl. zu dem folgendem Beispiel *Farrell, Joseph/Saloner, Garth*, Coordination, 1988, S. 239-241.

Gegeben seien zwei Nachfrager[93] nach Rechnungslegungsnormen, bezeichnet als 1 und 2. 1 präferiert das System 1 (z.B. BiRiLux) während 2 das System 2 (z.B. IFARS) bevorzugt. Der Wert, den die Nachfrager der Anwendung des bevorzugten Standards geben, sei a. Der Wert einer erfolgreichen Koordination sei c. Da eine erfolgreiche Koordinierung aufgrund der oben beschriebenen Netzwerkeffekte angestrebt wird und diese für die Spieler wichtiger ist als die Durchsetzung des eigenen Standards, gilt:

(5) $c > a > 0.$

Im Falle $c < a$ würde jeder Spieler immer seine Präferenz auswählen, es käme zu keiner Koordination.

Es sei die völlige Abwesenheit von Koordinationsmechanismen, also der Marktfall untersucht. Die Spieler entscheiden sich unabhängig voneinander für einen Standard. Unter den getroffenen Annahmen ergibt sich folgende Auszahlungsmatrix:

		2	
		BiRiLux (s_{21})	IFARS (s_{22})
1	BiRiLux (s_{11})	($a+c$; c)	(a ; a)
	IFARS (s_{12})	(0 ; 0)	(c ; $a+c$)

Tabelle 3: Auszahlungsmatrix im Standardisierungsspiel.[94]

Diese Spielform vom Typ „Kampf der Geschlechter"[95] hat zwei Nash-Gleichgewichte in reinen Strategien: die beiden Koordinationslösungen.[96] Dies erschließt sich unmittelbar aus der Annahme, daß die Spieler eine erfolgreiche Koordination über die eigene Präferenz stellen. Weitere Aussagen über das Zustandekommen der (gewünschten) Koordination lassen sich bei reinen Strategien nicht machen.

[93] Eine Differenzierung zwischen Rechnungslegern und Adressaten ist hier nicht nötig, da oben bereits gezeigt wurde, daß beide Gruppen Vorteile von einer Standardisierung haben.

[94] In Anlehnung an *Farrell, Joseph/Saloner, Garth*, Coordination, 1988, S. 240. Die Indizierung s_{ij} bedeutet, daß Spieler i sich für Alternative j entscheidet.

[95] Damit wird die Spielsituation beschrieben, die sich ergibt, wenn *Sie* bevorzugt, ins Theater zu gehen, und *Er* den Besuch einer Boxveranstaltung vorzieht.

[96] Das sind (s_{11};s_{21}) und (s_{12};s_{22}).

Gemischte Strategien sind dadurch gekennzeichnet, daß eine Zufallsauswahl über die Wahl einer Strategie der Spieler entscheidet. Sei p_i die Wahrscheinlichkeit, daß Spieler i sich für die Strategie s_{i1} entscheidet.

Es gilt:

(6) $0 < p_i < 1.$

Unterstellt man eine lineare Nutzenfunktion, ergibt sich der Erwartungsnutzen $EU(u_i)$ für Spieler i:

(7) $EU(u_1) = (a+c)\, p_1 p_2 + 0\,(1-p_1)p_2 + a\, p_1\,(1-p_2) + c\,(1-p_1)(1-p_2),$

(8) $EU(u_2) = c p_1 p_2 + 0\, p_2(1-p_1) + a\, p_1\,(1-p_2) + (a+c)\,(1-p_1)\,(1-p_2).$

Durch Umformung und Bilden der Marginalbedingung $\frac{\partial u_i}{\partial p_i} = 0$ erhält man

(9) $p_1 = \frac{a+c}{2c}$ und

(10) $p_2 = \frac{c-a}{2c}.$

Da annahmegemäß $c > a > 0$, folgt daraus

(11) $p_1 > \frac{1}{2}$ und

(12) $p_2 < \frac{1}{2}.$

Die Wahrscheinlichkeit, daß Spieler 1 sich für „seinen" Standard 1 entscheidet, geht gegen 1, wenn das Verhältnis $c{:}a$ gegen 1 konvergiert. Mit anderen Worten: Wenn der Vorteil, den Spieler 1 in der Koordinierung sieht, im Verhältnis zum Vorteil, den er aus der Nutzung des präferierten Standards zieht, klein wird, entscheidet er sich eher für den eigenen Standard. Je größer der Koordinationsvorteil c bei gegebenem Nutzen des präferierten Standards a wird, desto kleiner wird die Wahrscheinlichkeit, daß sich Spieler 1 für Standard 1 entscheidet, und nähert sich dem Wert 0,5. Dieselbe Überlegung gilt analog für Spieler 2, da p_2 die Wahrscheinlichkeit bezeichnet, daß sich Spieler 2 für den nicht von ihm bevorzugten Standard 1 entscheidet. Das Ergebnis ist plausibel, denn es besagt, daß die Spieler um so stärker an den präferierten Standards festhalten, je wichtiger ihnen diese im Vergleich zu einer geglückten Standardisierung sind.

Durch Einsetzen von p_1 und p_2 aus (9) und (10) in die Nutzenfunktionen ergeben sich die Nutzenwerte für die beiden Spieler:

(13) $$u_i = \frac{c+a}{2}.$$

Da $c > a$, folgt

(14) $$u_i < c.$$

Der Wert, den das Gleichgewicht für den Spieler *i* hat, ist geringer als der Wert, den er durch Koordination unter Verzicht auf den eigenen Standard erhalten könnte. Dennoch kommt es zu diesem suboptimalen Gleichgewicht. Für den Fall der Abwesenheit von Koordinationsmechanismen ist dies plausibel.[97]

Bei fehlender Standardisierung erzielen die Spieler einen Erwartungswert, der unter dem liegt, den beide bei Koordination erhalten könnten. Unter diesen Umständen kann eine staatliche Intervention dazu führen, daß beide Spieler besser gestellt werden als ohne Eingriff. Es würde verhindert, daß es durch die individuelle Nutzenmaximierung der Spieler zu kollektiv irrationalen Ergebnissen kommt.

Auch der Ruf nach einer staatlichen Regulierung bzw. nach dem Wettbewerb staatlich sanktionierter Systeme ist problematisch. Staatlichen Standardisierungsbemühungen sind bei Existenz von Netzwerkeffekten enge Grenzen gesetzt. „Selbst einem wohlwollenden sozialen Planer kann es - frei von jeglichem egoistischen Motiv - unter bestimmten Umständen nicht gelingen, den besten Standard auszuwählen, festzuschreiben und auch durchzusetzen."[98] Er sieht sich (1) „engen Fenstern" und (2) „wütenden Waisen" gegenüber und agiert selbst als (3) „blinder Gigant".

Der erste Punkt besagt, daß dem Regulierer nur kurze Zeit verbleibt, sich auf einen Standard festzulegen, da die Kosten eines Systemwechsels mit steigender Nutzerzahl prohibitiv hoch werden.[99]

Die zweite Anmerkung folgt hieraus und zielt auf diejenigen Anbieter und Nachfrager, die ein System ausgewählt haben, das vom Regulierer aus dem Angebot genommen wird. Sie haben systemspezifische Investitionen getätigt, die dann verloren sind. Die „wütenden Waisen" werden durch Lobbyismus Einfluß auf den Regulierer nehmen,

---

97 Vgl. *Farrell, Joseph/Saloner, Garth*, Coordination, 1988, S. 240.

98 *Thum, Marcel*, Möglichkeiten, 1994, S. 483. Vgl. zum folgenden auch *Ballwieser, Wolfgang*, Wettbewerb, 2001, S. 650f.

99 Vgl. *Thum, Marcel*, Möglichkeiten, 1994, S. 488.

um eine Entscheidung gegen den eigenen Standard zu verhindern,[100] was wiederum zu gesellschaftlichen Wohlfahrtsverlusten führt.

In bezug auf Rechnungslegungssysteme ist das dritte Argument entscheidend.[101] Der staatliche Regulierer agiert als blinder Gigant, da er nicht weiß, welches die beste Technologie, d.h. hier das beste Rechnungslegungssystem, ist.[102]

2.2.3.2.2 Kooperative Spieltheorie und das Problem des leeren Kerns

Das obige Ergebnis könnte sich ändern, wenn man berücksichtigt, daß es den Unternehmen erlaubt ist, verbindliche Abmachungen über Adoption eines bestimmten Rechnungslegungssystems zu treffen. Es wird also die Möglichkeit der Koalitionsbildung untersucht. Dies geschieht im Rahmen der kooperativen Spieltheorie.[103]

Ein prominentes Lösungskonzept der kooperativen Spieltheorie ist der Kern. Hinter diesem Konzept steht die Frage, ob es Spieler gibt, die durch eine Koalition ein Ergebnis erreichen können, das für sie besser ist als das durch einen gegebenen Vektor x erzielte. Dann wird x dominiert und liegt damit nicht im Kern. Liegt ein Vektor y im Kern, so gibt es keine Koalition, in der sich die Teilnehmer der Koalition besser stellen können als in y.[104]

Zur Interpretation des Kerns sei hier zusammengefaßt, daß es sich um eine stabile Menge von Auszahlungsvektoren des Spiels Γ handelt, für die keine mögliche Koalition S von n Spielern in Γ den Wunsch und die Macht hat, den Ausgang des Spiels (d.h. den Auszahlungsvektor) zu ändern. Ist der Kern leer, bedeutet das, daß es keine stabilen Koalitionen gibt, so daß im Ergebnis jeder Spieler für sich bleibt und damit x erzielt.

Dieses Konzept wird nun übertragen auf die mögliche Koalitionsbildung bei der Adoption eines Rechnungslegungssystems durch Unternehmen.[105] Angenommen, eine Volkswirtschaft bestehe aus drei Unternehmen, die ein Rechnungslegungssystem benötigen. Alle drei haben eigene Präferenzen für bestimmte Eigenschaften des Systems. Sie haben die Wahl, ein eigenes, für sie optimales System zu entwickeln oder im Zuge einer Koalitionsbildung mit einem oder beiden anderen Unternehmen gemeinsam ein System anzunehmen, das aufgrund des kompromißbehafteten Zusammenschlusses nicht ganz den Präferenzen entspricht. Sei $v(S)$ die Gesamtauszahlung für die Koalition

---

[100] Vgl. *Thum, Marcel*, Möglichkeiten, 1994, S. 490.
[101] Vgl. auch *Pellens, Bernhard*, Rechnungslegung, 2001, S. 603.
[102] Vgl. *Thum, Marcel*, Möglichkeiten, 1994, S. 489.
[103] Vgl. *Holler, Manfred J./Illing, Gerhard*, Spieltheorie, 2001, S. 262.
[104] Vgl. bspw. *Myerson, Roger B.*, Theory, 1991, S. 428.
[105] Vgl. zu den folgenden Ausführungen *Aivazian, Varouj A./Callen, Jeffrey L.*, Core, 1983, S. 228-232.

S. Aufgrund der angenommenen Netzwerkeffekte besteht Superadditivität der Koalitionsfunktionen.

(15) $v(\{1,2,3\}) > v(\{i,j\}) > v(\{k\}) \forall i,j,k \in \{1,2,3\}, i \neq j \neq k.$

Die drei Unternehmen profitieren am meisten von einem Zusammenschluß aller, jedoch unterschiedlich stark. Es besteht ein gegenläufiger Effekt aufgrund der verschiedenen Präferenzen. So können Unternehmen, deren eigenes System nahe an dem Kompromiß liegt, stärker von einer Koalition profitieren als Unternehmen, für die der Kompromiß weniger den eigenen Präferenzen entspricht. In folgendem Beispiel kommt dies zum Ausdruck:

(16) $$v(\{1\}) = 1; v(\{2\}) = 2; v(\{3\}) = 6;$$
$$v(\{1,2\}) = 9; v(\{1,3\}) = 11; v(\{2,3\}) = 14;$$
$$v(\{1,2,3\}) = 16.$$

Die Superadditivität ist für alle Koalitionen erfüllt. Spieler 1 gewinnt sehr stark von der Möglichkeit der großen Koalition, Spieler 3 relativ schwach. Dies könnte ein Ausdruck dafür sein, daß Spieler 3 Präferenzen hat, die er in seinem eigenen System sehr gut berücksichtigen kann, die aber bei Koalitionsbildung teilweise unberücksichtigt bleiben und damit den Netzwerkvorteil abschmelzen.

Seien x_i die Auszahlungen, die jeder Spieler in einer Koalition erhält, so muß bei individuell rationalem und gruppenrationalem Verhalten gelten:

(17) $$x_i \geq v(\{i\}) \forall i \in \{1,2,3\};$$
$$x_i + x_j \geq v(\{i,j\}) \forall i,j \in \{1,2,3\}; i \neq j.$$

Da nicht mehr als das Ergebnis der großen Koalition verteilt werden kann, gilt zudem:

(18) $x_1 + x_2 + x_3 \leq v(\{1,2,3\}).$

Das Einsetzen der Werte aus (16) in (17) und (18) zeigt, daß nicht alle Ungleichungen zugleich erfüllt sein können. Das bedeutet, daß es bei jeder beliebigen Koalition eine andere Koalition gibt, die diese dominiert. Es gibt keine stabile Lösung, der Kern dieses Spiels ist leer. Damit ist nicht gesagt, daß es zu keiner Koalitionsbildung kommt; es läßt sich aber ex ante keine stabile Koalition finden und damit nicht sagen, ob es zur Bildung der pareto-optimalen, großen Koalition kommt. Der leere Kern ist eine Form des Marktversagens.[106]

[106] Vgl. *Aivazian, Varouj A./Callen, Jeffrey L.*, Core, 1983, S. 228-231.

Es konnte anhand einfacher Modelle gezeigt werden, daß es unabhängig davon, ob die Marktteilnehmer kooperieren oder nicht, zu ineffizienten Marktlösungen aufgrund von Netzwerkeffekten bei fehlender Regulierung kommen kann. Hier ist nicht der Ort, die fehlende Standardisierung und staatliche Eingriffe ausführlich darzustellen und abzuwägen. *Währisch* hat die Problematik der Standardisierung bei Netzwerkeffekten tiefgehend untersucht.[107] Er resümiert: „In case of medium and strong network effects, inefficient situations might result which justify some form of political coordination or intervention."[108]

2.2.3.3 Externe Effekte und Rechnungslegungsinformation

Die Überprüfung, ob auch bei Rechnungslegungsinformationen externe Effekte entstehen, steht noch aus. Betrachtet werden soll zunächst eine verbreitete juristische Argumentation. Der Staat soll demnach immer dann als Regulativ in die Marktbeziehungen eingreifen, wenn gesamtgesellschaftliche Interessen beeinflußt werden. Dies wird auch für den Bereich der Rechnungslegung gefordert.[109] Es wird darauf hingewiesen, daß der Staat im Rahmen seiner Friedensfunktion die Aufgabe hat, „das soziale Zusammenleben zu ordnen und Freiheitsräume gerecht zu verteilen."[110] Da durch die Rechnungslegung Freiheitsräume unterschiedlicher Rechtssubjekte beeinflußt werden und gesamtgesellschaftliche Belange zu berücksichtigen sind, muß der Gesetzgeber Ziele und Prioritäten der Rechnungslegung vorgeben.[111] Eine derartige juristische Argumentation ist ein starkes Indiz für das Vorliegen externer Effekte.[112] Denn immer dann, wenn staatliche Einflußnahme mit dem Hinweis auf die Berührung gesamtgesellschaftlicher Belange gefordert wird, kann davon ausgegangen werden, daß diese Berührung über externe Effekte erfolgt.

Von ökonomischer Seite wird einerseits angeführt, daß die Offenlegung von Rechnungslegungsinformation die Effizienz des Kapitalmarktes erhöht und damit einen höheren gesellschaftlichen Nutzen stiftet als der, der den Rechnungslegern zufließt.[113] Dies spricht für das Vorliegen positiver externer Effekte.

Andererseits wird argumentiert, der gesamtgesellschaftliche Nutzen von Unternehmensinformationen sei konstant und der Nutzenzuwachs, der einer Seite aufgrund einer Information zukommt, bewirke zugleich eine Nutzenminderung eines anderen

[107] Vgl. *Währisch, Mark,* Evolution, 2001, S. 57-109.
[108] *Währisch, Mark,* Evolution, 2001, S. 103.
[109] Vgl. *Ebke, Werner F.,* Märkte, 2000, S. 29.
[110] *Hommelhoff, Peter/Schwab, Martin,* Selbststeuerung, 1998, S. 42.
[111] Vgl. *Hommelhoff, Peter/Schwab, Martin,* Selbststeuerung, 1998, S. 47.
[112] Vgl. *Pellens, Bernhard/Gassen, Joachim,* Bereitstellung, 1998, S. 642.
[113] Vgl. *Schmidt, Reinhard H.,* Rechnungslegung, 1982, S. 741; *Feldhoff, Michael,* Staat, S. 530; *Pellens, Bernhard/Gassen, Joachim,* Bereitstellung, 1998, S. 643. Kritisch *Wagner, Franz W.,* Kapitalmarkt, 1982, S. 762.

Marktteilnehmers.[114] Dies spricht für das Vorliegen negativer externer Effekte. Hierbei ist zu beachten, daß dieses Argument auf der Annahme der Rivalität im Konsum aufbaut, die bereits erläutert wurde.

An dieser Stelle greifen die Ausführungen zu öffentlichen Gütern und externen Effekten ineinander.[115] Folgt man der ersten Richtung, so liegen positive externe Effekte vor, die zugleich auf Rechnungslegungsinformation als öffentliches Gut hinweisen, denn Nichtrivalität im Konsum ist für diese Argumentation zwingend. Die zweite Richtung hingegen sieht in Rechnungslegungsdaten ein privates Gut, das negative externe Effekte erzeugt und daher in zu großer Quantität hergestellt wird.[116]

Unabhängig davon, welche Sichtweise favorisiert wird: Das Vorliegen externer Effekte alleine begründet noch nicht die Eingriffsnotwendigkeit des Staates, denn es „führt *nicht* zur Störung der effizienten Ressourcenallokation, solange die externen Effekte durch Markttransaktionen zwischen den Beteiligten *internalisiert* werden können und die Aushandlung der Transaktionsbedingungen nur vernachlässigbare Kosten verursacht."[117] Diese Argumentation ist auch als *Coase*-Theorem bekannt.[118] Erst bei Vorliegen nicht vernachlässigbarer Transaktionskosten wird ein Marktoptimum verfehlt und die Regulierung durch den Staat notwendig. Transaktionskosten sind alle den Nutzen von Vertragsparteien schmälernden Kosten, die entstehen, um einen Vertrag zu schließen.[119] Hohe Transaktionskosten liegen insbesondere bei asymmetrischer Informationsverteilung an einem Markt vor.[120]

2.2.4 *Informationsasymmetrien*

2.2.4.1 *Informationsasymmetrien und deren Auswirkungen auf den Markt*

Aufgrund von Informationsasymmetrien kann es zu Marktunvollkommenheiten kommen, die möglicherweise zu Marktversagen führen und deshalb einen regulierenden Eingriff des Staates erforderlich machen.[121] Voraussetzung hierfür ist allerdings, daß sich am Markt keine bzw. nur unvollkommene Mechanismen zur Abfederung der Mängel bilden.[122] Informationsasymmetrien können z.B. über bestimmte Eigenschaf-

---

[114] Vgl. jüngst *Watrin, Christoph*, Regulierungstheorie, 2001, S. 70f. m.w.N.
[115] Vgl. *Hax, Herbert*, Rechnungslegungsvorschriften, 1988, S. 192.
[116] Vgl. grundlegend *Fama, Eugene F./Laffer, Arthur B.*, Information, 1971.
[117] *Kuhner, Christoph*, Verfügungsrechte, 1999, S. 70 (Hervorhebungen im Original). Vgl. auch *Ballwieser, Wolfgang*, Überblick, 1996, S. 506 m.w.N.
[118] Vgl. *Coase, Ronald H.*, Cost, 1960.
[119] Vgl. *Picot, Arnold*, Transaktionskostenansatz, 1982, S. 270.
[120] Vgl. *Richter, Rudolf*, Institutionenökonomik, 1998, S. 327f.
[121] „...[I]n some cases, governmental intervention may increase the welfare of all parties." *Akerlof, George A.*, Lemons, 1970, S. 488.
[122] Vgl. *Kuhner, Christoph*, Verfügungsrechte, 1998, S. 77.

ten der am Markt angebotenen Güter bestehen. Dies kann im Extremfall zu Marktversagen führen.[123]

Diesem Phänomen scheint besondere Durchschlagskraft auf den Bereich der Rechnungslegung zuzukommen, geht es hier doch um Bereitstellung von Information. Die Tatsache, daß es dem Manager eines Unternehmens möglich ist, gegenüber den Anteilseignern zu schweigen bzw. irreführende Informationen zu geben, wird in den Kontext von *Akerlofs Lemons* gestellt. Ob hieraus jedoch bereits der Ruf nach staatlicher Regulierung abgeleitet werden kann, ist fraglich, denn auch am Markt können sich Mechanismen zur Vermeidung von Informationsasymmetrien bzw. zur Abmilderung der Auswirkungen ohne Eingriff des Staates etablieren.[124]

Die beiden grundlegenden Merkmale für Informationsasymmetrie sind die Ungleichverteilung von Informationen über die Eigenschaft eines Transaktionsgegenstandes (*hidden characteristics*) oder über die Aktivitäten einer Transaktionspartei, die den Nutzen der anderen Partei beeinträchtigen (*hidden action*).[125] Das erste Merkmal führt zur Negativauslese,[126] das zweite zu moralischem Risiko.[127]

Informationsasymmetrien werden häufig im Rahmen einer Prinzipal-Agenten-Beziehung dargestellt. Dabei kann das Austauschobjekt bspw. die Arbeitsleistung des Agenten sein. Folgende Tabelle zeigt einen Überblick über die beiden Grundtypen anhand dieses Beispiels:

---

[123] Das zu Weltruhm gelangte Beispiel des „Market for Lemons" von *George A. Akerlof* sei an dieser Stelle nicht wiederholt. Vgl. *Akerlof, George A.*, Lemons, 1970.

[124] Vgl. *Kuhner, Christoph*, Verfügungsrechte, 1998, S. 77.

[125] Vgl. für einen Überblick *Spremann, Klaus*, Wirtschaft, 1996, S. 697-704. Der verbreiteten Meinung, wonach auch die Unsicherheit über den Verhaltensplan einer Partei (*hidden intention*) und die Unsicherheit über den Erkenntnisstand einer Partei (*hidden information*) zu diesen Grundtypen gehören (vgl. z.B. *Breid, Volker*, Erfolgspotentialrechnung, 1994, S. 238), wird hier nicht gefolgt. Der Unterschied zwischen *hidden information* und *hidden action* ist nicht konzeptionell bedingt. In beiden Fällen kann die eine Partei die andere nicht beurteilen. Damit kann beides unter einem Begriff zusammengefaßt werden (vgl. *Dietl, Helmut*, Zeit, 1993, S. 138). Bei *hidden intention* handelt es sich streng genommen nicht um Informationsasymmetrie, da das Verhalten der Parteien beobachtbar ist. Die *hidden intention* ist daher der Theorie der unvollständigen Verträge zuzuordnen.

[126] „Gute" Produkte werden aus dem Markt gedrängt, bis nur noch die „schlechten" übrig sind.

[127] Der Begriff des moralischen Risikos oder auch *moral hazard* ist ursprünglich auf die Versicherungswirtschaft bezogen (vgl. *Spremann, Klaus*, Information, 1989, S. 571).

	Hidden characteristics	*Hidden action*
Informations-asymmetrie bezüglich	Fähigkeit und Qualifikation des Agenten	Fleiß, Anstrengung und Sorgfalt des Agenten
Verhaltensspiel-raum der Parteien	vor Vertragsabschluß	nach Vertragsabschluß
Eigenschaften des Agenten	gegeben und dem Prinzipal unbekannt	abhängig vom Willen des Agenten
resultierende(s) Problem/ Gefahr	Adverse Selektion	Moralisches Risiko bei verstecktem Handeln
Art der Problem-bewältigung	*signaling/screening*	*bonding/monitoring*
Möglichkeiten zur Risikobegrenzung (beispielhaft)	Rechnungslegungsdaten als Informationsquelle (z.B. Bilanzkennzahlen)	Rechnungslegungsdaten als Basis für leistungsbezogene Entlohnung (z.B. Prämiensysteme)

Tabelle 4: Grundtypen der Informationsasymmetrie.[128]

2.2.4.1 Informationsasymmetrien aus Sicht der Rechnungslegungsinformation

Um die Informationsasymmetrien auf den Markt für Unternehmensinformationen zu übertragen, kann die Prinzipal-Agenten-Beziehung als Untersuchungsobjekt beibehalten werden. Prinzipale sind die (potentiellen) Anteilseigner, Agenten sind die Manager eines Unternehmens. Es kann untersucht werden, ob Unternehmensinformationen zu einer Abmilderung der Informationsasymmetrien führen können.[129] Zur Übermittlung dieser Informationen benötigt man (wie in *Tabelle 4* angedeutet) Informationssysteme wie bspw. ein Rechnungslegungssystem.

[128] In Anlehnung an *Dautel, Ralph,* Sonderfinanzierung, 1997, S. 149.

[129] *„Jegliche Arbeitsteilung mit Auftraggeber-Beauftragten-Beziehungen, und insbesondere eine, die zu Machtzusammenballungen beim Beauftragten führt, bedarf einer Rechenschaft als Gegengewicht.“ Schneider, Dieter,* Wettbewerb, 2000, S. 39, kursiv im Original. Die Idee, Informationsasymmetrien über die Rechenschaft auszugleichen, läßt sich bis zur Bibel zurückverfolgen: „Auch brauchten die Männer nicht Rechnung zu legen, denen man das Geld übergab, daß sie es den Arbeitern gäben, sondern sie handelten auf Treu und Glauben.“ (2. Könige 12, 16). Im Neuen Testament heißt es: „Er sprach aber auch zu den Jüngern: Es war ein reicher Mann, der hatte einen Verwalter; der wurde bei ihm beschuldigt, er verschleudere ihm seinen Besitz. Und er ließ ihn rufen und sprach zu ihm: Was höre ich da von dir? Gib Rechenschaft über deine Verwaltung; denn du kannst hinfort nicht Verwalter sein.“ (Lukas 16, 2). Zu weiteren Bibelstellen, die in Verbindung mit Rechnungslegung und der Reduzierung des Prinzipal-Agenten-Konfliktes gebracht werden können, vgl. *Hagerman, Robert L.,* Bible, 1982.

Beide Typen von Asymmetrien können zu Marktversagen führen, wenn die Transaktionskosten, die eine Verringerung der Asymmetrien herbeiführen könnten, zu hoch sind, um einen Austausch noch möglich zu machen. Um die Informationsasymmetrien in einer Prinzipal-Agenten-Beziehung abzubauen und damit adverse Selektion und moralisches Risiko einzuschränken, könnten sich die Transaktionsparteien bestimmter Mechanismen bedienen.

Im Hinblick auf die adverse Selektion können die Prinzipale vor Vertragsabschluß[130] Rechenschaft über die Leistungsfähigkeit der Agenten einfordern (*screening*); die Agenten hingegen können freiwillig ihre Leistungsfähigkeit signalisieren (*signaling*). Um das moralische Risiko einzudämmen, können die Prinzipale nach Vertragsabschluß Kontrollvorkehrungen treffen (*monitoring*) oder Anreize für die Agenten schaffen, die diese zu für den Prinzipal positivem Handeln veranlassen (*bonding*). Alle vier Mechanismen können unter Rückgriff auf Informationen, die durch Rechnungslegung gewonnen werden, etabliert werden.[131]

Die Auswirkungen von *agency*-Kosten auf eine Marktbeziehung werden beispielhaft von *Hax* dargestellt.[132] Ein Unternehmensgründer finanziert seine Gründung durch Ausgabe von Finanzierungstiteln am Markt. Er kann ein für den Wert der Titel optimales Aktionsprogramm a^* wählen, welches den Wert $V(a^*)$ für die Anleger generiert, oder aber ein Aktionsprogramm a^+, welches ihm einen höheren persönlichen Nutzen, z.B. durch sog. nichtmonetäre Vorteile,[133] verspricht, aber für die Anteilseigner schlechter ist. Damit gilt aus Sicht der Anteilseigner:

$$(19) \qquad V(a^*) > V(a^+).$$

Wegen der ungleichen Informationsverteilung über das Verhalten des Gründers nach der Kapitalaufnahme zwischen dem Gründer (Agent) und seinen Kapitalgebern (Prinzipale) fallen *agency*-Kosten an. Die Prinzipale nämlich antizipieren ein für sie schädliches Verhalten des Agenten und gehen von einem Wert $V(a^+)$ für ihre Finanztitel aus. Der Gründer kann damit nicht die optimale Vermögensposition $V(a^*)$ erreichen. Es entstehen ihm *agency*-Kosten in Höhe von

$$(20) \qquad V(a^*) - V(a^+).$$

---

130 Z.B. vor dem Kauf einer Aktie, der Anstellung eines Managers oder der Vergabe eines Kredites.

131 Vgl. neben der in Fußnote 31 angeführten Liste den Überblick bei *Kuhner, Christoph*, Verfügungsrechte, 1998, S. 77-81 und *Feldhoff, Michael*, Regulierung, 1994, S. 75-83. Es soll *Feldhoff* gefolgt werden, der feststellt, „daß in der Gesamtschau die Forschungsergebnisse eher für als gegen eine Informationswirkung des Jahresabschlusses sprechen." ebd. S. 83.

132 Vgl. zu den folgenden Ausführungen *Hax, Herbert*, Rechnungslegungsvorschriften, 1988, S. 194-197. Zum Zusammenhang von Kapitalkosten und Publizität vgl. auch *Ewert, Ralf*, Rechnungslegung, 1999; *Ewert, Ralf/Wagenhofer, Alfred*, Ansätze, 2000, S. 37-48.

133 Vgl. *Jensen, Michael C./Meckling, William H.*, Firm, 1986, S. 314f.

Sind die Kosten so hoch, daß

(21) $V(a^{+}) < I$ (mit I = erforderlicher Investitionsbetrag für die Gründung),

kann die Gründung nicht vorgenommen werden. Um die Kosten zu senken, kann sich der Gründer bestimmten Beschränkungen unterwerfen, die ausschließen, daß er Aktionsprogramm a^{+} wählt (*bonding*). Auch wenn nicht erreicht werden kann, daß der Agent immer das optimale Programm a^{*} ausführt, senkt eine Bewegung von a^{+} in Richtung a^{*} die *agency*-Kosten. Eine kontrollierte Selbstbeschränkung dieser Art kann die Verpflichtung sein, nach bestimmten Regeln Rechnung zu legen.

Werden *agency*-Kosten, wie oben dargestellt, als Transaktionskosten verstanden, so ist die Höhe der Transaktionskosten c ohne die Selbstbeschränkung des Agenten

(22) $c_0 = V(a^{*}) - V(a^{+})$.

Kann er durch die Selbstverpflichtung zur Rechnungslegung glaubhaft machen, daß er Aktionsprogramm a^{-} wählt, so sinken die Transaktionskosten auf

(23) $c_1 = V(a^{*}) - V(a^{-})$; mit $V(a^{*}) > V(a^{-}) > V(a^{+})$,

vorausgesetzt, durch die Selbstverpflichtung entstehen keine zusätzlichen Kosten. Entstehen aber zusätzliche Kosten c, so lohnt sich die Selbstbeschränkung nur, wenn diese kleiner sind als die Differenz der Transaktionskosten vor und nach der Beschränkung, also

(24) $c < c_0 - c_1$.

Es kann demnach gelingen, Transaktionskosten in einer Prinzipal-Agenten-Beziehung gemäß dem *Coase*-Theorem vollständig zu internalisieren. Ein Marktversagen ist damit abgewendet, der Ruf nach dem Staat unnötig. Mit dieser Begründung wird vom Staat vorgeschriebene Rechnungslegung kritisch gesehen[134] oder gar abgelehnt.[135] Allerdings wird auch gezeigt, daß sich institutionelle Gestaltungsmöglichkeiten zur Beseitigung von Asymmetrien nicht am Markt durchsetzen, falls ihre Kosten zu hoch sind.[136] Damit könnte das Verlangen nach einer staatlichen Regulierung wieder aufleben, wenn diese eine Transaktionskostensenkung zur Folge hätte.

---

[134] Vgl. *Hax, Herbert,* Rechnungslegungsvorschriften, 1988, S. 199f.

[135] Vgl. bspw. *Hartmann-Wendels, Thomas,* Agency-Theorie, 1992, S. 423f. Hier werden Publizitätsvorschriften sogar als schädlich für die gesellschaftliche Wohlfahrt erachtet.

[136] Vgl. auch *Feldhoff, Michael,* Informationen, 1992, S. 1015f.

2.2.4.3 Informationsasymmetrien aus Sicht des Rechnungslegungssystems

Im Rahmen von Informationsasymmetrien kann auch das Informationssystem selbst als Gut betrachten werden, über dessen Qualität Unsicherheit besteht. Dieser Ansatz scheint für die hier diskutierte Fragestellung der Notwendigkeit eines regulativen Eingriffs des Staates nicht zielführend. Es müßten nämlich Informationsmängel in bezug auf das Gut Rechnungslegungsnormen vorliegen, also etwa versteckte Eigenschaften dieser Normen. Die hiermit verbundene Art der Regulierung würde fordern, daß die Anbieter von Normen bestimmte Eigenschaften ihres Systems explizieren müßten, nicht aber, daß der Staat selbst eine Veröffentlichung von Informationen vorschreibt oder gar die Erstellung der Normen übernimmt.

Allerdings bleibt das Argument der Senkung von Transaktionskosten. Wie bei der Betrachtung der Rechnungslegungsinformationen gezeigt wurde, ist eine Senkung von Transaktionskosten Ziel der Einebnung von Informationsasymmetrien und der Regulierung. Die Diskussion der externen Effekte hat gezeigt, daß ein einheitlich normiertes Rechnungslegungssystem Transaktionskosten senken kann. Diese Verknüpfung ist auch der Grund dafür, daß die Argumentation zur Regulierung der Rechnungslegungsinformationen und zur Regulierung des Rechnungslegungssystems nicht immer scharf zu trennen ist.

2.2.4.4 Informationsasymmetrien und Gerechtigkeitsüberlegungen

2.2.4.4.1 Gerechtigkeitsüberlegungen in der Ökonomie

Während die Überlegungen zum Marktversagen dem Funktionenschutz der Rechnungslegung zuzuordnen sind, ist dem Individualschutz das Streben nach Gerechtigkeit zu eigen. Gerechtigkeitsüberlegungen sind häufig eine wichtige Kraft hinter Normierungsentscheidungen des Staates.[137] Nichts anderes als Gerechtigkeitsüberlegungen stehen hinter folgender Aussage *Leffsons*: „Eine der Aufgaben des Staates liegt darin, soweit wie möglich jedes Mitglied des Gemeinwesens gegen Unrecht oder Unterdrükkung von anderen Mitgliedern zu schützen.“[138] Gegen Unrecht und Unterdrückung sind vor allem die Gläubiger, aber auch andere an der Unternehmung interessierte Gruppen zu schützen.[139] Dies geschieht unter anderem durch die Gesetzgebung. Ähnliche Erwägungen finden sich bei *Moxter*, der feststellt: „Je schlechter eine Gruppe von Individuen im Vergleich zu anderen Gruppen informiert ist, um so ungünstiger ist ihre Position, um so größer ist die Gefahr der Ausbeutung durch andere Gruppen.“[140]

---

[137] Vgl. *Kuhner, Christoph*, Verfügungsrechte, 1998, S. 91.
[138] *Leffson, Ulrich*, GoB, 1987, S. 41 mit Verweis auf *Adam Smith*.
[139] Vgl. *Leffson, Ulrich*, GoB, 1987, S. 42. Zu diesen Gruppen zählt *Leffson* Gesellschafter, Arbeitnehmer, Öffentlichkeit und Fiskus.
[140] *Moxter, Adolf*, Bilanzlehre, 1974, S. 379.

Gerechtigkeitsmaßstäbe werden wegen ihrer Beliebigkeit kritisiert.[141] So ist zu prüfen, wer die Gerechtigkeitskriterien festlegt, wie die gewünschte Gleichbehandlung von Gruppen operationalisiert werden kann und wie solche Gruppen überhaupt konkretisiert werden können. Manche Ökonomen lehnen Gerechtigkeitserwägungen als Triebfeder staatlichen Handelns in der Regulierung der Rechnungslegung gänzlich ab.[142] „Trotzdem steht der Ökonom Gerechtigkeitsargumenten nicht ganz waffenlos gegenüber."[143] Wenn Gerechtigkeitsmaßstäbe die Triebfeder juristischer Produktivität sind,[144] können die Regelungen daraufhin untersucht werden, ob das verfolgte Ziel erreicht wird und nicht das Spiel der Kräfte am Markt dem entgegensteht.[145]

Wie durch die obigen Zitate bereits angedeutet wurde, beziehen sich die Gerechtigkeitsargumente auf Schutzüberlegungen für einzelne, als schützenswert erachtete Gruppen. Zu fragen ist demnach, ob diese Gruppen tatsächlich durch die Regulierung der Rechnungslegung geschützt werden. Dabei kann es nicht darum gehen, bestimmte Akteure durch eine ex post betriebene Umverteilung ihrer am Kapitalmarkt erzielten Vermögenspositionen zu schützen. Dieses Ziel liegt vielen vermeintlichen Gerechtigkeitsforderungen zugrunde.[146] Da der Kapitalmarkt aber dazu dient, unter Ausnutzung unterschiedlicher Unsicherheitspräferenzen der Akteure Risiken umzuverteilen, sind nachträglich eingebrachte Ausgleichsforderungen als systemfremd abzulehnen.[147]

In diesem Sinne ist auch *John Rawls*' „pure procedural justice"[148] zu verstehen.[149] Diese besteht, wenn es kein exogenes Kriterium für das Ergebnis eines Prozesses gibt, sondern der Prozeß selbst die gleichen Chancen aller Beteiligten garantiert. *Rawls* illustriert dies anhand einer fairen Wette: „If a number of persons engage in a series of fair bets, the distribution of cash after the last bet is fair, or at least not unfair, whatever this distribution is."[150] Die Grundbedingungen, die für ein Zutreffen dieser Aussage erfüllt sein müssen, nämlich daß alle Teilnehmer die gleichen Chancen, d.h. Informationen, haben, daß niemand zur Teilnahme gezwungen wird und daß niemand betrügen kann,[151] lassen sich ohne weiteres auf die „Wetten" am Kapitalmarkt übertragen.

---

141 Vgl. bspw. *Feldhoff, Michael,* Staat, 1994, S. 531.
142 Vgl. *Watts, Ross L./Zimmerman, Jerold L.,* Positive, 1986, S. 163f. und S. 167-169.
143 *Kuhner, Christoph,* Verfügungsrechte, 1998, S. 91.
144 Vgl. *Walz, W. Rainer,* Regulierungstheorien, 1993, S. 99.
145 Vgl. *Kuhner, Christoph,* Verfügungsrechte, 1998, S. 92f.
146 Vgl. hierzu die jüngst von sogenannten Globalisierungsgegnern ins Spiel gebrachte Einführung einer Steuer auf Spekulationsgewinne (Pigou-Steuer).
147 Vgl. *Kuhner, Christoph,* Verfügungsrechte, 1998, S. 98.
148 *Rawls, John,* Justice, 1971, S. 83-90.
149 Vgl. zum *Rawls*schen Modell von Gerechtigkeit und Fairneß den Überblick bei *Paulus, Andreas L.,* Gemeinschaft, 2001, S. 19-23.
150 *Rawls, John,* Justice, 1971, S. 86.
151 Vgl. *Rawls, John,* Justice, 1971, S. 86.

Auch wenn nachträgliche Veränderung als Maßstab der Gerechtigkeit staatlichen Handelns abgelehnt wird, kann eine auf ex ante gegebene Chancengleichheit ausgerichtete Politik ökonomisch sinnvoll sein. Dies gilt vor allem dann, wenn die bereits diskutierten Informationsasymmetrien zu ungleichen, d.h. im Sinne von *Rawls* ungerechten, Bedingungen für die Akteure führen, die letztlich die Funktionsfähigkeit des Marktes stören.

2.2.4.4.2 Schutz durch Einebnung von Informationsasymmetrien

Gerechtigkeit i.S.v. Chancengleichheit ist einer ökonomischen Analyse zugänglich.[152] Da unterschiedliche Erwartungswerte der Investoren auf Informationsasymmetrien zurückzuführen sind,[153] läßt sich eine Angleichung der Erwartungswerte mit einer gerechteren Informationsverteilung erklären.[154] Diese Gerechtigkeit ist erstrebenswert, nicht weil mit ihrer Hilfe bestimmte Akteure beschützt werden,[155] sondern weil unbeschützte, i.S.v. weniger gut informierte, Akteure aufgrund von Verteidigungsstrategien die Funktionsfähigkeit des Marktes stören. Solche Verteidigungsstrategien sind insbesondere:[156]

(1) Minimierung des Handels mit besser informierten Akteuren (Insidern), z.B. durch das Ausweichen auf ein diversifiziertes Marktportfolio mit langem Anlagehorizont;

(2) Ausschluß von als Insidern erkannten Akteuren (z.B. Manager) vom Handel durch privatvertragliche Regelungen;

(3) Rückzug vom Markt.

Alle drei Strategien sind mit Kosten verbunden, weil sie

(1) die Reagibilität der langfristig gebundenen Akteure einschränken,

---

152 Vgl. *Lev, Baruch,* Equitable, 1988, S. 4. Kritisch zur Einführung von Gerechtigkeitsvorstellungen zur Begründung von Unternehmenspublizität *Watrin, Christoph,* Regulierungstheorie, 2001, S. 67f.

153 Vgl. ausführlich *Hakansson, Nils H.,* Politics, 1981.

154 Der Extremfall ist die Beseitigung jedes Unterschieds in der Erwartung bei vollkommener Information (d.h. vollkommener Gerechtigkeit). Vgl. *Lev, Baruch,* Equitable, 1988, S. 5.

155 Dezidiert kritisch zu einer egalitären Gerechtigkeitsvorstellung, die auf den Schutz des vermeintlich schutzlosen Investors abstellt, äußert sich *Lev*: „Unconvincing motivations for regulation such as falsely portraying individual investors as defenseless, effectively dampened the interests of most researchers in equity issues." *Lev, Baruch,* Equitable, 1988. S. 3. Ähnlich wiederholt ebd. S. 6. *Lev* bezeichnet solche Ansätze als vage, naiv und paternalistisch. Vgl. *Lev, Baruch,* Equitable, 1988. S. 6. Vgl. auch *Ross, Stephen A.,* Regulation, 1979, S. 190.

156 Vgl. *Lev, Baruch,* Equitable, 1988. S. 6-8; ein Überblick findet sich auch bei *Brotte, Jörg,* Geschäftsberichte, S. 102.

(2) wichtige Mechanismen der Minderung von Agency-Kosten wie die Ausgabe von Aktienoptionen an Manager torpedieren und

(3) bei einem Rückzug aller schlecht informierten Akteure zu Marktversagen führen.[157]

Es handelt sich demnach bei einer Umverteilung von Informationsrechten nicht um ein Nullsummenspiel, es können vielmehr alle Marktteilnehmer besser gestellt werden. Die gesamtgesellschaftlich und für jeden einzelnen Akteur kostspielige Verteidigung unnötig zu machen, ist das Ziel der Herstellung von Chancengleichheit.[158]

Wenn alle Akteure erkennen, daß sie ihre Kosten durch die allgemeine Verbreitung von Insiderinformationen senken können, so könnte diese Verbreitung freiwillig zustande kommen.[159] Dagegen spricht jedoch, daß der Anreiz für einen einzelnen Insider hoch ist, eine diesbezügliche Vereinbarung zu brechen.[160] Dies wird auch durch empirische Untersuchungen belegt.[161]

Damit bekommt die Forderung nach staatlicher Regulierung zur Herstellung von Gerechtigkeit am Kapitalmarkt Auftrieb. Dabei ist für die hier zu erörternde Frage nicht relevant, mit welchen Regulierungsinhalten diese Gerechtigkeit hergestellt werden kann.[162] Allerdings ist wichtig festzuhalten, daß das Kriterium der Chancengleichheit durch Angleichung der ex ante gegebenen Informationsverteilung als Richtschnur regulierenden Handelns besser operationalisierbar ist als andere Konzepte, wie bspw. das Postulat des US-amerikanischen *Financial Accounting Standards Board (FASB)*, wonach gem. CON 1 Par. 9 Rechnungslegungsinformationen entscheidungsnützlich sein sollen. „The former is a matter of fact while the latter is, for the time being at least, a matter of judgement or, worse yet, speculation.“[163]

---

157 Dies wurde bereits von *Akerlof* analysiert. Vgl. *Akerlof, George A.*, Lemons, 1970. Marktversagen kann auch durch eine Erhöhung der Geld-Brief-Spanne bei steigendem Anteil von Insidern verursacht werden. Vgl. ursprünglich *Bagehot, Walter,* Game, 1971; ferner *Glosten, Lawrence R./Milgrom, Paul R.*, Bid, 1985.

158 Vgl. *Lev, Baruch,* Equitable, 1988, S. 9.

159 So bspw. *Ross, Stephen A.*, Regulation, 1979.

160 Vgl. *Lev, Baruch,* Equitable, 1988, S. 11.

161 Vgl. *Lev, Baruch/Penman, Stephen H.*, Disclosure, 1990.

162 Vgl. zu dieser Problematik ausführlich *Brandl, Rainer,* Rechnungslegungsnormen, 1987; *Hartmann-Wendels, Thomas,* Agency-Theorie, 1992 sowie zum grundsätzlichen Informationsgehalt Fußnote 31.

163 *Lev, Baruch,* Equitable, 1988, S. 14.

2.2.5 *Kritik am Kriterium Marktversagen als Begründung für Rechnungslegungsregeln*

Die oben vorgestellten Begründungen für die Notwendigkeit der Regulierung der Rechnungslegung werden angegriffen. Die Kritik kann in drei Teilbereiche gegliedert und ihrer Tragweite nach geordnet werden:

(1) Das Konzept des Marktversagens liefere zwar wichtige ökonomische Einsichten, beruhe aber auf Restriktionen, die seine Anwendung einschränkten. Bspw. wird die These von der Informationseffizienz der Kapitalmärkte, die grundlegend für die oben genannten Effizienzüberlegungen ist, angegriffen.[164] Eine Informationsfunktion wird Rechnungslegungsdaten abgesprochen. Damit wird auch die Begründung für die Notwendigkeit der Regulierung, wie sie oben dargelegt wurde, obsolet. Auch spieltheoretische Überlegungen werden mit dem Argument mangelnder Realitätsnähe in Frage gestellt.[165]

(2) Weitergehend ist die Kritik am normativen Ansatz, der dem Konzept des Marktversagens zugrunde liegt. Dieser sei nicht problemadäquat. Zwar könne die Aussage getroffen werden, daß regulierte Informationsmärkte besser funktionierten; die Sichtweise, auf der diese Aussage beruhe, sei allerdings beschränkt. Es ließen sich keine weiteren Handlungsanweisungen ableiten und es scheine, daß es andere Erklärungen für eine Regulierung gäbe als die des Marktversagens. Diese werden in politischen oder rein persönlichen Motiven der Akteure gesehen, die durch einen positiven Ansatz besser beschrieben werden könnten.[166]

(3) Fundamental ist die Kritik, daß ökonomische Ansätze zur Begründung von Rechnungslegung nicht geeignet seien. Regulierende Eingriffe des Staates kommen nach dieser Auffassung durch ein komplexes Zusammenspiel politischer, wirtschaftlicher und sozialer Faktoren zustande.[167] Dieses Zusammenspiel sei durch ökonomische Modelle nicht zu beschreiben: „The capital markets apparently function satisfactorily, and economic analysis can not really tell us if they would perform better or worse with more or less financial disclosure or if the nature of such disclosures were altered."[168]

---

164 Vgl. *Schneider, Dieter,* Kapitalmarkteffizienz, 1981, S. 22-29; *Schildbach, Thomas,* Markt, 1986, S. 46-49 und S. 94.

165 Vgl. *Wiese, Harald,* Spieltheorie, 2000, S. 322f.

166 Hauptvertreter dieser sogenannten Rochester-Schule sind *Ross L. Watts* und *Jerold L. Zimmerman.* Vgl. *Watts, Ross L./Zimmerman, Jerold L.,* Towards, 1978; *dies.,* Excuses, 1979; *dies.,* Positive, 1986.

167 Vgl. *Cooper, Kerry/Keim, Gerald D.,* Disclosure, 1983, S. 200f.

168 *Cooper, Kerry/Keim, Gerald D.,* Disclosure, 1983, S. 201; ähnlich *Tinker, Anthony M.,* Theories, 1984, S. 54-60 und S. 70f.

Die Kritik zu (1) ist begründet. Strenge Informationseffizienz existiert nicht. Doch dies führt nicht dazu, daß Rechnungslegungsdaten keinen Informationsgehalt haben. Das Gegenteil ist der Fall, denn die Anleger müssen erwarten, daß besser informierte Akteure auf ihre Kosten handeln. Ein mögliches Informationsinstrument sind die Rechnungslegungsdaten.[169]

Die Rochester-Schule, die ihre Kritik zu (2) auf dem beobachtbaren Verhalten der Akteure aufbaut, steht selbst im Feuer:[170] Unter anderem wird angeführt, der vermeintlich positive Theorieansatz sei durch den Bezug auf das rationale Verhalten der Akteure selbst normativ. Zudem werde eine Immunisierung der Theorie gegen Kritik durch den Verweis auf nicht berücksichtigte Variablen herbeigeführt.[171] Schwer wiegt auch der Vorwurf, verzerrende statistische Testmethoden zu verwenden.[172]

Eine fundamentale Methodenkritik, wie sie in (3) ins Feld geführt wird, kann gegen die meisten wissenschaftlichen Ansätze vorgebracht werden. Sie muß sich aber vorwerfen lassen, sie sei „der Geist, der stets verneint" - und das *nicht* mit Recht. Sie sagt nämlich nichts darüber aus, wie ein „... mosaic of political and social, as well as economic, influences and outcomes"[173] richtig analysiert werden soll.

2.3 Zwischenergebnis

Die Ausführungen zu Marktversagen und Gerechtigkeit haben die Vielschichtigkeit der Problematik der Regulierung der Rechnungslegung erkennen lassen. Es läßt sich kein einfaches Ergebnis mit einer eindeutigen Handlungsanweisung gewinnen. Es scheint aber einiges dafür zu sprechen, daß das freie Spiel des Marktes bei der Veröffentlichung von Rechnungslegungsdaten und der Erarbeitung von hierzu notwendigen Regeln nicht zu den gewünschten Ergebnissen führt. Aber auch eine rein staatliche Reglementierung kann mit guten Gründen angegriffen werden.

Die Regulierungsbegründung über öffentliche Güter trägt nicht weit. Erst die Hereinnahme von externen Effekten und asymmetrischen Informationen ermöglicht eine Begründung der Regulierungslösung, denn diese spielen bei Marktversagen, Netzwerkeffekten und Gerechtigkeitsüberlegungen eine wichtige Rolle. Sie sind am besten geeignet, ein weltweit existierendes Phänomen wie die Regulierung der Rechnungslegung zu erklären.

---

169 Vgl. bspw. *Schmidt, Reinhard H.*, Rechnungslegung, 1982, S. 740.

170 Vgl. pointiert *Lowe, E.A./Puxty, Anthony G./Laughlin, Richard C.*, Myopia, 1983. Einen Überblick über die Kritik gibt *Haller, Axel*, Theory, 1994, S. 604-606.

171 Vgl. hierzu und zu weiteren Kritikpunkten *Ballwieser, Wolfgang*, Entwicklung, 1993, S. 127f. m.w.N; *Wagenhofer, Alfred*, Theorie, 1988. S. 92f.

172 Vgl. *McKee, A. James Jr./Bell, Timothy B./Boatsman, James R.*, Replication, 1984.

173 *Cooper, Kerry/Keim, Gerald D.*, Disclosure, 1983, S. 201.

Wie gezeigt werden konnte, scheitern private Lösungen zur Aufhebung von Informationsasymmetrien an den Anreizstrukturen. Jedoch bedeutet das nicht, daß reine staatliche Lösungen vorzuziehen sind. Dies zeigt sich auch daran, daß Regulierung der Rechnungslegung zwar in „practically all free market economies“[174] existiert, aber überall sehr unterschiedlich ausgestaltet ist und häufig auf die Unterstützung privater Institutionen zurückgegriffen wird.[175]

In der Zusammenschau ist festzuhalten, daß der Staat Rahmenbedingungen für eine Publizität von Rechnungslegungsdaten bestimmen sollte.[176] Die Frage nach der Art der Regulierung wird damit nicht beantwortet.

174 *Lev, Baruch*, Equitable, 1988, S. 12.
175 Vgl. den Überblick bei *Choi, Frederick D./Mueller, Gerhard G.*, Accounting, 1992, S. 32-43.
176 Vgl. *Pellens, Bernhard*, Rechnungslegung, 2001, S. 603.

3 Die Regulierung durch das DRSC

3.1 Instrumente der Regulierung der Rechnungslegung

In Kapitel 2 wurden mehrere Gründe für die Notwendigkeit der Regulierung der Rechnungslegung identifiziert. Die Besonderheiten der Rechnungslegung, zum einen als wichtiges Informationsinstrument für an einer Unternehmung Interessierte zu dienen, zum anderen nicht notwendigerweise allen gleichermaßen zugänglich zu sein, macht eine Regulierung aufgrund von Gerechtigkeitsüberlegungen und drohendem Marktversagen notwendig. Es wurden allerdings keine Aussagen darüber getroffen, welcher Art diese Regulierung sein soll. Der Staat hat mehrere Möglichkeiten, regulierend in das Marktgeschehen einzugreifen.

Regulierung durch Vorschriften, statt z.B. durch aktive Marktteilnahme des Staates, ist die am weitesten verbreitete Form staatlicher Regulierung.[177] Vorschriften liegen in unterschiedlichen Ausprägungen wie Quantitätsvorschriften, Qualitätsvorschriften, Preisvorschriften, Marktzutrittsbeschränkungen, Kontrahierungszwang oder Sanktionsvorschriften vor.[178] Ergänzend dazu greift der Staat über Steuern bzw. Subventionen in den Markt ein. Damit ergibt sich folgender Überblick über die Regulierungsinstrumente des Staates:

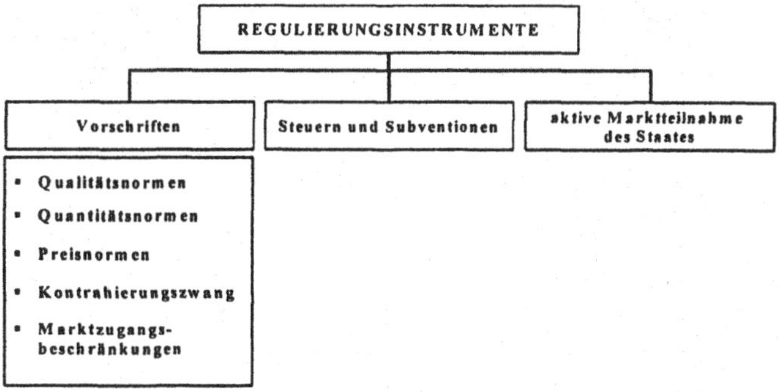

Abbildung 2: Regulierungsinstrumente des Staates.[179]

Feldhoff argumentiert, der Staat bediene sich aller drei Instrumente bei der Regulierung der Rechnungslegung.[180] Zum einen nehme der Staat aktiv am Marktgeschehen

[177] Vgl. *Feldhoff, Michael,* Staat, 1994, S. 534.
[178] Vgl. *Schubarth, Andreas,* Regulierung, 1997, S. 219-222.
[179] Quelle: *Feldhoff, Michael,* Staat, 1994, S. 533.
[180] Vgl. *Feldhoff, Michael,* Staat, 1994, S. 533.

teil, da er als Anbieter von Rechnungslegungsinformationen durch Auswertungen des statistischen Bundesamtes auftrete. Aggregierte, gesamtwirtschaftliche Informationen zur Verfügung zu stellen ist jedoch kein *regulierender* Eingriff des Staates in das Marktgeschehen. Gesamtwirtschaftliche Informationen kommen allen Marktteilnehmern zugute und können allokative Auswirkungen haben, nicht aber regulative. Den Marktteilnehmern wird durch die gegebene Informationen nichts vorgeschrieben. Unter dieses Instrument würde jedoch eine Ergänzung der (privatwirtschaftlichen) Wirtschaftsprüfer durch ein staatliches Aktienamt[181] fallen, wie *Feldhoff* richtig anführt.[182] Bis dato wurde ein solches allerdings nicht etabliert.

Ein starker Eingriff des Staates wird im Bereich der Regulierung der Rechnungslegung durch Steuern gesehen. Begründet wird dies mit der Maßgeblichkeit bzw. der umgekehrten Maßgeblichkeit.[183] Hier werden m. E. die Ebenen der Argumentation nicht sauber getrennt. Regulierung durch Steuern (bzw. Subventionen) bedeutet, daß der Staat *durch* die Erhebung von Steuern eine bestimmte wohlfahrtseffiziente Güterallokation zu erreichen sucht.[184] Der Eingriff des Staates in die Rechnungslegung *zum Zwecke* der Besteuerung fällt nicht unter diese Argumentation.[185] Um eine Regulierung durch Besteuerung bzw. Subventionierung im Bereich der Rechnungslegung vorzunehmen, müßte der Staat beim oben angenommenen Vorliegen positiver externer Effekte eine Subvention zur Erstellung der Rechnungslegung gewähren. Er müßte also Rechnungsleger für die erstellten Daten bezahlen, was nicht beobachtbar ist.[186] Der Eingriff des Staates zum Zwecke der Besteuerung wird mit dem Regulierungsinstrument der Vorschriften (z.B. der Steuergesetze) vorgenommen. Steuern werden also nicht zur Regulierung der Rechnungslegung eingesetzt, sondern die Rechnungslegung wird durch Vorschriften reguliert, um Steuern zu erzielen. Mit dieser Feststellung bildet nur die Regulierung durch Vorschriften eine nennenswerte Größe in der Regulierung der Rechnungslegung.

Bei der Regulierung durch Vorschriften im Bereich der Rechnungslegung spielen vor allem Qualitätsvorschriften, also Vorschriften über die Abbildung von Sachverhalten, eine Rolle.[187] Aber auch Quantitätsvorschriften, das sind Vorschriften über die ange-

---

181 Dies fordert *Richter, Martin,* Aktienamt, 1975, insb. S. 254-258.

182 Vgl. *Feldhoff, Michael,* Staat, 1994, S. 534.

183 Vgl. *Feldhoff, Michael,* Regulierung, 1992, S. 56f.

184 Vgl. zur Pigou-Steuer beim Vorliegen negativer externer Effekte bspw. *Varian, Hal R.*, Analysis, 1992, S. 433-436.

185 Vgl. auch *Weizsäcker, C. Christan von,* Regulierung, 1982, S. 326.

186 Vgl. *Feldhoff, Michael,* Staat, 1994, S. 534.

187 Ob die Daten eine bestimmte Qualität erfüllen, hängt von der Zielsetzung des Rechnungslegungssystems ab. Unterschiedliche Zielsetzungen führen zu unterschiedlichen Regeln und Qualitätsmaßstäben. Zu den Klassifikationsmöglichkeiten verschiedener Rechnungslegungssysteme vgl. stellvertretend *Choi, Frederick D./Mueller, Gerhard G.*, Accounting, 1992, S. 26-43.

botene Menge der Daten,[188] sind von Bedeutung. Preisvorschriften bestehen dahingehend, daß den Unternehmen vorgeschrieben wird, ihre Daten kostenlos zur Verfügung zu stellen. Marktzutrittsbeschränkungen werden im Bereich der Zulassung zur Prüfung gesehen. Kontrahierungszwang existiert, da die Daten einem bestimmten Personenkreis zugänglich gemacht werden müssen. Schließlich drohen bei Nichtbeachtung der Regeln Sanktionen, wie z.B. Buß- bzw. Zwangsgelder (§§ 334f. HGB).[189]

Zusammenfassend kann festgehalten werden, daß nach dem Ausschluß der Regulierung durch Steuern und Subventionen sowie nach Ausschluß der aktiven Marktteilnahme des Staates die Regulierung über Vorschriften verbleibt. Für die Untersuchung des Regulierungsprozesses ist die Unterteilung der Vorschriftsarten von untergeordneter Bedeutung.

Hier wird noch keine Aussage darüber getroffen, wie der Staat diese Vorschriften findet und wie der Regulierungsprozeß ausgestaltet sein kann. Mehrere Vorgehensweisen sind denkbar. Sie reichen von der Delegation der Regulierung an private Gremien, über die Gründung von Beiräten, die Regulierung durch die Verwaltung bis hin zur Regulierung durch den Gesetzgeber. Die unterschiedlichen Möglichkeiten sollen nun anhand bestimmter Kriterien überprüft und ihre Eignung für die Regulierung der Rechnungslegung festgestellt werden.

3.2 Formen der Regulierung der Rechnungslegung

3.2.1 Regulierung durch den Gesetzgeber

Seit den ersten Regelungen zur Gewinnermittlung im Allgemeinen Preußischen Landrecht von 1794[190] über die erstmalige Gesamtregelung des Aktienrechts im ADHGB 1861 über das AktG 1936, die Umsetzung der 4. und 7. EG-Richtlinie im HGB 1985 bis hin zum KapAEG und schließlich – mit einschneidender Veränderung – KonTraG, oblag die Regulierung der Rechnungslegung in Deutschland dem Gesetzgeber. Der konstitutionelle Gesetzgeber hat in dieser Zeitspanne mehrfach gewechselt, dennoch lag die Regelungskompetenz auch wegen der mit der Rechnungslegung in Deutschland schon immer eng verknüpften Steuerbemessung direkt beim Staat.[191]

---

188 Zur Unterscheidung von angebotener Menge im Sinne von *wieviel* bzw. *wie oft* vgl. *Feldhoff, Michael*, Regulierung, 1992, S. 42.

189 Vgl. *Feldhoff, Michael*, Regulierung, 1992, S. 51-54.

190 Vgl. *Schneider, Dieter*, Rechnungswesen, 1997, S. 22f; *Wysocki, Klaus v.*, Research, 1983, S. 61.

191 Zur Entwicklung vgl. *Schneider, Dieter*, Rechnungswesen, 1997, S. 22-27.

Nominell hat die legislative Funktion in der Bundesrepublik Deutschland auf Bundesebene der Deutsche Bundestag unter Mitwirkung des Bundesrates inne.[192] Gesetze kommen aber in einem engen Geflecht aus Bundestag, Bundesrat und Bundesregierung zustande. Auch wenn letztlich kein Gesetz Rechtskraft erlangen kann, dem der Bundestag nicht zugestimmt hat, ist vor allem im Bereich der Gesetzesinitiative die Bundesregierung in einer zentralen Position.[193] Zwei Drittel aller Gesetzesinitiativen kommen von der Bundesregierung, also aus den jeweiligen Fachministerien.[194]

Regelmäßig werden die Gesetzesinitiativen auf Grundlage eines Referentenentwurfs erarbeitet. Der fachlich zuständige Referatsleiter arbeitet einen Referentenentwurf aus. Neben Absprachen mit anderen Referaten oder Ministerien wird an dieser Stelle ein erster Kontakt mit den Interessenverbänden aufgenommen. Nach der Erarbeitung eines ersten Entwurfes werden formelle Stellungnahmen von Referaten, Ministerien und den Verbänden eingeholt und der Entwurf entsprechend angepaßt. Macht sich der Minister den Entwurf schließlich zu eigen, gelangt er in das Kabinett und geht von dort als Regierungsvorlage ins Parlament.[195] Hier kann er in den Ausschüssen nochmals verändert werden.[196]

Da die Ministerialbürokratie aufgrund der fachlichen Nähe zu einem auftretenden Problem den Handlungsbedarf oft eher erkennt als die Regierung, wird sie häufig selbst initiativ. „Manche Abläufe lassen erkennen, daß die Ministerialverwaltung auch eigenständig handelt und *partiell politische Funktionen ausübt.*“[197] Dies trifft im besonderen Maße auf die Regulierung der Rechnungslegung zu. Eine fachlich komplexe und spezielle Materie, die zugleich wenig Aufmerksamkeit in der Öffentlichkeit auf sich zieht, wird mangels Interesse der Politiker häufig zum Betätigungsfeld der Bürokraten.[198]

Während der Handlungsbedarf bei der Umsetzung der 4. und 7. EG-Richtlinie unmittelbar gegeben war, wurde die Art der Umsetzung Aufgabe der Ministerialbürokratie im BMJ.[199] Die Initiativen, die zu KapAEG und KonTraG führten, wurden wegen der

---

[192] Vgl. *Rudzio, Wolfgang,* System, 2000, S. 231. Zur Abgrenzung von durch den Bundesrat zustimmungsbedürftigen und nicht zustimmungsbedürftigen Gesetzen vgl. Art. 70-75 und Art. 77f. GG; vgl. auch *Laufer, Heinz/Münch, Ursula,* System, 1997, S. 124.

[193] Vgl. *Sontheimer, Kurt/Bleek, Wilhelm,* System, 2000, S. 279.

[194] Hier ist nicht der Ort, um das Für und Wider einer solchen legislativen Stärke der Exekutive zu diskutieren. Vgl. weiterführend *Sontheimer, Kurt/Bleek, Wilhelm,* System, 2000, S. 279-282.

[195] Vgl. *Rudzio, Wolfgang,* System, 2000, S. 269.

[196] Zur Veränderung eines Gesetzentwurfes in den verschiedenen Stadien vgl. anhand des Beispieles KonTraG *Lingemann, Stefan/Wasmann, Dirk,* KonTraG, 1998.

[197] *Rudzio, Wolfgang,* System, 2000, S. 270 (Hervorhebung im Original). Die Exekutive muß sich allerdings an den Mehrheitsverhältnissen in der Legislative orientieren, was ihren Einfluß beschränkt. Vgl. *Ossenbühl, Fritz,* Recht, 1988, Rn. 59 m.w.N.

[198] Aus diesem Grunde wird in der Literatur zur Regulierung der Rechnungslegung häufig nicht zwischen Bürokraten und Politikern unterschieden; vgl. z.B. *Watts, Ross L./Zimmerman, Jerold L.,* Positive, 1984, S. 226f.

[199] Vgl. den Überblick bei *Sigloch, Jochen,* Neuordnung, 1987, S. 107.

gesteigerten Aufmerksamkeit der Öffentlichkeit durch spektakuläre Fälle wie Balsam-Procedo oder Metallgesellschaft von der Regierung ergriffen.[200] Die Entwicklungen wurden maßgeblich von Ministerialbürokraten beeinflußt.[201]

3.2.2 Regulierung durch Regierung und Bürokratie

Neben den bereits erwähnten derivativen Einflußmöglichkeiten der Regierung und ihrer Bürokratie auf den Gesetzgebungsprozeß besitzt die Exekutive auch originäre Regulierungsmacht. Nach Art. 80 Abs. 1 Sätze 1 und 2 GG kann die Exekutive von der Legislative ermächtigt werden, Rechtsverordnungen zu erlassen, wenn Inhalt, Zweck und Ausmaß der Ermächtigung genau umrissen sind. In der Rechtsetzung der Bundesrepublik Deutschland spielen Rechtsverordnungen eine wichtige Rolle.[202]

Im Bereich der Rechnungslegung sind vor allem Verordnungen des Bundesfinanzministeriums zu den größeren Steuergesetzen, sogenannte Durchführungsverordnungen (DVO), ein wichtiges Element.[203] Verwaltungserlasse, die ebenfalls aus dem BMF stammen können, konstituieren hingegen keine Rechtsnormen.[204]

Da DVO allenfalls über die umgekehrte Maßgeblichkeit Einfluß auf die Regulierung der handelsrechtlichen Rechnungslegung nehmen können und da mit ihrer Hilfe keine originär handelsrechtlichen Fragestellungen behandelt werden, haben sie im Bereich der hier zu betrachtenden Regulierung der Rechnungslegung nur eine untergeordnete Bedeutung. Der große Einfluß der Exekutive leitet sich also wesentlich aus dem Einfluß innerhalb des Gesetzgebungsprozesses ab.

Beide bisher diskutierten Regulierungen durch Legislative und Exekutive werden in theoretischen Überlegungen zu Organisationsformen staatlicher Standardsetzung unter dem Begriff der Bürokratielösung zusammengefaßt. Dabei wird von dem konkreten Transmissionsriemen abstrahiert.[205] Ob Regulierungstatbestände durch Gesetz oder Verordnungen umgesetzt werden, ist unerheblich. Durch die Wortwahl kommt die große Bedeutung der Bürokratie im Bereich der Standardsetzung zum Ausdruck.

---

200 Vgl. *Biener, Herbert,* Erwartungslücke, 1995, S. 40. Es lagen auch Gesetzesinitiativen aus den Oppositionsreihen des Bundestages vor (Gesetz zur Änderung des Wirtschaftsrechts für mehr Transparenz und Wettbewerb (BT-Drs. 12/7350) und Transparenz- und Wettbewerbsgesetz (BT-Drs. 13/367)). Vgl. auch *Dörner, Dietrich,* Anforderungen, 1998, S. 1; *Seibert, Ulrich,* Aufsichtsrats-Reform, 1994, S. 350.

201 Vgl. *Ernst, Christoph/Seibert, Ulrich/Stuckert, Fritz,* KonTraG, 1998, S. V; *Seibert, Ulrich,* Aufsichtsrats-Reform, 1994, S. 349; *Seibert, Ulrich,* KonTraG, 1997, S. 1.

202 Vgl. *Laufer, Heinz/Münch, Ursula,* System, 1997, S. 138. Prominentes Beispiel ist die Straßenverkehrsordnung.

203 Zur Rechtsverordnung als Rechtsquelle im Steuerrecht vgl. grundlegend *Lang, Joachim,* Rechtsanwendung, 1998, Rz. 6-10.

204 Vgl. *Lang, Joachim,* Rechtsanwendung, 1998, Rz. 23.

205 Vgl. *Thum, Marcel,* Netzwerkeffekte, 1995, S. 150.

3.2.3 Regulierung durch Beiräte und Kommissionen

Kommissionen und Beiräte sind im politischen Prozeß der Bundesrepublik Deutschland bedeutsam. In einer Verlautbarung des Deutschen Bundestages zum Gesetzgebungsprozeß wird dies anerkannt: „Dazu kommen Wissenschaftler und Wissenschaftlerinnen aus den entsprechenden Gebieten und insbesondere eine beträchtliche Zahl von wissenschaftlichen Beiräten, die die Bundesregierung gebildet hat und die sie auf praktisch jedem Fachgebiet zusätzlich beraten können - ein Personenkreis von annähernd 6.000 Fachleuten in den verschiedensten (sic!) Beiräten, Kommissionen und Fachausschüssen."[206] Zugleich wird deutlich, daß Kommissionen und Ausschüsse keine eigene Regulierungsbefugnis besitzen, sondern lediglich indirekt über die Beratung von Legislative und Exekutive, die sich des Expertenwissens bedienen, Einfluß nehmen können.

Die Bundesregierung wollte sich gem. § 342a HGB das Expertenwissen im Bereich der Regulierung der Rechnungslegung in einem beim BMJ anzusiedelnden Rechnungslegungsbeirat sichern. Diese Regelung gilt subsidiär zur Einführung eines privaten Rechnungslegungsgremiums gem. § 342 HGB und wurde mit der Anerkennung des DRSC als privates Rechnungslegungsgremium durch das BMJ obsolet.

3.2.4 Regulierung durch private Gremien

Die Regulierung durch private Gremien entspricht dem in der Standardisierungsdiskussion genannten zweiten Haupttyp der Eingriffsform, der Komiteelösung.[207] „Die Idee dabei ist, daß das aktuelle Fachwissen gebündelt wird und flexibler auf technischen Wandel reagiert werden kann, da jüngste Weiterentwicklungen von den Beteiligten unmittelbar eingebracht werden."[208]

Der Delegation von Regulierungsverantwortung auf private Organisationen sind in Deutschland enge Grenzen gesetzt.[209] Dennoch spielen solche Verbände im Bereich der Regulierung eine bedeutende Rolle. Dies gilt vor allem für das Deutsche Institut für Normung (DIN).[210] Unter dem Dach des DIN erarbeiten 28.500 externe Experten in 80 Normenausschüssen mit 4.600 Arbeitsausschüssen technische Regeln zur Qualitätssicherung, Rationalisierung, Umweltschutz sowie zur Verständigung in Wirtschaft, Technik, Wissenschaft, Verwaltung und Öffentlichkeit.[211]

---

206 *Deutscher Bundestag:* Gesetzgebung, 2001.
207 Vgl. *Thum, Marcel,* Netzwerkeffekte, 1995, S. 151-153.
208 *Thum, Marcel,* Netzwerkeffekte, 1995, S. 151.
209 Vgl. *Hommelhoff, Peter/Schwab, Martin,* Selbststeuerung, 1998, insb. S. 43.
210 Vgl. *Bartsch, Michael,* DIN, 1987, insb. S. 176-190.
211 Vgl. *DIN,* Normung, 2001.

Es ist unstrittig, daß der DSR ein privatrechtliches Regulierungsgremium ist.[212] Bei der Einführung des DRSC wurde vom Rechtsausschuß des Deutschen Bundestages auf dessen Nähe zum DIN und die Vorteilhaftigkeit privater Standardisierung hingewiesen.[213] Ob der Verweis auf das DIN trägt und ob private Standardisierung im Rahmen einer Komiteelösung vorteilhaft ist, ist im Folgenden zu untersuchen.

3.3 *Entstehung des DRSC*

3.3.1 *Hintergrund der Gesetzesnovelle*

Am 1. Mai 1998 trat das Gesetz zur Kontrolle und Transparenz im Unternehmensbereich[214] (KonTraG) in Kraft.[215] Neben Änderungen des Aktiengesetzes zu den Mehrstimmrechten und des HGB zu Prüfung und Bestätigungsvermerk sowie Kapitalflußrechnung und Segmentberichterstattung enthielt es als wesentlichen Bestandteil die Möglichkeit zur Einführung eines privaten Rechnungslegungsgremiums[216] und eines Rechnungslegungsbeirates[217].

Die Grundintention des KonTraG ist es, den durch eine Internationalisierung der Kapitalmärkte für deutsche Unternehmen veränderten Rahmenbedingungen Rechnung zu tragen.[218] Insbesondere wird eine neue Orientierung deutscher Gesellschaften an einer langfristigen Wertsteigerung festgestellt.[219] Unklar bleibt jedoch, was an dieser Ausrichtung neu ist und ob die Unternehmen nicht auch im nationalen Kapitalmarkt einem solchen Unternehmensziel unterworfen sind.

Aufgrund der Ausrichtung des KonTraG erstaunt es, daß die Regelungen für ein neues privates Rechnungslegungsgremium hier zu finden sind. Zunächst ist nicht einsichtig, warum die Internationalisierung der Kapitalmärkte ein solches Gremium erfordert. Die Lösung, die deutsche Rechnungslegung durch Öffnungsklauseln internationalen Standards zu öffnen[220] bzw. die Rechnungslegung durch den regulären Gesetzgebungsprozeß internationalen Standards anzupassen, liegt näher. Die Gesetzesbegründung zeigt jedoch, daß nicht die Anpassung der deutschen Rechnungslegung *durch* das Gremium im Vordergrund der Überlegungen stand, sondern vielmehr die Einflußnahme auf die Entwicklung der internationalen Rechnungslegung, namentlich auf das International

---

212 Vgl. *Glaum, Martin,* Internationalisierung, 2001, S. 129.

213 Vgl. BT-Drs. 13/10038, S. 27; der Bundestag stützte sich wohl auf die umfangreiche Literatur zu dieser These, vgl. Fußnote 278.

214 Vgl. BGBl. I 1998, S. 786-794.

215 Zur Entstehungsgeschichte der Vorschrift vgl. *Zitzelsberger, Siegfried,* Überlegungen, 1998, S. 246-249.

216 Vgl. § 342 HGB.

217 Vgl. § 342a HGB.

218 Vgl. BR-Drs. 872/97, S. 25.

219 Vgl. BR-Drs. 872/97, S. 25.

220 Diese Variante wurde durch das KapAEG, welches § 292a in das HGB einführte, gewählt.

Accounting Standards Committee (IASC) (jetzt: International Accounting Standards Board (IASB)). Die Befürchtung des Gesetzgebers war, „... daß die weitere internationale Standardisierungsarbeit ohne hinreichende deutsche Einflußnahme erfolgen wird."[221]

Der Gesetzgeber stattete das Gremium gemäß § 342 Abs. 1 Nr. 1-3 HGB mit folgenden Aufgaben aus:

(1) Entwicklung von Empfehlungen zur Anwendung der Grundsätze über die Konzernrechnungslegung,

(2) Beratung des Bundesministeriums der Justiz bei Gesetzgebungsvorhaben zu Rechnungslegungsvorschriften und

(3) Vertretung der Bundesrepublik Deutschland in internationalen Standardisierungsgremien.

Im allgemeinen Teil der Gesetzesbegründung findet sich keine Aussage zu diesen Aufgaben des Gremiums.[222] Auch der besondere Teil der Begründung von Art. 2 Nr. 14 KonTraG, welcher die Einführung des § 342 in das HGB vorsieht, enthält nur vage Angaben zu den Aufgaben. Die Frage, wer „Rechnungsleger" im Sinne der Vorschrift ist, wird hingegen ausführlich geklärt.[223]

Eine erste Analyse der Dokumente zur Gesetzesbegründung nährt den Verdacht, daß der Gesetzgeber kein besonderes Augenmerk auf die in § 342 Abs. 1 HGB genannten Aufgaben eines privaten Rechnungslegungsgremiums gelegt hat. Ihm ging es vielmehr um die Wahrung des deutschen Einflusses auf die internationale Entwicklung der Rechnungslegung. Die Einflußnahme auf die stark angelsächsisch geprägten Entscheidungsträger erforderte ein privates Gremium auf deutscher Seite. Andere Konstrukte wie etwa die Entsendung von Ministerialbeamten zu internationalen Gremien hätten keine Wirkung erzeugt.[224]

Die Aufgaben des Gremiums dürften also weniger aufgrund von zweckgerichteten Überlegungen über die Ausgestaltung eines Normsetzungsprozesses und die Übertragung von Verantwortungsbereichen auf eine privatrechtliche Institution formuliert worden sein. Vielmehr dürften sie lediglich der Glaubwürdigkeit gegenüber interna-

[221] BT-Drs. 13/10038, S. 25. Auch *Biener* teilt diese Ansicht: „Der deutsche Standardisierungsrat (DSR) ist ein Kind der Globalisierung, ..." *Biener, Herbert*, DRSC, 2000, S. 55.

[222] Vgl. BT-Drs. 13/10038, S. 24f.

[223] Vgl. BT-Drs. 13/10038, S. 27.

[224] Vgl. bereits *Langenbucher, Günther/Blaum, Ulf*, Rechnungslegungsgremium, 1995, S. 2328; *McGregor, Warren*, View, 1999, S. 163. Auch der in § 342a subsidiär vorgesehene Rechnungslegungsbeirat beim BMJ hätte international eine schwache Stellung gehabt. Dies kommt auch in der Gesetzesbegründung zum Ausdruck. Vgl. BT-Drs. 13/10038, S. 25.

tionalen *Standardsettern* dienen. Fragwürdig ist auch die These, § 342 HGB sei wegen der Einschätzung des Gesetzgebers eingeführt worden, ein privates Gremium könnte aufgrund größerer Fachkunde bessere Rechnungslegungsstandards entwickeln als der Gesetzgeber und damit gleichzeitig zu dessen Entlastung beitragen.[225] Vielmehr wurde den internationalen Zwängen Rechnung getragen und insbesondere die Einflußnahme im IASB gesichert. Das vermeintliche Desinteresse des Gesetzgebers an den originären Aufgaben des Standardisierungsgremiums ist eine Ursache für die Probleme, die durch wichtige Kritik in der Literatur aufgedeckt worden sind. Ob der Gesetzgeber tatsächlich oberflächlich gearbeitet hat oder ob der Versuch gelungen ist, dem privaten Rechnungslegungsgremium besonderes Gewicht zu verleihen, ist im Folgenden zu prüfen.

3.3.2 Gründung des DRSC als Privates Rechnungslegungsgremium

Auch wenn § 342a HGB die Einrichtung eines Rechnungslegungsbeirates beim BMJ vorsieht, liegt die Betonung des KonTraG auf dem privaten Rechnungslegungsgremium nach § 342 HGB.[226] Dies kommt auch in der Begründung des Gesetzgebers zum Ausdruck.[227] Diese Einstellung ist nachvollziehbar, da eine der Aufgaben des Gremiums die Vertretung der Bundesrepublik bei der internationalen Standardisierung ist. Die internationalen Gremien, allen voran das IASB, hätten einen halbstaatlichen

---

[225] Vgl. *Schuppert, Gunnar Folke/Bumke, Christian,* Grenzen, 2000, S. 92f. Interessant ist in diesem Zusammenhang, daß *Schuppert/Bumke* in Anlehnung an *Ossenbühl, Fritz,* Staatsrecht, 1998 auf eine Diskussion verweisen, die scheinbar schon 1936 geführt wurde. Sie führen als Beleg einen Aufsatz des Staatsrechtlers *Carl Schmitt* aus diesem Jahr an. Auch damals bestand folgende, von *Schuppert/Bumke* (S. 93) und *Ossenbühl* (S. 28) zitierte Einsicht: „Kein Staat der Erde kann sich heute der Notwendigkeit einer ‚vereinfachten' Gesetzgebung entziehen." *Schmitt, Carl,* Ermächtigungen, 1936, S. 267. Dabei entzog es sich wohl der Einsicht von *Schuppert/Bumke*, daß diese Erkenntnis von *Schmitt* nicht dem Streben nach einer besseren - weil vereinfachten - Gesetzgebung folgte, sondern vielmehr eine wissenschaftliche Rechtfertigung für das Reichsgesetz zur Behebung der Not von Volk und Reich (sog. Ermächtigungsgesetz, RGBl. I, 1933, S. 141) liefern sollte. Eine Seite vor dem von *Schuppert/Bumke* bzw. *Ossenbühl* erwähnten Zitat findet sich folgende Aussage: „Das Verfassungsrecht des nationalsozialistischen Deutschen Reiches hat die gesamte, aus dem gewaltenteilenden Gesetzesbegriff entstehende Problematik der gesetzgeberischen Ermächtigungen hinter sich gelassen... es [das Ermächtigungsgesetz - JH] war gleichzeitig der legale Hebel, mit dem das bisherige Verfassungssystem und vor allem sein gewaltenteilender Gesetzesbegriff aus den Angeln gehoben und der Boden eines neuen Gesetzesbegriffs erreicht werden konnte." *Schmitt, Carl,* Ermächtigungen, 1936, S. 266, Hervorhebungen im Original. Einen Aufsatz, der als Rechtfertigung für das Ermächtigungsgesetz in der Zeit des Nationalsozialismus gedruckt wurde, als Beleg dafür anzuführen, daß auch der heutige Gesetzgeber entsprechende Vorteile aus der Delegation von Gesetzgebungskompetenz ziehen kann und deshalb private Standardsetzung zulassen sollte, ist im besten Fall unaufmerksam, im schlechtesten gewollt unwissenschaftlich; in jedem Fall ist es irreführend.

[226] Vgl. § 342a Abs. 9 HGB.

[227] Vgl. BR-Drs. 872/97.

Rechnungslegungsbeirat, der zusätzlich bei einem Bundesministerium angesiedelt gewesen wäre, nur als Alibiinstitution wahrgenommen.[228]

Um dieser Gefahr schnell vorzubeugen, wurde das bereits im März 1998, also vor Inkrafttreten des KonTraG, gegründete Deutsche Rechnungslegungs Standards Committee (DRSC) am 3. September 1998 durch das BMJ per Vertrag als das nach § 342 HGB vorgesehene private Rechnungslegungsgremium anerkannt. Damit war die Einrichtung eines Beirates nach § 342a HGB obsolet. Allerdings war nicht „die Wirtschaft"[229], wie vom Gesetzgeber erwartet, treibende Kraft bei der Gründung, sondern vielmehr „die Wirtschaftsprüfung".[230] Der vom DRSC mit der Ausarbeitung der Standards beauftragte Deutsche Standardisierungsrat (DSR) nahm unverzüglich seine Arbeit auf.[231]

3.4 Funktionsbereiche des DRSC

3.4.1 Gesetzliche Aufgaben des DRSC

3.4.1.1 Entwicklung von Empfehlungen zur Anwendung der Grundsätze über die Konzernrechnungslegung

An erster Stelle wird im Gesetz die Entwicklung von Empfehlungen zur Anwendung der Grundsätze über die Konzernrechnungslegung genannt. Diese Formulierung wirft Fragen auf:

(1) Was sind Grundsätze über die Konzernrechnungslegung?

(2) Was ist eine „Empfehlung zur Anwendung" und wie verbindlich ist sie?

Beide Fragen sind in Zusammenhang mit § 342 Abs. 2 HGB zu sehen.[232] Danach wird die Einhaltung der „die Konzernrechnungslegung betreffenden GoB" vermutet, soweit diese Empfehlungen, falls sie vom BMJ bekannt gemacht worden sind, beachtet wurden. Nach Ansicht des DSR macht dies die Grundsätze über die Konzernrechnungslegung de facto zu Konzernrechnungslegung betreffende GoB,[233] was ihren Stellenwert betonen würde. Allerdings ist strittig, ob konzernspezifische GoB überhaupt existieren.[234] Selbst wenn man das bejaht, bleibt Frage (2): Wenn die vom Gremium erlasse-

---

228 Vgl. *Löw, Edgar,* DRSC, 2001, S. 23.
229 BR-Drs. 872/97.
230 Vgl. *Scheffler, Eberhard,* Bilanzrecht, 1999, S. 1290.
231 Vgl. *Moxter, Adolf,* DRSC, 1998, S. 1425.
232 Vgl. *Ballwieser, Wolfgang,* Rechnungslegungsgremium, 1999, S. 442.
233 Darauf wird auch vom DSR selbst in einem Anwendungshinweis, der vor jedem Standard abgedruckt wird, explizit hingewiesen.
234 Vgl. *Ballwieser, Wolfgang,* Unabhängigkeit, 1997, S. 51-54.

nen Empfehlungen den Charakter von GoK haben, wie können sie dann zur Anwendung empfohlen werden? Sie gelten ohnehin bereits verbindlich.[235]

Auch ein Ausweichen auf eine andere Interpretation der Grundsätze über die Konzernrechnungslegung hilft nicht weiter:

(1) Der Rückzug auf Grundsätze, die durch die Öffnungsklausel des § 292a HGB in die deutsche Konzernrechnungslegung gelangen, scheitert daran, daß letztlich die Gerichte und nicht der DSR über die richtige Anwendung entscheiden.[236]

(2) Das Ausweichen auf reine Informationsregeln ist aufgrund der Formulierung „Konzernrechnungslegung" nicht sinnvoll, da die Konzernrechnungslegung auch die Gewinnermittlung umfaßt.[237]

Damit ist zunächst unklar, was die „Kern-Aufgabe"[238] des DRSC beinhaltet. Die Problematik kann auch nicht durch einen Blick auf bereits bestehende Standards gelöst werden.

Bspw. befassen sich DRS 2 und DRS 3[239] mit der Kapitalflußrechnung bzw. mit der Segmentberichterstattung. Beide Instrumente werden börsennotierten Mutterunternehmen durch das KonTraG verpflichtend vorgeschrieben (§ 297 Abs. 1 Satz 2 HGB). Die inhaltliche Ausgestaltung wurde gesetzlich nicht vorgegeben. Sie sollte dem DRSC überlassen werden.[240] Diese wichtige Aufgabe hat der DSR erfüllt. Es stellt sich jedoch die Frage, ob es hierfür eines solchen Gremiums bedurfte. Die Konkretisierung der Ausgestaltung von Kapitalflußrechnung und Segmentberichterstattung hätte auch dem Gesetzgeber und Kommentatoren und letztlich den Gerichten anheimgegeben werden können. Unbeschadet dessen unterliegen auch Kapitalflußrechnung und Segmentberichterstattung den GoB und stehen damit unter der Überprüfung durch die Gerichte.

In DRS 4[241] zu Unternehmenserwerben im Konzernabschluß schränkt der DSR im HGB verankerte Wahlrechte, z.B. die Anwendung der Buchwertmethode, ein.[242] In-

---

235 Vgl. *Ballwieser, Wolfgang,* Rechnungslegungsgremium, 1999, S. 443.

236 Vgl. *Ballwieser, Wolfgang,* Rechnungslegungsgremium, 1999, S. 445. Lediglich die Funktion eines Kommentators der internationalen Standards kann dem Gremium zugestanden werden. Vgl. *Schildbach, Thomas,* Rechnungslegungsgremium, 1999, S. 646. Vgl. hierzu auch Abschnitt 3.4.2.

237 Vgl. *Ballwieser, Wolfgang,* Rechnungslegungsgremium, 1999, S. 444.

238 *Niehus, Rudolf,* Zukunft, 2001, S. 53.

239 Beide bekanntgegeben durch das BMJ am 31. Mai 2000.

240 Vgl. BT-Drs. 13/10038, 1998, S. 26; *Baetge, Jörg/Krumnow, Jürgen/Noelle, Jennifer,* DRSC, 2001, S. 770; *Geiger, Thomas,* Segmentberichterstattung, 2000, S. 772; *Pilhofer, Jochen,* DRS 2, 2000, S. 292.

241 Bekanntgegeben durch das BMJ ohne den Anhang (Empfehlungen de lege ferenda) am 30. Dezember 2000.

wieweit diese Einschränkung „gerichtsfest“ ist, muß sich noch erweisen.[243] Gravierend ist jedoch die Feststellung in der „Grundsätzlichen Anmerkung“ zu DRS 4.[244] Der DSR merkt dort an, daß durch seine Bindung an geltendes Recht einige für wirtschaftlich sinnvoll erachtete Empfehlungen nicht vorgeschrieben werden konnten. Sie wurden in einen Anhang (Empfehlungen de lege ferenda) verbannt, der nicht vom BMJ bekanntgegeben wurde.

Hier zeigt sich die Problematik der ersten Aufgabe des DRSC: Gibt es Empfehlungen zur Anwendung der Grundsätze über die Konzernrechnungslegung, so ist es an geltendes Recht gebunden. Stellt es darüber hinausgehende, für sinnvoll erachtete Grundsätze auf, können diese lediglich als quasiprivate Meinungsäußerung des Gremiums in einem Anhang veröffentlicht werden, belegt mit dem Bannstrahl des BMJ.

Die im Gesetz zuerst genannte Aufgabe ist damit nicht klar. Es bedarf einer tieferen Erörterung der Problematik, die in Abschnitt 3.5 erfolgt. Zunächst soll auf die zwei anderen gesetzlichen Aufgaben des DRSC eingegangen werden.

3.4.1.2 Beratung des BMJ bei Gesetzgebungsvorhaben zu Rechnungslegungsvorschriften

Die zweite Aufgabe des DRSC wird in der Literatur kaum problematisiert.[245] Sie scheint auch klar, denn die Fachkompetenz der Mitglieder des DSR, die eine Beratung der Ministerialbürokratie voraussetzt, steht außer Frage.[246] Die Auswirkungen der Beratung sind jedoch keineswegs eindeutig. Problematisch ist eine zusätzliche Einflußmöglichkeit von Interessengruppen auf die Rechnungslegungsvorschriften.[247]

Innerhalb des Gesetzgebungsprozesses haben Interessenvertreter betroffener Gruppen ein Anhörungsrecht auf verschiedenen Ebenen. Bereits auf Referatsebene werden Interessenverbände bei der Ausarbeitung des sogenannten Referentenentwurfs gehört.[248] Gelangt der Referentenentwurf in den Gesetzgebungsprozeß, folgen Anhörungen in den Ausschüssen des Bundestages, die mit den Gesetzentwürfen befaßt sind. Damit ist

---

[242] Vgl. *Böcking, Hans-Joachim/Klein, Gabriele/Lopatta, Kerstin,* E-DRS 4, 2000, S. 435; *Baetge, Jörg/Krumnow, Jürgen/Noelle, Jennifer,* DRSC, 2001, S. 771.

[243] Kritisch hierzu *Dobler, Michael,* Prüfung, 2001, S. 2088; siehe auch Abschnitt 3.6.5.1.

[244] Vgl. *DRS 4,* 2000, S. 13.

[245] Kritisch sehen diese Aufgabe *Ossadnik, Wolfgang/Barklage, David,* Aufgabenbereich, 2000, S. 114f. Unproblematisch ist sie bspw. für *Budde, Wolfgang Dieter/Steuber, Elgin,* § 342, 1999, Anm. 5; *Löw, Edgar,* DRSC, 2001, S. 25.

[246] Vgl. *Ballwieser, Wolfgang,* Rechnungslegungsgremium, 1999, S. 442. Kritisch jedoch *Luttermann, Claus,* Bilanzrecht, 1999, S. 13.

[247] Vgl. *Ossadnik, Wolfgang/Barklage, David,* Aufgabenbereich, 2000, S. 114f. *Breidenbach* beschreibt dieses Problem der Beratungsaufgabe kurz. Vgl. *Breidenbach, Karin,* DRSC, 1999, S. 644.

[248] Vgl. § 47 Abs. 3 GGO. Vgl. ferner *Rudzio, Wolfgang,* System, 2000, S. 269.

eine Beratungsmöglichkeit sowohl auf der Ebene der Ministerien als auch beim Gesetzgeber selbst etabliert.

Eine zusätzliche Beratungsmöglichkeit ergibt sich für Außenstehende durch die zahlreichen, bei nahezu allen Bundesministerien etablierten Beiräte[249]. Da die Gründung eines solchen Beirates beim BMJ subsidiär zum etablierten privaten Gremium vorgesehen war, liegt eine Orientierung an den Beiräten als Vorbild für das private Rechnungslegungsgremium nahe. Sie werden häufig als Portal von Interessengruppen genutzt.[250] Gelingt es einer Interessengruppe, Anhänger ihrer Auffassung oder gar Repräsentanten ihrer Gruppe in ein Expertengremium einzuschleusen, so kann sie unter dem Deckmantel der Neutralität Politikmaßnahmen in ihrem Sinne beeinflussen.[251]

Unter diesem Aspekt ist die Beratungsaufgabe des DRSC nicht unproblematisch. Lobbyismus spielt eine große Rolle im deutschen Gesetzgebungsprozeß. Durch den DSR wurde einerseits ein fachkundiges Gremium geschaffen, andererseits aber ein Einfallstor für Sonderinteressen geöffnet. „Ein in Abhängigkeiten gefangenes und in zentralen Fragen einseitigen Interessen verhaftetes Gremium wäre ein äußerst schlechter Ratgeber."[252] Diese Aussage *Paal*s trifft so auf jede Form von Politikberatung zu.

Allerdings ist Lobbyismus nicht ausschließlich negativ zu sehen. Der Gesetzgeber ist auf Expertenrat angewiesen; er weist selbst darauf hin.[253] Wegen der Beratungsaufgabe sind der Einfluß von Lobbyismus auf die Rechnungslegung und dessen Auswirkung näher zu untersuchen. Abschnitt 4.2 und insbesondere Abschnitt 4.6.3.2 sind einer näheren Betrachtung gewidmet.

3.4.1.3 Vertretung der Bundesrepublik Deutschland in internationalen Standardisierungsgremien

Wie bereits dargelegt, handelt es sich bei der Vertretung der Bundesrepublik Deutschland in internationalen Standardisierungsgremien um diejenige Aufgabe, die der Gesetzgeber in der Gesetzesbegründung besonders hervorgehoben hat.[254] Das internatio-

---

249 Vgl. *Rudzio, Wolfgang*, System, 2000, S. 98.

250 Vgl. *Rudzio, Wolfgang*, System, 2000, S. 98.

251 Die hohe Relevanz von Experten im Gesetzgebungsprozeß wird auch durch das Gewicht von Kommissionen bei der Regulierung deutlich (vgl. Abschnitt 3.2.3).

252 *Paal, Boris*, DRSC, 2001, S. 51.

253 Auf den Internetseiten des Deutschen Bundestages wird hierzu angeführt: „Auf diese Mitwirkung der betroffenen und interessierten Kreise ist der Gesetzgeber auch angewiesen. Zum einen findet er bei ihnen ein erhebliches Maß von Sachkunde auf dem betreffenden Gebiet, ohne das er schwerlich gerechte und auch geeignete Regelungen entwickeln könnte. Zum anderen ist es legitim und nützlich, wenn er Bedenken und Belange dieser betroffenen Kreise rechtzeitig kennt ..." *Deutscher Bundestag*, Gesetzgebung, 2001.

254 Diese Aufgabe wurde schon vor der Einführung des § 342 HGB diskutiert; vgl. *Langenbucher, Günther/Blaum, Ulf*, Rechnungslegungsgremium, 1995, S. 2328.

nale Standardisierungsgremium, das vom Gesetzgeber gemeint ist, ist das (heutige) IASB. Durch den EU-Verordnungsentwurf vom 13.2.2001 gewinnt die Aufgabe der Vertretung zusätzliches Gewicht.[255] Ziel des Entwurfs ist die verbindliche Anwendung von IAS bzw. IFRS ab dem 1.1.2007[256] durch europäische Mutterunternehmen, die einen organisierten Kapitalmarkt in Anspruch nehmen.[257]

Die Verordnung würde IAS/IFRS als zwingendes Recht vorschreiben, da EU-Verordnungen nicht mehr vom nationalen Gesetzgeber umgesetzt werden müssen. Sie würde aufgrund des Zwangs deutsches Recht über das bisher gekannte Maß des § 292a HGB hinaus für internationale Standards öffnen, wenngleich im Gegenzug die bisher anerkannten US-GAAP von der Anwendung ausgeschlossen würden.[258] Ein gewisses Mitspracherecht bei der Entwicklung der IFRS will sich der deutsche Gesetzgeber durch das DRSC sichern.[259] Inwieweit dies gelingt, ist jedoch unsicher.[260]

Zum einen besteht erneut das Problem der möglicherweise interessengeleiteten Politik des DSR. Daß der Gesetzgeber seine Interessen über das Gremium als Mittler wahren kann, scheint fraglich, da das Gremium eigene Interessen verfolgt. Selbst wenn man annimmt, der Gesetzgeber könne seine Ansichten gegenüber dem Gremium durchsetzen, verbleibt zum anderen die beschränkte Einflußmöglichkeit des DRSC auf die Entwicklung der IFRS. Das IASB hat derzeit 14 Mitglieder. Hiervon hat ein Mitglied, *Hans-Georg Bruns*, eine „Liaison with the German standard setter“[261]. Auch wenn der

255 Vgl. *Böcking, Hans-Joachim,* IAS, 2001, S. 1433f.; *Ernst, Christoph,* Verordnungsentwurf, 2001. Aufgrund des Entwurfes wird die Hauptaufgabe des DRSC nach 2004 in der Vertretung im IASB gesehen (vgl. *Knorr, Liesel,* Daseinsberechtigung, 2001, S. 90).

256 Ursprünglich war der 1.1.2005 als Termin geplant. Dieser wurde auf Druck der deutschen Industrie, die hohe Kosten vor allem für die bisher im Rahmen des § 292a HGB nach US-GAAP bilanzierenden Unternehmen fürchtet, um zwei Jahre verschoben. Vgl. *Paoli, Nicola de/Grass, Doris,* IAS, 2001. Diese Entwicklung kam überraschend. Selbst neueste Veröffentlichungen wurden von ihr überholt, vgl. *Böcking, Hans-Joachim,* IAS, 2001, S. 1434; *Ernst, Christoph,* Quo vadis?, 2001, S. 1444, die noch in der Ausgabe vom 15. Dezember 2001 von „Die Wirtschaftsprüfung“ vom ursprünglichen Termin ausgingen.

257 Eine frühe Diskussion der Möglichkeiten und Grenzen einer solchen Verordnung, die auch schon eine Diskussion des strittigen Komitologieverfahrens enthält, findet sich bei *Hulle, Karel van,* Zukunft, 1998, insb. S. 151f. Vgl. zum Komitologieverfahren Abschnitt 3.4.2.

258 Vgl. *Baetge, Jörg/Krumnow, Jürgen/Noelle, Jennifer,* DRSC, 2001, S. 774; *Bruns, Hans-Georg,* Anforderungen, 2001, S. S67; *Ernst, Christoph,* Quo vadis, 2001, S. 1442; *Hahn, Klaus,* Umbruch, 2001, S. 1268. Dies führt zu Kritik bei Konzernen, die bereits an der NYSE notiert sind und deshalb nach US-GAAP Rechnung legen. Vgl. *Pellens, Bernhard/Gassen, Joachim,* Verordnungsentwurf, 2001, S. 141.

259 Vgl. *Paal, Boris,* DRSC, 2001, S. 52.

260 Vgl. *Ossadnik, Wolfgang/Barklage, David,* Aufgabenbereich, 2000, S. 116.

261 *IASB,* Board, 2001. Vgl. zur intensivierten Zusammenarbeit des IASB mit den nationalen Standardsettern auch *Baetge, Jörg/Thiele, Stefan/Plock, Marcus,* Restrukturierung, 2000, S. 1035f. Worin die genannte Liaison besteht, ist nicht eindeutig; sie besteht zumindest nicht in einer Mitgliedschaft beim DRSC. Nach der im Internet veröffentlichten Mitgliederliste der natürlichen Personen ist *Hans-Georg Bruns* nicht Mitglied des DRSC. Vgl. *DRSC,* Mitgliederliste, 2002.

deutsche Vertreter die Interessen des deutschen Gesetzgebers im IASB vertritt, so ist doch die Einschränkung bezüglich seiner Durchsetzungskraft deutlich. Mit einem Vierzehntel Stimmenanteil sind gegen eine angelsächsische Übermacht im IASB[262] nur schwer eigene Überlegungen durchzusetzen.[263]

Aus Sicht des DRSC ist „die internationale Harmonisierung durch Mitwirkung in internationalen und zwischenstaatlichen Organisationen und durch Zusammenarbeit mit anderen Standardisierungsgremien [...] voranzutreiben."[264] Ob diese Präambel über das von *Paal* konstatierte „bloße Lippenbekenntnis"[265] hinaus Bedeutung hat, ist weiterhin fraglich. Die beobachtbaren Aktivitäten, die das DRSC auf diesem Gebiet entfaltet, sind gering. Das DRSC hatte gegenüber dem IASB im September 2001 nur einen comment letter zum IASB-Projekt „Accounting for Share-Based Payments" abgegeben.[266]

Aus Sicht des IASB besteht eine Partnerschaft zwischen dem IASB und sieben nationalen Standardsettern, darunter dem DRSC, zur weltweiten Harmonisierung der Rechnungslegung. Belastet ist diese Partnerschaft mit einem Kräfteverhältnis zugunsten der angelsächsischen Rechnungslegungstradition.

Im Ergebnis bleibt zu konstatieren, daß alle drei gesetzlichen Aufgaben des DRSC problematisch sind. Die Beratung des BMJ kann interessengeleitet sein, ohne daß dies für das BMJ oder den Gesetzgeber unmittelbar einsichtig ist. Die internationale Vertretung der Bundesrepublik Deutschland ist zwar gegeben, de facto aber wenig einflußreich. Die Standardisierung schließlich leidet unter unklar geregelten Kompetenzen und rechtlichen Vorbehalten. Diese sollen im übernächsten Abschnitt näher beleuchtet werden.

3.4.2 Weitere Aufgaben des DRSC

Der EU-Verordnungsentwurf spielt nicht nur eine wichtige Rolle für die letztgenannte gesetzliche Aufgabe des DRSC, vielmehr sind, auch wenn künftige, weiterführende Aufgaben diskutiert werden, internationale Harmonisierungsbemühungen zu beachten.

Wenn nach Verabschiedung der EU-Verordnung IAS/IFRS zwingend von am organisierten Kapitalmarkt notierten Konzernen angewendet werden müssen,[267] stellt sich die

---

[262] Neben dem deutschen Vertreter finden sich noch je ein Franzose, ein Schweizer und ein Japaner, die nicht der angelsächsischen Rechnungslegungstradition entstammen.

[263] Zur möglichen Beeinflussung des Internationalen *Standardsetters* durch Vertreter des nationalen, US-amerikanischen FASB vgl. auch *Kleekämper, Heinz,* Pferd, 2000. Vgl. auch Abschnitt 5.2.2.

[264] *DRSC,* Satzung, 2001, Präambel.

[265] *Paal, Boris,* DRSC, 2001, S. 52.

[266] Vgl. *DRSC,* Stellungnahme, 2001.

[267] Vgl. *Ernst, Christoph,* Verordnungsentwurf, 2001, S. 823.

Frage nach den weiteren Aufgaben des DRSC. Diese sind neben der obengenannten Aufgabe der Vertretung der Bundesrepublik Deutschland im IASB im Folgenden zu sehen:[268]

(1) Nationalstaatliche Besonderheiten, wie bspw. im Rahmen von latenten Steuern[269] oder bei Altersteilzeitverträgen, die in den IAS/IFRS nicht berücksichtigt werden können, müssen geklärt werden.[270]

(2) Der Verordnungsentwurf sieht ein Wahlrecht für nicht an einem organisierten Markt notierte Konzerne vor. Diese können entweder IAS/IFRS anwenden oder nationale Regelungen.[271] Das HGB bedarf damit der Fortentwicklung. Hier kann der DSR eine wichtige Rolle bei der Fortführung der Harmonisierung der Rechnungslegung spielen.[272]

(3) Weitere Aufgaben erwachsen dem DRSC durch das sogenannte Endorsement, also die Billigung von einzelnen IAS/IFRS. Vorgesehen ist, daß auf Grundlage der EU-Verordnung die jeweiligen IAS/IFRS, auch bei einer späteren Änderung, zur Anwendung einzeln vorgeschrieben werden.[273] Dadurch sichert sich die EU ihre Unabhängigkeit vom IASB, dessen Standards sie nicht ungeprüft übernimmt: „Kein IAS in der EU ohne Brüsseler Imprimatur.“[274] Für die Billigung ist aus Vereinfachungsgründen das Komitologieverfahren vorgesehen, d.h. die EU-Kommission schlägt einem Regelungsausschuß bestehend aus Vertretern der Mitgliedsstaaten einen IAS/IFRS zur Anwendung vor. Stimmt der Ausschuß dem Vorschlag zu, gilt dieser als angenommen.[275] Zum einen kann das DRSC bei der Beratung des nationalen Vertreters im Regelungsausschuß eine Rolle spielen. Zum anderen hat das DRSC bei der Ablehnung eines IAS/IFRS durch die EU die Aufgabe, Hinweise für eine dann erneut erforderliche Überleitung des EU-konformen in einen IAS/IFRS-konformen Abschluß auszusprechen.[276]

---

268 Vgl. *Baetge, Jörg/Krumnow, Jürgen/Noelle, Jennifer,* DRSC, 2001, S. 774; *Pellens, Bernhard/Gassen, Joachim,* Verordnungsentwurf, 2001, S. 140f.

269 Wie es zu Problemen bei Anwendung ausländischer Standards bei nationaler Steuergesetzgebung kommen kann, beschreibt mit Bezug auf US-GAAP *Schäffeler, Ursula,* Steuern, 2000, S. 2-4.

270 Vgl. *Baetge, Jörg/Krumnow, Jürgen/Noelle, Jennifer,* DRSC, 2001, S. 774; *Knorr, Liesel,* Daseinsberechtigung, 2001, S. 89.

271 Vgl. *Ernst, Christoph,* Verordnungsentwurf, 2001, S. 823.

272 Vgl. *Baetge, Jörg/Krumnow, Jürgen/Noelle, Jennifer,* DRSC, 2001, S. 774; *Böcking, Hans-Joachim/Klein, Gabriele/Lopatta, Kerstin,* Schritt, 2000, S. 15; *Knorr, Liesel,* Daseinsberechtigung, 2001, S. 90.

273 Vgl. *Ernst, Christoph,* Verordnungsentwurf, 2001, S. 824; *Göthel, Stephan R.,* Umbruch, 2001, S. 2059.

274 *Niehus, Rudolf J.,* Zukunft, 2001, S. 56.

275 Lehnt der Ausschuß ab, so ist der EU-Rat zu befassen, der einen Vorschlag allerdings nur mit einer 2/3-Mehrheit ablehnen kann. Vgl. *Ernst, Christoph,* Verordnungsentwurf, 2001, S. 824.

276 Vgl. *Niehus, Rudolf J.,* Zukunft, 2001, S. 56.

Es wird deutlich, daß die Bedeutung des DRSC über die vom Gesetz explizit zugewiesenen Aufgaben hinausgeht. Das im DSR versammelte *Know-how* dient als wichtige Grundlage für zahlreiche künftige Projekte und Entwicklungen im Bereich der Rechnungslegung.

3.5 Problemfelder der Standardisierungsaufgabe

3.5.1 Verfassungsmäßigkeit privater Regulierung

3.5.1.1 Wertungsgehalt von Rechnungslegungsnormen

Der verbreitete Hinweis auf das Vorbild der Standardisierung technischer Sicherheitsregeln in der Bundesrepublik Deutschland durch das Deutsche Institut für Normung (DIN)[277] für die Standardisierung der Rechnungslegung[278] geht fehl.[279] Mehrere Gründe sprechen gegen eine gedankliche Übertragung der Funktionsweisen und Befugnisse des DIN auf das DRSC.

Oberflächlich betrachtet gibt es auffällige Parallelen zwischen dem DRSC und dem DIN. Das DIN umschreibt seine Aufgaben wie folgt: „DIN sorgt bei der Ausarbeitung der DIN-Normen dafür, daß diese bei der Gesetzgebung und im Rechtsverkehr als Beschreibung *technischer* Sachverhalte herangezogen werden können. Das DIN mit seinen Organen ist die autorisierte nationale Vertretung in den Gremien der internationalen und der europäischen Normungsorganisationen.“[280] Der kritische Unterschied liegt in der Beschränkung auf technische Sachverhalte.

Die Standardsetzung im Bereich der Rechnungslegung enthält tiefgehende, mit Zielkonflikten behaftete, politische Wertungsentscheidungen, die bei rein technischer Normierung in diesem Maße nicht zu treffen sind.[281] Zwar läßt sich auch bei einer

---

277 Einen kurzen Überblick über die Aufgaben und Arbeitsweise des DIN gibt *Thum, Marcel*, Netzwerkeffekte, 1995, S. 157-161.

278 Ein vehementer Vertreter dieser These ist *Biener*. Vgl. bereits *Biener, Herbert*, Fachnormen, 1996, S. 67; *Biener, Herbert*, Stand, 1997, S. 404; später etwas zurückhaltender, ohne direkten Verweis auf das DIN: *Biener, Herbert*, Fortentwicklung, 1999, S. 453; *Biener, Herbert*, DRSC, 2000, S. 63. Vgl. zudem *Breidenbach, Karin*, Normensetzung, 1997, S. 183-187. Auch die Gesetzesbegründung bezieht sich hierauf (vgl. BT-Drs. 13/10038, S. 27).

279 Vgl. grundlegend *Hommelhoff, Peter/Schwab, Martin*, Selbststeuerung, 1998; *Budde, Wolfgang Dieter/Steuber, Elgin*, Normsetzungsbefugnis, 1998, S. 1184f.

280 *DIN*, Normung, 2001 (Hervorhebung durch den Verfasser).

281 Vgl. *Brand, Hans*, Rechnungslegungskommissionen, 1981, S. 55-57; *Buckley, John W.*, Policy, 1980, S. 61f.; *Moxter, Adolf*, DRSC, 1998, S. 1427; *Solomons, David*, Politicization, 1978. Mit Bezug auf unterschiedliche Rechnungslegungskulturen vgl. *Großfeld, Bernhard*, Bilanzrecht, 1997, S. 437.

technischen Normung das politische Element der Wertung nicht ausschalten,[282] es existieren jedoch gewisse, von allen Sachverständigen geteilte Verkehrsauffassungen über technische Mindeststandards, die allenfalls im Detail variieren. Es läßt sich berechnen, wie hoch die Gefahr ist, daß etwa ein Brückenpfeiler, der eine gewisse Dicke nach der jeweiligen DIN-Norm aufweist, dennoch umknickt. Die einzige Wertung besteht in der Höhe der Wahrscheinlichkeit, die man für einen solchen Vorfall zulassen will.

Anders liegt der Fall bei der Frage, ob man u.a. aufgrund der Wahrscheinlichkeit, daß der Brückenpfeiler noch vor Bauabnahme einknicken könnte, eine Gewinnrealisation erst bei der Bauabnahme zuläßt, wie dies nach der in Deutschland gebräuchlichen CC-Methode üblich ist, oder ob man dem Brückenbauunternehmen gestattet, die Gewinnrealisierung nach Baufortschritt vorzunehmen, wie dies nach der im angelsächsischen Raum üblichen PoC-Methode geschieht.[283]

Diese Frage enthält Wertungen darüber, wie das Realisationsprinzip zu verstehen ist, und greift damit tief in die Gewinnermittlungsproblematik des Bilanzrechts ein. Hier eine Wertung zu treffen, hat nicht nur überwiegend technische Auswirkungen.[284] Es geht vielmehr um einen Interessenausgleich zwischen den beteiligten Parteien, vor allem von Gläubigern und Anteilseignern.[285] Damit erhält aber die Entscheidung über Rechnungslegungsnormen eine politische Dimension, die einen Vergleich mit den DIN-Normen unzulässig erscheinen läßt.

Eine wichtige Konsequenz aus dieser Feststellung ist, daß die Begründung für die Verlagerung von Normsetzungsbefugnissen auf einen privaten Standardsetter nicht über den Weg der analogen Erstellung von Rechnungslegungs-DIN führen kann.[286] Überall dort, wo politischer Wertungsgehalt eine Rolle spielt, ist grundsätzlich davon

---

282 *Hommelhoff/Schwab* veranschaulichen dies an der Wertungsentscheidung über die Mindestsicherheit eines „zwölf Meter hohen Mehrfamilienhauses" *Hommelhoff, Peter/Schwab, Martin,* Selbststeuerung, 1998, S. 41. Daß es auch bei einer rein technischen Normierung, die stark interessengeleitet ist, zu politischen Problemen kommen kann, ist unstrittig. Vgl. mit Bezug auf consumer product standards der amerikanischen Industrie in den 1960er Jahren *Garcia, D. Linda,* Standard Setting, 1992, S. 535f.

283 Für einen Überblick über die unterschiedliche Gewinnrealisierung bei Langfristfertigung vgl. *Richter, Martin,* Gewinnrealisierung, 2000.

284 Zum Problem der politischen Bedeutung von Rechnungslegungsregeln äußert sich *Gerboth, Dale L.,* Research, 1973, S. 478: „That is, in accounting as well as economics, concepts of income and wealth are not descriptive but normative; not objective, but subjective; and not unique, but manifold."

285 Vgl. *Moxter, Adolf,* DRSC, 1998, S. 1427; *Havermann, Hans,* Entwicklungen, 1994, S. 661-664. *Schwab, Martin,* Standardisierungsvertrag, 1999, S. 733.

286 Vgl. *Schwab, Martin,* Standardisierungsvertrag, 1999, S. 731f.; *Schuppert, Gunnar Folke/Bumke, Christian,* Grenzen, 2000, S. 76f.

auszugehen, daß nur der demokratisch legitimierte Gesetzgeber das Recht hat, Vorschriften zu erlassen.[287]

3.5.1.2 Verbindlichkeit der Regelungen

Entfalten die DRS keine verbindliche Wirkung, so ist es unerheblich, ob politischer Wertungsgehalt vorhanden ist oder ob es sich um rein technische Normen handelt. Denn unverbindliche Regelungen können bspw. stets von berufsständischen Verbänden erlassen werden.[288] Ihre Einhaltung kann dann zwar als Indiz für die ordnungsmäßige Behandlung der geregelten Materie angesehen werden, letztlich stehen sie jedoch unter einem Gesetzesvorbehalt und unter der Kontrolle der Gerichte. Fragen der Legitimität unverbindlicher Regelungen bedürfen daher keiner Problematisierung.

Eine grundlegende Fallunterscheidung bzgl. ihrer Verbindlichkeit ist zwischen Standards, die vom DSR verabschiedet, nicht aber vom BMJ bekannt gemacht worden sind, und durch das BMJ - entsprechend § 342 Abs. 2 HGB - bekanntgemachten Standards vorzunehmen.[289] Nicht durch das BMJ bekanntgemachten Standards[290] wird jede rechtliche Bindungswirkung abgesprochen.[291] Trotz der Beauftragung des DRSC durch das BMJ entfalten sie zunächst keine Bindungswirkung, da es sich um Empfehlungen (§ 342 Abs. 1 Satz 1 Nr. 1 HGB) handelt.[292] „Empfehlungen bezwecken, den Adressaten ein bestimmtes Verhalten nahezulegen, ohne sie rechtlich binden zu können."[293] Diese Auffassung ist in der Literatur weitgehend unbestritten.[294]

Wie oben bereits verdeutlicht wurde, sind die Empfehlungen jedoch in engem Zusammenhang mit § 342 Abs. 2 HGB, also der Verlautbarung durch das BMJ, zu sehen, denn der DSR zielt darauf ab, daß die verabschiedeten Standards vom BMJ bekannt-

---

[287] Dezidiert kritisch *Moxter, Adolf,* Mythen, S. 2148; *ders.* Zukunft, 2001, S. 606; vgl. auch *Koller, Heinrich,* Selbstregulierung, 1999, S. 429.

[288] Vgl. für den Bereich der Rechnungslegung bspw. die IDW-PS (vormals IDW-Fachgutachten).

[289] Vgl. *Paal, Boris P.,* DRSC, 2001, S. 80-90.

[290] Die Möglichkeit zur Veröffentlichung durch das Gremium ohne Bekanntmachung durch das BMJ wird vom Gesetzgeber ausdrücklich vorgesehen. Vgl. BT-Drs. 13/10038, S. 27.

[291] Vgl. *Ebke, Werner F.,* § 342, 2001, RdNr. 21.

[292] Vgl. *Ebke, Werner F.,* Entwicklung, 1999, S. 1201 mit Hinweis auf Art. 249 Abs. 5 EGV bzw. § 676 BGB.

[293] *Ebke, Werner F.,* Entwicklung, 1999, S. 1201; vgl. mit fast identischem Wortlaut *Paal, Boris P.,* DRSC, 2001, S. 80.

[294] Vgl. *Biener, Herbert,* DRSC, 2000, S. 63f.; *Biener, Herbert,* Fortentwicklung, 1999, 457f.; *Budde, Wolfgang Dieter/Steuber, Elgin,* § 342, 1999, Anm. 7; *Hayn, Sven/Zündorf, Horst,* Normierung, 1999, S. 499; *Hopt, Klaus,* § 342, 2000, Rn. 2; *Scheffler, Eberhard,* DSR, 1999, S. 414; *Wiedmann, Harald,* § 342, 1999, Rz. 6; im Ergebnis auch *Spanheimer, Jürgen,* Problemfelder, 2000, S. 1004f. Implizit dieser Auffassung ist *Ballwieser* (vgl. *Ballwieser, Wolfgang,* Rechnungslegungsgremium, 1999, S. 443), wenn er nicht durch das BMJ bekanntgemachte DRS mit *non-promulgated* GAAP vergleicht. A.A. ist *Haller,* der den *non-promulgated* GAAP mehr als Empfehlungscharakter zuspricht. Vgl. *Haller, Axel,* Grundlagen, 1994, S. 71-73.

gegeben werden.[295] Nicht anders ist die Aussage „Die verabschiedeten Standards werden vom BMJ veröffentlicht“[296] zu deuten. Bislang wurden alle acht verabschiedeten Standards gem. § 1 Abs. 3 Standardisierungsvertrag dem BMJ zur Veröffentlichung vorgeschlagen und alle verabschiedeten Standards wurden bislang durch das BMJ bekanntgemacht. Interessant ist daher die Frage, wie sich der Charakter der DRS durch ihre Bekanntmachung durch die Exekutive verändert. Die Meinungen hierüber gehen auseinander und umfassen folgende drei Hauptrichtungen:

(1) Eine weitgehende Auffassung spricht bekanntgemachten Standards „zwar nicht Gesetzeskraft, aber die Qualität von GoB für Konzernunternehmen“[297] zu.[298]

(2) Eine zweite Auffassung sieht in der Vermutungsregelung des § 342 Abs. 2 HGB eine Änderung der Beweislastregel im prozessualen Sinn.[299]

(3) Nach einer weiteren Auffassung bleiben die DRS nicht bei der reinen prozessualen Beweislastumkehr stehen, ihnen kommt vielmehr eine materiellrechtliche Bedeutung zu, allerdings unterhalb der Schwelle der GoB.[300]

Nach Auffassung (1) wäre der DSR zusammen mit dem BMJ in der Lage, GoB zu erarbeiten.[301] Dieser Aussage ist in dreierlei Hinsicht zu widersprechen:

(a) Die Aussage ist widersprüchlich. „Durch § 238 HGB werden die GoB das Gesetz ergänzende Rechtssätze und damit zwingendes Recht. Die ihnen zugrunde liegende Ordnungsvorstellung wird durch die gesetzliche Verweisung zum unmittelbaren Normbefehl [...]. Die GoB werden daher auch als Rechtsquelle mit abgeleiteter Rechtssatzwirkung bezeichnet.“[302] Ein Konstrukt, das keine Gesetzeskraft, aber die Qualität von GoB hat, kann damit nicht existieren.

---

295 Parallelen zwischen dem Zusammenspiel von BMJ und DSR einerseits und dem von SEC und FASB andererseits sind erkennbar, halten aber nur einer oberflächlichen Betrachtung stand. Vgl. *Hütten, Christoph/Brakensiek, Sonja*, Bremsen, S. 872.

296 *DRSC*, Aufgaben, 2001.

297 *Hopt, Klaus*, § 342, 2000, Rn. 2; im Ergebnis auch *Scheffler, Eberhard*, Entwicklung, 2000, S. 1623; *ders.* Rechnungslegungs, 2001, S. 15f.

298 Dieser Auffassung sind auch BMJ und DRSC, denn im Standardisierungsvertrag zwischen beiden Parteien ist in § 4 Abs. 3 festgehalten: „Beim Erarbeiten von Standards ist darauf zu achten, daß sie nicht im Widerspruch zu Rechtsvorschriften stehen. Eine sinnvolle Weiterentwicklung der Grundsätze ordnungsmäßiger Buchführung ist damit nicht ausgeschlossen.“

299 Vgl. *Budde, Wolfgang Dieter/Steuber, Elgin*, Normsetzungsbefugnis, 1998, S. 1184; *Hommelhoff, Peter/Schwab, Martin*, Selbststeuerung, 1998, S. 42; *Moxter, Adolf*, DRSC, 1998, S. 1427.

300 Vgl. *Ebke, Werner F.*, § 342, 2001, RdNr. 22; *Ebke, Werner F.*, Entwicklung, 1999, S. 1202; *Paal, Boris P.*, DRSC, 2001, S. 89. A.A. *Biener, Herbert*, DRSC, 2000, S. 64.

301 Vgl. ablehnend *Ballwieser, Wolfgang*, B 105, 1999, Rz. 83.

302 *Leffson, Ulrich*, GoB, 1987, S. 22 mit Verweis auf *Biener, Herbert*, Auswirkungen, 1979, S. 5; jüngst auch *Beisse, Heinrich*, GoB, 2001, S. 733.

(b) Es gibt keine GoB ausschließlich für Konzernunternehmen. Die GoB sind nach h.M. konzernunabhängig.[303] Eine unterschiedliche Auslegung von GoB, je nachdem, ob ein Einzelabschluß oder ein Konzernabschluß erstellt wird, ist trotz der reinen Informationsfunktion des Konzernabschlusses nicht gewollt.[304]

(c) Die Bindungswirkung von GoB geht weiter als die der DRS. Wenn DRS die Qualität von GoB hätten, müßte ihnen dieselbe Verbindlichkeit zukommen. Dies könnte im Zuge einer Rechtsverordnung bewirkt werden. Art. 80 Abs. 1 GG sieht vor, daß u.a. ein Bundesminister ermächtigt werden kann, Rechtsverordnungen zu erlassen. Die in § 342 Abs. 2 HGB genannte Bekanntmachung kommt allerdings einer solchen Verordnung nicht gleich.[305] Hätte der Gesetzgeber eine Rechtsverordnung implementiert, wäre dies eine dynamische Verweisung auf die DRS gewesen, d.h. eine Verknüpfung von geltendem Recht mit noch nicht in ihrer Gesamtheit feststehenden, von Privaten erdachten Normen. Der Gesetzgeber kann sich einer Verweisung bedienen, um Gesetzeslücken durch Rückgriff auf privat entwickelte Regeln zu schließen. Allerdings ist dies nur in den engen Grenzen der statischen Verweisung zulässig, bei der auf eine konkret spezifizierte, bereits feststehende Regel zurückgegriffen wird.[306] Technisch gesehen spart sich der Gesetzgeber durch diesen statischen Verweis, den Regeltext in das Gesetz aufzunehmen. „Es wird lediglich ein privater Regeltext in das staatliche Recht inkorporiert."[307] Eine dynamische Verweisung auf noch nicht existierende bzw. in stetiger Entwicklung befindliche private Regeln, wie sie bei einer Verweisung auf die DRS zweifelsohne vorgelegen hätte, ist nach h.M. verfassungswidrig.[308]

Damit können DRS nicht die Qualität von GoB haben und auch nicht deren Verbindlichkeit. Der Auffassung, daß DRS „mit der Veröffentlichung durch das BMJ ... zu GoB [werden]"[309], ist zu widersprechen.

---

303 Vgl. *Ballwieser, Wolfgang,* B 105, 1999, Rz. 82; *Budde, Wolfgang Dieter/Steuber, Elgin,* Rückwirkung, 2000, S. 972; *Pellens, Bernhard,* Rechnungslegung, 2001, S. 575; *Schön, Wolfgang,* Bilanzrecht, 1998. Zu einer möglichen Änderung dieser Sichtweise vgl. *Niehus, Rudolf J.,* Paradigmawechsel, 1994; *Scheffler, Eberhard,* Entwicklung, 2000, S. 1622.

304 Vgl. *Ballwieser, Wolfgang,* Unabhängigkeit, 1995, S. 56f.; *Drescher, Sebastian,* Gründung, 1998, S. 248. A.A. *Scheffler, Eberhard,* DSR, 1999, S. 413.

305 Vgl. *Spanheimer, Jürgen,* Problemfelder, 2000, S. 1004.

306 Vgl. *Kirchhof, Paul,* Geltungsgrund, 2000, S. 685; *Paal, Boris P.,* DRSC, 2001, S. 74.

307 *Paal, Boris P.,* DRSC, 2001, S. 73.

308 Vgl. *Breidenbach, Karin,* Normensetzung, 1997. S. 145; *Paal, Boris P.,* DRSC, 2001, S. 75 m.w.N. Mit Bezug zu § 292a HGB vgl. *Kirchhof, Paul,* Geltungsgrund, 2000, S. 685f.; *Heintzen, Franz,* Verfassungsmäßigkeit, 1999, S. 1051. Ob es sich bei dem bereits erwähnten EU-Verordnungsentwurf zur Anwendung von IAS (vgl. Abschnitt 3.4.1.3) um eine dynamische Verweisung handelt, ist strittig. Vgl. *Heintzen, Markus,* Unionsverfassungsrecht, 2001.

309 *Scheffler, Eberhard,* DSR, 1999, S. 414.

Die Umkehrung der Beweislast nach Auffassung (2) bewirkt folgendes: Bei Vorliegen einer bestimmten Tatsache *x* wird zugunsten eines Prozeßbeteiligten angenommen, daß Rechtszustand[310] bzw. Umweltzustand[311] *y* eingetreten ist. Es liegt am Prozeßgegner zu beweisen, daß dem nicht so ist. Dabei ist zu beachten, daß es sich, wie zumeist im deutschen Recht,[312] um eine widerlegbare Vermutung[313] handeln muß.

Bei Vorliegen einer unwiderlegbaren Vermutung nimmt der Gesetzgeber in Kauf, daß bei Bestehen der Tatsache *x* auf den falschen Zustand *y* geschlossen wird, ohne daß dies von irgendeiner Partei entkräftet werden kann. Unwiderlegbare Vermutungen werden daher nur bei Zusammenhängen, die mit sehr hoher Wahrscheinlichkeit zutreffen, vorgesehen.[314]

Zunächst ist zu prüfen, ob es sich bei der Vermutungsregel des § 342 Abs. 2 HGB um eine widerlegbare oder unwiderlegbare Vermutung handelt. Das Vorliegen einer unwiderlegbaren Vermutung würde wieder zurückführen zur ersten These, wonach DRS GoB-Qualität erlangen. Wenn die Einhaltung von DRS stets dazu führt, daß die Konzernrechnungslegung betreffende GoB beachtet werden, so werden aus DRS de facto GoB. Die unwiderlegbare Vermutung würde in diesem Fall wieder den Tatbestand der dynamischen Verweisung erfüllen.[315] Denn die DRS, auf die Bezug genommen wird und die GoB-Charakter erlangen würden, existieren zum großen Teil noch gar nicht. Diese Auslegung hätte abermals die Verfassungswidrigkeit der Norm zur Folge.[316]

Die verfassungsrechtliche Diskussion ist ein Indiz für eine dem § 342 Abs. 2 HGB innewohnende widerlegbare Vermutung der GoB-Konformität. Daneben hat sich das DRSC selbst in der Präambel zu seiner Satzung die Verpflichtung auferlegt, die Souveränität des Gesetzgebers und der Gerichte nicht zu beeinträchtigen.[317] Zudem betont *Ernst*, der als Referent im BMJ für den Entwurf des KonTraG zuständig war, daß „die Vermutungswirkung der Empfehlungen ... auch die Gerichte bei ihrer Auslegung der GoB nicht unwiderruflich binden [kann].“[318] Auch die Gesetzesbegründung birgt einen Anhaltspunkt für diese Auffassung. Die Empfehlungen sollen durch die Vermutungs-

310 Man spricht von einer Rechtsvermutung. Vgl. z.B. § 891 BGB.
311 Man spricht von einer Tatsachenvermutung. Vgl. z.B. § 938 BGB.
312 Vgl. *Ebke, Werner F.*, Entwicklung, 1999, S. 1202.
313 Analog § 292 Abs. 1 ZPO.
314 Eine wichtige unwiderlegbare Vermutung ist die Konzernvermutung nach § 18 Abs. 1 S. 2 AktG. Danach sind verbundene Unternehmen, die einen Beherrschungsvertrag nach § 291 AktG abgeschlossen haben bzw. von denen das eine in das andere nach §§ 319f. AktG eingegliedert ist (Tatsache *x*), als unter einheitlicher Leitung stehend und damit als Konzernunternehmen anzusehen (Rechtszustand *y*). Vgl. *Emmerich, Volker/Habersack, Mathias*, Konzernrecht, 2001, S. 67.
315 Vgl. *Paal, Boris P.*, DRSC, 2001, S. 87.
316 Vgl. *Paal, Boris P.*, DRSC, 2001, S. 75 m.w.N.
317 Vgl. *DRSC*, Satzung, 1998, Präambel. Vgl. auch *Havermann, Hans*, Regelsetzung, 2000, S. 696f.; *Scheffler, Eberhard*, DSR, 1999, S. 412.
318 *Ernst, Christoph*, Vorschriften, 1998, S. 27.

regelung eine „stärkere Durchsetzungskraft“[319] erhalten. Hätten die Empfehlungen eine unwiderlegbare Bindungswirkung, würde das Adjektiv „stärker“ an dieser Stelle keinen Sinn machen.

Ein Einwand gegen die so ausgelegte Norm bezieht sich auf die mangelnde faktische Widerlegbarkeit der Vermutung.[320] Der Konzernabschluß ist „rechtlich ein nullum“[321]. Es fehlt an einer Widerlegbarkeit der Vermutung vor Gericht, da Konzernabschlüsse nicht vor Gericht verhandelt werden.[322] Dieses Argument kann entkräftet werden: Konzernabschlüsse werden z.B. bei Haftungsprozessen gegen Konzernabschlußprüfer[323] zum Gerichtsgegenstand.[324]

Damit bleibt zunächst festzuhalten, daß es sich bei der Vermutung des § 342 Abs. 2 HGB um eine widerlegbare Vermutung im Sinne des Gesetzes handelt. Sie kann von jedermann vor einem Gericht entkräftet werden.[325] Damit sind auch verfassungsrechtliche Bedenken gegen eine Übertragung von Standardisierungsbefugnissen auf ein privates Gremium ausgeräumt, denn die Gerichte behalten somit letztlich die Souveränität über die Auslegung und Gewinnung von GoB.[326]

Auffassung (3) schließlich stützt sich darauf, daß es sich bei der Vermutungsregel nicht um eine Tatsachenvermutung,[327] sondern um eine Rechtsvermutung[328] handelt, die ihrerseits wieder der Auslegung bedarf. Es wird auf die Einhaltung der GoB verwiesen. Diese Einhaltung kann nicht Tatsache sein, sondern ist ein Rechtszustand. Damit konkretisieren aber die DRS die GoB.

DRS haben also nicht den gleichen Stellenwert wie GoB, denn die GoB-Konformität bei Einhaltung der DRS kann widerlegt werden. Umgekehrt bedeutet die Nichtbeachtung der DRS auch keine Verletzung der GoB.[329] Da sie aber die Vermutung auf ihrer Seite haben und von der Vermutung nicht auf eine Tatsache, sondern auf den Rechtszustand der Einhaltung aller kodifizierten und nicht kodifizierten GoB geschlossen

---

319 BT-Drs. 13/10038, 1998, S. 27.
320 Vgl. *Budde, Wolfgang Dieter/Steuber, Elgin,* § 342, 1999, Anm. 9.
321 *Budde, Wolfgang Dieter/Steuber, Elgin,* Veranstaltung, 1997, S. 591; vgl. ferner *Budde, Wolfgang Dieter,* Wege, 1996, S. 87. Da ein Konzernabschluß nicht festgestellt wird (§ 172 AktG), kann er weder angefochten werden noch nichtig sein.
322 Vgl. *Budde, Wolfgang Dieter/Steuber, Elgin,* § 342, 1999, Anm. 9.
323 Vgl. §§ 292a Abs. 2 Nr. 5, 316 Abs. 2, 323 HGB.
324 Vgl. *Ebke, Werner F.,* Entwicklung, 1999, S. 1203.
325 Vgl. *Ebke, Werner F.,* Entwicklung, 1999, S. 1202f.
326 Vgl. *Ebke, Werner F.,* § 342, 2001, RdNr. 23.
327 Vgl. Fußnote 311.
328 Vgl. Fußnote 310.
329 Vgl. *Küting, Karlheinz/Hütten, Christoph,* DRSC, 1999, S. 478f.; *Pellens, Bernhard,* Rechnungslegung, 2001, S. 579.

wird, haben sie eine starke auslegende Wirkung. Sie werden damit zu einem GoB-Kommentar mit hoher Bindungs-, aber ohne Gesetzeskraft.

Dieser Meinung folgen auch diejenigen, die den DRS eine hohe faktische Bindungswirkung zusprechen.[330] Es wird argumentiert, daß aufgrund des anerkannt hohen Sachverstandes der Mitglieder des DSR[331] und aufgrund der Beteiligung der interessierten Öffentlichkeit[332] eine hohe Akzeptanz erzielt wird, so daß „es schon gute Gründe [braucht], wenn man eine abweichende Meinung vertreten will".[333] Neben den Gerichten[334] sind von dieser faktischen Bindungswirkung auch die Unternehmen betroffen. Für sie ergibt sich bei einer Abweichung Erklärungsbedarf gegenüber den Konzernabschlußadressaten.

In diesem weitreichenden Einfluß liegt die Stärke der DRS. Mit der Formulierung der Vermutungsregel des § 342 Abs. 2 HGB ist es dem Gesetzgeber gelungen, das private Rechnungslegungsgremium mit einem hohen Maß an Autorität auszustatten, ohne die Normsetzungsbefugnis in verfassungsrechtlich bedenklicher Weise auf ein privates Gremium zu übertragen. Der widerlegbaren Vermutung der Beachtung der GoB kommt vordergründig nur die Bedeutung einer prozessualen Beweislastumkehr zu. Ein zweiter Blick offenbart jedoch ihre materiellrechtliche Bedeutung bei der Auslegung und Weiterentwicklung der GoB: Ohne die Kompetenzen der Gerichte und des Gesetzgebers anzugreifen, werden die DRS zu Normen, die weitgehende Beachtung finden.

Bedingung hierfür ist allerdings deren weitgehende Anerkennung.[335] Diese kann nur gewährleistet werden, wenn hoher Sachverstand und Unabhängigkeit der Mitglieder, finanzielle Unabhängigkeit des Gremiums sowie Transparenz und Öffentlichkeit des Normsetzungsprozesses zusammentreffen.[336] Die konkrete Ausgestaltung des DRSC ist anhand dieser Kriterien zu überprüfen und kritisch zu würdigen.[337]

330 Vgl. *Ernst, Christoph,* Vorschriften, 1998, S. 27; *Paal, Boris P.,* DRSC, 2001, S. 90; *Spanheimer, Jürgen,* Problemfelder, 2000, S. 1004.
331 Vgl. zur Besetzung Abschnitt 3.6.4 und Kapitel 5.
332 Zum sog. *due process* vgl. Abschnitt 3.6.3.
333 *Ernst, Christoph,* Vorschriften, 1998, S. 27.
334 Kritisch über die Bindungswirkung für die Gerichte äußert sich *Schön, Wolfgang,* Bilanzrecht, 1998.
335 Vgl. zum Problem der Autorität und Anerkennung einer privaten Rechnungslegungskommission bereits *Wysocki, Klaus v.,* Anpassung, 1979, S. 67f.
336 Vgl. *Mueller, Gerhard G./Bloomer, Carrie,* Ideal, 1998, S. 657. Zu einem möglichen Katalog der Anforderungen an einen privaten Standardsetter vgl. *Achleitner, Ann-Kristin,* Normierung, 1995, S. 56-60; *Ossadnik, Wolfgang/Barklage, David,* Aufgabenbereich, 2000, S. 106-108.
337 Vgl. Abschnitt 3.6.

3.5.2 *Gefährdung des Interessenausgleichs*

Bei der Untersuchung der Verfassungsmäßigkeit wurde bereits darauf hingewiesen, daß es sich bei Rechnungslegungsstandards nicht um rein technische Normen, sondern um solche mit politischem Wertungsgehalt handelt.[338] Dieser kommt in den unterschiedlichen Interessen der Rechnungslegungsadressaten und der Rechnungsleger zum Ausdruck.[339] Dem könnte entgegengehalten werden, daß der Hauptkonflikt um die Gewinnausschüttung zwischen Anteilseignern, Gläubigern und Managern der Unternehmung im Konzernabschluß mangels Ausschüttungsbemessungsfunktion entschärft ist, es somit zu keinem nennenswerten Interessenkonflikt kommt.

Selbst wenn man annimmt, Standards, die ausschließlich den Konzernabschluß betreffen, hätten keine Rückwirkung auf den Einzelabschluß[340] und damit auch keine Auswirkung auf den Interessenkonflikt um die Ausschüttung, bleibt doch das Problem, daß auch im Konzernabschluß Gewinn konstruiert wird.[341] Die konstruierte Gewinnziffer, die nun nicht der Ausschüttungsbemessung sondern der Information dient, hat „wünschenswerte Eigenschaften"[342], doch was wünschenswert ist, hängt von den Präferenzen der einzelnen Nutzer ab.[343] Diese Präferenzen lassen sich nicht in eine gesamtgesellschaftliche, von allen Beteiligten akzeptierte Präferenzordnung einbringen.[344] Damit bleibt das Problem des Interessenausgleichs sowohl zwischen Adressat und Management[345] als auch unter den Adressaten selbst auch im Konzernabschluß erhalten.[346]

Inwieweit dieser Interessenausgleich von einem privaten Gremium gewährleistet werden kann, ist umstritten. Eine Kritik trifft die Gesetzesformulierung, wonach dem Gremium ausschließlich Rechnungsleger angehören dürfen.[347] Die Formulierung ist schlecht gewählt, erweckt sie doch den Eindruck, daß nur die mit der Erstellung eines Konzernabschlusses betrauten Personen, also nur eine Partei, angesprochen sind.[348] In

338 Vgl. Abschnitt 3.4.2.

339 Vgl. *Moxter, Adolf,* DRSC, 1998, S. 1427.

340 Vgl. *Ernst, Christoph,* Änderungen, 1999, S. 349. Die Kritik hierzu folgt im nächsten Unterabschnitt.

341 Vgl. *Ballwieser, Wolfgang,* Anforderungen, 2001, S. 161 mit Verweis auf *Schneider, Dieter,* Rechnungswesen, 1997, S. 35.

342 *Ballwieser, Wolfgang,* Anforderungen, 2001, S. 161.

343 Vgl. *Watrin, Christoph,* Thesen, 2001, S. 933.

344 Vgl. grundlegend *Demski, Joel S.,* Impossibility, 1973. Vgl. auch *Ballwieser, Wolfgang,* Begründbarkeit, 1982, S. 782; *Ballwieser, Wolfgang,* Informationsökonomie, 1985, S. 31.

345 Dieser Interessenkonflikt besteht stets, da das Management allein aus Gründen der Konkurrenzwirkung nie den vollen Einblick in das Unternehmen ermöglichen will. Vgl. *Moxter, Adolf,* DRSC, 1998, S. 1427.

346 Vgl. auch *Achleitner, Ann-Kristin,* Normierung, 1995, S. 46.

347 § 342 Abs. 1 Sätze 2 und 3 HGB. Vgl. zu einer möglicherweise resultierenden mangelnden Akzeptanz bei einer engen Auslegung *Zitzelsberger, Siegfried,* Überlegungen, 1998, S. 258.

348 Vgl. *Moxter, Adolf,* DRSC, 1998, S. 1427.

der Gesetzesbegründung wird deutlich, daß dies nicht so zu verstehen ist. Rechnungsleger im Sinne des Gesetzes sind neben den Abschlußerstellern ausdrücklich auch Wirtschaftsprüfer, vereidigte Buchprüfer, Steuerberater und Rechtsanwälte. Außerdem zählen zu ihnen alle Personen, die auf dem Gebiet der Rechnungslegung und Prüfung tätig sind, insbesondere auch Hochschullehrer.[349] Die Einschränkung soll nicht den Kreis der möglichen Mitglieder auf Rechnungsleger, also die mit der Erstellung betrauten Personen, beschränken, sondern „Mindestbedingungen gewährleisten, die für eine gehörige Standardisierungsarbeit unabdingbar sind."[350] Warum dies nicht in der Formulierung des Gesetzes zum Ausdruck kommt, ist unklar.

Damit gelangt man zu der im Bilanzrecht häufig diskutierten Frage der richtigen Ermittlung von Rechnungslegungsregeln. Unbestritten ist, daß eine induktive Ermittlung von GoB, verstanden als Schluß von der empirisch beobachtbaren Handlungsweise der ordentlichen Kaufleute auf den Inhalt der GoB[351] aus Gründen des Interessenschutzes abzulehnen ist.[352] „Wegen der Funktion, eine zweckgerechte Bilanzierung zum Schutz Dritter zu sichern, können GoB nicht einfach **induktiv** durch Rückgriff auf das Verhalten (ehrenwerter) Kaufleute gewonnen werden, denn die Kaufleute sind Partei."[353] Unbestritten ist auch, daß durch die Gründung eines privaten Rechnungslegungsgremiums, bestehend aus Rechnungslegern, induktive Elemente in die Ermittlung der Regeln Einzug halten. Es stellt sich die Frage, ob der Interessenausgleich damit gefährdet ist.

Die Möglichkeit, bei der Normung auf die Ansichten und Gepflogenheiten von Fachleuten zurückzugreifen, also induktiv vorzugehen, wird mit dem Begriff der Deregulierung verbunden.[354] Sie ist vom Gesetzgeber gewollt.[355] Solange ein Interessenausgleich trotz (oder wegen) dieser Deregulierung gewährleistet werden kann, ist sie unproblematisch. Das Argument gegen die Induktion bezieht sich auf die ausschließliche Beteiligung von Rechnungslegern im engeren Sinne, was ohne Zweifel den Interessenausgleich gefährden würde. Die Erweiterung des Begriffs „Rechnungsleger" mit

---

349 Vgl. BT-Drs. 13/10038, S. 27.

350 BT-Drs. 13/10038, S. 27.

351 Gegen dieses Verständnis wendet sich *Schneider*, der Induktion „im wissenschaftstheoretischen Sinne als Verallgemeinerungsschluß von einzelnen Musterbeispielen zur Gewinnermittlung zu allgemeinen Meßhypothesen verstanden" wissen will. Vgl. *Schneider, Dieter,* Rechnungswesen, 1997, S. 108.

352 Vgl. *Ballwieser, Wolfgang,* § 238, 2001, RdNr. 21; *Beisse, Heinrich,* Bild, 1994, S. 8f.; *Brand, Hans,* Rechnungslegungskommissionen, 1981, S. 30-32; *Döllerer, Georg,* Ermittlung, 1959, S. 1217; *Leffson, Ulrich,* GoB, 1987, S. 29 mit Verweis auf *Karl Popper* (1973), mittlerweile *Popper, Karl,* Logik, 1994, S. 3-13. A.A. *Biener, Herbert,* Fachnormen, 1996, S. 59-61.

353 *Ballwieser, Wolfgang,* B 105, 1999, Rz. 2 (Hervorhebung im Original).

354 Vgl. *Biener, Herbert,* Fachnormen, 1996, S. 58; *Havermann, Hans,* Regelsetzung, 2000, S. 697; *Müller, Welf,* Ausnahme, 2001, S. 1861f. Vgl. auch *Brand, Hans,* Rechnungslegungskommissionen, 1981, S. 62f.

355 Vgl. *Havermann, Hans,* Regelsetzung, 2000, S. 696.

dem expliziten Verweis auf die Mindestbedingungen für eine „gehörige Standardisierungsarbeit“[356] ist ein Schritt zur Wahrung der Interessenpluralität.

Auch der nächste Kritikpunkt knüpft hier an. Er betrifft die mangelnde demokratische Legitimation des Gremiums.[357] Ein Rückzug auf das Argument, das ganze Volk müsse bei einer fachlich so eingegrenzten Materie wie der Rechnungslegung nicht involviert sein, ist durch das Grundgesetz verstellt. Es kennt keine fachlichen „Teilvölker“.[358] Die Kritik konnte schon teilweise entkräftet werden. Wenn die DRS nicht die Qualität von Rechtsnormen erlangen, dann muß eine demokratische Legitimation nicht zwingend stattfinden.

Teilweise bleibt die Kritik jedoch wirksam. Der Teil, der nicht auf die formalrechtlichen Anforderungen, sondern auf die inhaltliche Gewährleistung des Interessenausgleichs abzielt, gilt weiter. Je höher der Verbindlichkeitsgrad der Regelungen wird, desto stärker wiegt der Einwand. Nichts anderes als Interessenausgleich soll durch die demokratische Legitimation in allen politischen Bereichen erreicht werden, denn die parlamentarische Willensbildung gewährleistet die Zurückdrängung von Partikularinteressen und damit eine breite Akzeptanz von Normen.[359]

Im Problemfeld des Interessenausgleichs liegt die Chance zur Akzeptanz der privaten Regelsetzung. Gelingt es, den Interessenausgleich auch außerhalb demokratischer Verfahrensstränge zu gewährleisten, wird auch der zweite Teil der Kritik entkräftet.[360] Als Voraussetzung hierfür wird eine interessenpluralistische Besetzung des Gremiums[361] und die Mitwirkung sowohl fachlich betroffener als auch gesellschaftlich sachverständiger Kreise verlangt.[362]

Es zeigt sich, daß die Anforderungen, die sich aus dem Ziel eines Interessenausgleichs verschiedener in die Rechnungslegung involvierter Parteien ergeben, stark verknüpft sind mit den Anforderungen, die aus einer möglichst hohen Verbindlichkeit der Normen abgeleitet wurden.[363] Es kommt abermals darauf an, ein möglichst breites Spektrum persönlich unabhängiger „Rechnungsleger“ zu beteiligen, sie finanziell hinreichend auszustatten und das Normsetzungsverfahren offen zu gestalten. Anders ist ein Interessenausgleich, der in der Kritik an einer induktiven Ermittlung der Regeln und in

---

[356] BT-Drs. 13/10038, S. 27.

[357] Vgl. *Hommelhoff, Peter/Schwab, Martin,* Selbststeuerung, 1998, S. 43. Vgl. auch *Brand, Hans,* Rechnungslegungskommissionen, 1981, S. 69.

[358] Vgl. *Hommelhoff, Peter/Schwab, Martin,* Selbststeuerung, 1998, S. 43.

[359] Vgl. grundlegend zu Pluralismus und Demokratie *Rudzio, Wolfgang,* System, 2000, S. 69f.; mit Bezug zum DRSC vgl. *Drescher, Sebastian,* Gründung, 1998, S. 241.

[360] Vgl. *Schuppert, Gunnar Folke/Bumke, Christian,* Grenzen, 2000, S. 94.

[361] Vgl. *Brand, Hans,* Rechnungslegungskommissionen, 1981, S. 69.

[362] Vgl. *Marburger, Peter/Gebhard, Thomas,* Umweltnormierungen, 1993, S. 41f.

[363] Vgl. Abschnitt 3.5.1.2.

der Forderung nach demokratischer Legitimation eines normsetzenden Gremiums gefordert wird, nicht zu gewährleisten.

3.5.3 *Rückwirkungen auf den Einzelabschluß und Gefährdung der Maßgeblichkeit*

Trotz der ausdrücklichen sachlichen Einschränkung des Standardisierungsauftrages auf die Konzernrechnungslegung[364] sind Rückwirkungen der DRS auf den Einzelabschluß zu erwarten.[365] Zum einen beruht dies auf der Tatsache, daß zahlreiche DRS auch zu für den Einzelabschluß relevanten Sachverhalten Stellung beziehen. So ist

(1) in den Standards zur Risikoberichterstattung[366] die analoge Anwendung der Standards auf den Lagebericht[367] empfohlen;[368]

(2) in acht Standards eine Sollvorschrift eingefügt, die bei einer freiwilligen Ergänzung des Einzelabschlusses die Beachtung des jeweiligen Standards fordert;[369]

(3) eine negative Abgrenzung zum Einzelabschluß in DRS 7 erfolgt, wonach die Regeln zu Konzerneigenkapital und Konzerngesamtergebnis explizit nicht auf den Einzelabschluß analog anwendbar sind.[370]

Vor allem in Zusammenhang mit Punkt 2 ist zu sehen, daß die Publizität und deren für den Konzernabschluß neu eingeführte Instrumente wie Segmentberichte und Kapitalflußrechnung[371] nicht ausschließlich für Konzerne interessant sind. Der deutsche Kapitalmarkt befindet sich im Umbruch. Das klassische Finanzierungsinstrument Bankkredit steht mittelständischen Einzelunternehmen nicht mehr im gekannten Maß zur Verfügung, was deren Publizitätspolitik beeinflußt, da sie zunehmend auf andere Instrumente des Kapitalmarktes zurückgreifen müssen.[372] Den Akteuren am Kapitalmarkt wird jedoch das Verständnis dafür fehlen, wenn bei der Erstellung einer Kapitalflußrechnung für den Einzelabschluß der DRS 2 nicht beachtet wird.[373]

Zum anderen gilt allgemein, daß auf den Konzernabschluß nach § 298 Abs. 1 HGB die für den Einzelabschluß gültigen Ansatz- und Bewertungsvorschriften der §§ 244 bis

364 Vgl. BT-Drs. 13/10038, 1998, S. 27; *Ernst, Christoph,* Änderungen, 1999, S. 347.
365 Vgl. z.B. *Beisse, Heinrich,* GoB, 2001, S. 748. Vgl. grundlegend zur Rückwirkung des Konzernabschlusses auf den Einzelabschluß *Budde, Wolfgang Dieter/Steuber, Elgin,* Rückwirkung, 2000.
366 Vgl. DRS 5, DRS 5-10, DRS 5-20.
367 § 289 HGB.
368 Vgl. DRS 5, Tz. 8; DRS 5-10, Tz. 8; DRS 5-20, Tz. 2.
369 Vgl. DRS 2, Tz. 3; DRS 2-10, Tz. 4; DRS 2-20, Tz. 5; DRS 3, Tz. 4; DRS 3-10, Tz. 4; DRS 3-20, Tz. 5; DRS 6, Tz. 6; E-DRS 13, Tz 5.
370 Vgl. DRS 7, Tz. 4.
371 Vgl. § 297 Abs. 1 Satz 2 HGB.
372 Vgl. *Niehus, Rudolf J.,* Zukunft, 2001, S. 57f. *Niehus* spricht von einer „esoterischen" Trennung von Einzel- und Konzernabschluß.
373 Vgl. *Wysocki, Klaus v.,* Regeln, 1999, S. 2377.

256 HGB anzuwenden sind. Zudem gelten die GoB konzernunabhängig.[374] Damit ist klar, daß eine Arbeit mit Bezug zu GoB, auch wenn sie als Konzern-GoB bezeichnet sind, auf den Einzelabschluß und über die Maßgeblichkeit der handelsrechtlichen GoB[375] auch auf die Steuerbilanz zurückwirken.[376]

Gegen diese These ließe sich anführen, daß die vom DSR verabschiedeten und vom BMJ veröffentlichten Standards keine direkte Bindungswirkung für den Konzernabschluß haben und damit auch keine Rückwirkung auf den Einzelabschluß entsteht. Es wurde aber bereits dargelegt, daß DRS de facto eine hohe Bindungswirkung entfalten. Damit werden sie Grundlage für eine Weiterentwicklung der GoB auch für den Einzelabschluß.[377]

Als weiteres Argument gegen die Abstrahlung auf den Einzelabschluß wird angeführt, daß Ansatz- und Bewertungswahlrechte im Konzernabschluß wieder aufleben.[378] Damit gehorche der Konzernabschluß anderen Regeln, die eine Rückwirkung auf den Einzelabschluß unwahrscheinlich erscheinen ließen.[379] Gegen diese These spricht, daß für die Ausübung von Ansatz- und Bewertungswahlrechten die GoB gelten. Die Tatsache, daß der Gesetzgeber dem Bilanzierenden die Möglichkeit eingeräumt hat, im Konzernabschluß eine andere Bilanzpolitik zu betreiben als im Einzelabschluß, entbindet diesen nicht davon, die GoB zu beachten.[380] Außerdem kann bezweifelt werden, daß diese so verstandene Parallelität zweier Ansatz- und Bewertungsnormen lange Bestand haben würde.[381]

Auch das Prinzip der Maßgeblichkeit handelsrechtlicher GoB für die Steuerbilanz kann nicht als Indiz gegen die Rückwirkung auf den Einzelabschluß angeführt werden.[382] Hier liegt ein unzulässiger Zirkelschluß vor. Denn wenn keine Rückwirkung besteht, gibt es nie ein Problem aufgrund der Maßgeblichkeit. Liegt eine Rückwirkung aber vor, dann hat dies Konsequenzen für die Steuerbilanz. Wie der Gesetzgeber darauf reagiert, ist eine andere Überlegung.

---

[374] Vgl. Fußnote 303.

[375] Vgl. § 5 Abs. 1 Satz 1 EStG.

[376] Vgl. *Beisse, Heinrich,* GoB, 2001, S. 746; *Schön, Wolfgang,* Bilanzrecht, 1998; *Spanheimer, Jürgen,* Problemfelder, 2000, S. 1001; *Zitzelsberger, Siegfried,* Überlegung, 1998, S. 252. *Herzig* spricht von einer „Infektion" des Einzelabschlusses durch eine informationsorientierte GoB-Auslegung. Vgl. *Herzig, Norbert,* Internationalisierung, 2000, S. 117.

[377] Vgl. *Beisse, Heinrich,* GoB, 2001, S. 746.

[378] Vgl. §§ 300 Abs. 2, 308 Abs. 1 HGB.

[379] Vgl. *Ernst, Christoph,* Änderungen, 1999, S. 349f.

[380] Vgl. *Spanheimer, Jürgen,* Problemfelder, 2000, S. 1001.

[381] Vgl. *Küting, Karlheinz,* Schwelle, 2000, S. 42.

[382] Dies wird von *Drescher* als Argument angeführt. Vgl. *Drescher, Sebastian,* Gründung, 1998, S. 248. *Drescher* führt aus, daß es aufgrund des Festhaltens des Gesetzgebers am Maßgeblichkeitsprinzip nicht zu einer Rückwirkung der Standardisierung auf die Steuerbilanz kommt.

Im Lichte dieser Argumente wird klar, daß eine Rückwirkung der Arbeit des DSR auf den Einzelabschluß besteht. Eine Rückwirkung wird auch vom DSR nicht in Abrede gestellt; dies macht der Vorsitzende des Standardisierungsrates, *Hans Havermann*, deutlich.[383] Damit ist die Frage zu klären, ob diese Rückwirkung auch auf die Steuerbilanzen gewünscht ist.

Die Debatte über die Maßgeblichkeit,[384] die bereits in den vergangenen drei Jahrzehnten geführt wurde,[385] ist in Zusammenhang mit der Einführung von § 342 HGB erneut aufgeflammt.[386] Während in der früheren Diskussion die Befürworter der Maßgeblichkeit in der Mehrheit waren, kippt das Verhältnis seit Einführung des DRSC. Hierin eine rein interessengeleitete Abwehr der für die private Standardisierung unerwünschten Maßgeblichkeit zu sehen, greift zu kurz. Viele Rahmenbedingungen haben sich geändert, so daß eine kurze Diskussion der Vor- und Nachteile der Maßgeblichkeit angebracht erscheint.

Die Argumente, die für die Maßgeblichkeit sprechen, sind bekannt und wurden auch durch die Einführung des privaten Standardsetzers nicht berührt. Es ist keine Veränderung durch das DRSC zu erkennen, die zusätzliche Gründe für die Maßgeblichkeit erbringen würde. Die wesentlichen, teils ineinandergreifenden Rechtfertigungen für die Maßgeblichkeit sind:

(1) Einheit der Rechtsordnung.[387] Durch die enge Verbindung von Handels- und Steuerbilanz, die die Steuerbilanz zu einer „abgeleiteten Handelsbilanz"[388] werden läßt, entstehen positive Rückwirkungen auf beide Rechtskreise. Das von Zivilgerichten weitgehend unbeachtete Handelsbilanzrecht erhält durch die steuerliche Rechtsprechung, namentlich durch den BFH, Pflege und Fortentwicklung.[389] „So hat die höchstrichterliche Steuerrechtsprechung im Bunde mit der Wissenschaft zum Aufbau und Ausbau des GoB-Systems beitragen können."[390] Zugleich erhält die Steu-

383 Vgl. *Havermann, Hans*, Konzernrechnungslegung, 2000, S. 124f.

384 Zur Geschichte der Maßgeblichkeit vgl. ausführlich *Sigloch, Jochen*, Valet, 2000, S. 157-162.

385 Vgl. unter vielen im Zeitablauf *Schneider, Dieter*, Thesen, 1970; *Döllerer, Georg*, Maßgeblichkeit, 1971; *Wysocki, Klaus v.*, Vereinheitlichung, 1983; *Havermann, Hans*, Aussagewert, 1988; *Schildbach, Thomas*, Überlegungen, 1989; *Ballwieser, Wolfgang*, Maßgeblichkeitsprinzip, 1990; *Beisse, Heinrich*, Bilanzrecht, 1994; *Weber-Grellet, Heinrich*, Maßgeblichkeitsgrundsatz, 1997.

386 Vgl. z.B. *Beisse, Heinrich*, GoB, 2001, S. 749f.; *Beisse, Heinrich*, Krise, 2001; *Broer, Frank Daniel*, Harmonisierung, 2001; *Groh, Manfred*, Rechtsentwicklung, 2000; *Erle, Bernd*, Phantom, 2000; *Küting, Karlheinz*, Schwelle, 2000, S. 42; *Moxter, Adolf*, DRSC, 1998, S. 1425f.; *ders.*, Mythen, 2000, S, 2146; *Sigloch, Jochen*, Valet, 2000; *Wagner, Franz W.*, Aufgabe, 1998; *Watrin, Christoph*, Thesen, 2001, S. 938; *Weber-Grellet, Heinrich*, Entwicklungen, 1999. Mit bezug auf die Verhältnisse in den USA *Schildbach, Thomas*, Steuern, 1998.

387 Vgl. *Ballwieser, Wolfgang*, Maßgeblichkeitsprinzip, 1990, S. 492f. Vgl. zur Einheit der Rechtsordnung allgemein *Ossenbühl, Fritz*, Recht, 1988, Rn. 62-63.

388 *Beisse, Heinrich*, Bild, 1994, S. 20.

389 Vgl. *Beisse, Heinrich*, Krise, 2001, S. 7.

390 *Beisse, Heinrich*, Krise, 2001, S. 7 mit Verweis auf *Moxter, Adolf*, Faktum, 1993.

erbilanz eine Systematik, die den Steuerpflichtigen vor der Willkür des Fiskus schützt.[391]

(2) Gleichstellung von Fiskus und Anteilseigner.[392] Der Maßgeblichkeitsgrundsatz folgt der Einsicht, daß es keine unterschiedliche steuerliche und handelsrechtliche Leistungsfähigkeit geben kann. Der Fiskus ist „stiller Teilhaber"[393] des Unternehmens.[394] Damit erfährt der Steuerpflichtige Schutz vor zu hoher Besteuerung.[395]

(3) Vereinfachung.[396] In der Ermöglichung der Aufstellung einer Einheitsbilanz wird eine Erleichterung für die Kaufleute gesehen. Es bestehen ältere Schätzungen, wonach 90% der Bilanzierenden, insbesondere Einzelkaufleute und Personenhandelsgesellschaften, eine Einheitsbilanz erstellen.[397] Vereinfachungsüberlegungen waren auch bei der historischen Entwicklung des Maßgeblichkeitsprinzips von Bedeutung.[398]

Die Argumente gegen die Maßgeblichkeit sind oft diskutiert worden. Sie haben durch jüngste Entwicklungen neue Nahrung erhalten. Schon längere Zeit wurde die Maßgeblichkeit mit folgenden Argumenten kritisiert:

(1) Die Einheit der Rechtsordnung ist zwar ein hohes Gut, ist aber bei mangelnder Einheit der Rechtszwecke nicht aufrechtzuerhalten, denn dies kann zu Rechtsunsicherheit führen.[399] Dies zeigt sich an der Rechtsprechung des BFH. Die unterschiedlichen Kriterien, die an die Begriffe Vermögensgegenstand und Wirtschaftsgut angelegt werden, obwohl der BFH deren Übereinstimmung postuliert,[400] werden als Beispiele angeführt.[401] Schutz vor der Willkür des Fiskus wird nicht durch das Handelsrecht gewährt, sondern durch das Verfassungsrecht.[402]

(2) Die Gleichstellung von Fiskus und Anteilseigner ist zwar eine plausible Forderung, wird aber dem Zweck der Besteuerung nicht gerecht.[403] „Denn aus ökonomischer Sicht hat das auf den Schutz der Gläubiger zielende handelsrechtliche Vor-

391 Vgl. *Beisse, Heinrich,* Bild, 1994, S. 23; *Döllerer, Georg,* Maßgeblichkeit, 1971, S. 1335.
392 Vgl. *Döllerer, Georg,* Beutesymbol, 1988, S. 238; *Euler, Roland,* Renaissance, 2000, S. 199.
393 *Döllerer, Georg,* Beutesymbol, 1988, S. 238.
394 Im Ergebnis auch *Beisse, Heinrich,* Bild, 1994, S. 23.
395 Vgl. *Ballwieser, Wolfgang,* Maßgeblichkeitsprinzip, 1990, S. 493.
396 Vgl. *Ballwieser, Wolfgang,* Maßgeblichkeitsprinzip, 1990, S. 492f.; *Sigloch, Jochen,* Valet, 2000, S. 175; *Weber-Grellet, Heinrich,* Maßgeblichkeitsgrundsatz, 1997, S. 385.
397 Vgl. *Döllerer, Georg,* Handelsbilanz, 1983, S. 159f. Die Zahlen dürften sich mit der zunehmenden Durchbrechung der Maßgeblichkeit heute bereits verschoben haben.
398 Vgl. *Schneider, Dieter,* Thesen, 1970, S. 1697.
399 Vgl. *Weber-Grellet, Heinrich,* Maßgeblichkeitsgrundsatz, 1997, S. 390.
400 Vgl. z.B. BFHE 151, S. 532.
401 Vgl. *Schulze-Osterloh, Joachim,* Steuerbilanz, 2000, S. 597f.
402 Vgl. *Weber-Grellet, Heinrich,* Maßgeblichkeitsgrundsatz, 1997, S. 391; *Schulze-Osterloh, Joachim,* Steuerbilanz, 2000, S. 600.
403 Vgl. *Schneider, Dieter,* Thesen, 1970, S. 1698; *Schreiber, Ulrich,* Besteuerung, 2000, S. 91.

sichtsprinzip keine Eigenschaften, die es für die Besteuerung in besonderer Weise geeignet erscheinen lassen."[404]

(3) Die Mehrarbeit durch Wegfall der Einheitsbilanz ist zwar aus Bequemlichkeitsgründen zu beklagen, doch dürfen Bequemlichkeitsüberlegungen nicht zur Richtschnur des Gesetzgebers werden, wenn andere Gründe gegen die Aufrechterhaltung der Maßgeblichkeit sprechen.[405] Zudem wird das Entstehen von Mehrarbeit bei Abschaffung der Maßgeblichkeit insgesamt in Frage gestellt.[406]

Folgende Argumente sind im Zeitraum seit der Gründung des DRSC hinzugekommen:

(4) Die Einheit der Rechtsordnung ist im Falle von Handels- und Steuerrecht durch die Internationalisierung der Rechnungslegung nicht mehr zu wahren. Zum einen hat dies europarechtliche Gründe. Es ist bislang nicht geklärt, ob der EuGH aufgrund der Maßgeblichkeit neben dem Handelsrecht auch für steuerrechtliche Fragen zuständig ist.[407] Da aber die Steuerhoheit in der EU den Einzelstaaten vorbehalten und das Steuerrecht innerhalb Europas nicht harmonisiert ist, wäre eine solche Zuständigkeit bedenklich.[408] Zum anderen liegen die Gründe in der Problematik der Verfassungsmäßigkeit einer Bezugnahme auf internationale Rechnungslegungsstandards für steuerliche Zwecke.[409] Durch die Rückwirkung der internationalen Standards auf den Einzelabschluß[410] kann es bei Beibehaltung der Maßgeblichkeit zu einem materiellen Einfluß internationaler Standardsetter auf das deutsche Steuerrecht kommen. Was für die Handelsbilanz verfassungsrechtlich problematisch gesehen wird,[411] wird für die Steuerbilanz verfassungsrechtlich ausgeschlossen.[412]

(5) Eine Gleichstellung von Fiskus und Anteilseigner sowie die Möglichkeit der Aufstellung einer Einheitsbilanz sind aufgrund zahlreicher steuerlicher Sondervorschriften obsolet.[413] Insbesondere die Abschaffung der steuerlichen Anerkennung der Drohverlustrückstellung[414] im Jahre 1998 sowie zahlreiche steuerliche Einzel-

404 *Schreiber, Ulrich,* Besteuerung, 2000, S. 91. Ähnlich auch *Weber-Grellet, Heinrich,* Maßgeblichkeitsgrundsatz, 1997, S. 390.
405 Vgl. *Schneider, Dieter,* Thesen, 1970, S. 1697.
406 Vgl. *Schneider, Dieter,* Maßgeblichkeit, 1978, S. 1577.
407 Vgl. *Weber-Grellet, Heinrich,* Entwicklungen, 1999, S. 2662f.
408 Vgl. *Schulze-Osterloh, Joachim,* Steuerbilanz, 2000, S. 601.
409 Vgl. *Herzig, Norbert,* Internationalisierung, 2000, S. 118.
410 Vgl. *Küting, Karlheinz,* Schwelle, 2000, S. 42.
411 Vgl. *Hommelhoff, Peter/Schwab, Martin,* Selbststeuerung, 1998, S. 43-45.
412 Vgl. *Herzig, Norbert,* Internationalisierung, 2000, S. 115f. und S. 118.
413 Dieses Argument bestand bereits früher. Vgl. *Schneider, Dieter,* Maßgeblichkeit, 1978, S. 1578; *Schmidt, Lutz,* Einheitsbilanz, 1993, S. 95-99), gewinnt aber durch die aktuelle Steuergesetzgebung an Gewicht.
414 § 249 Abs. 1 Satz 1 HGB und § 5 Abs. 4a EStG.

regelungen im Steuerentlastungsgesetz 1999/2000/2002[415] führen dazu, daß von einer Übereinstimmung von Handels- und Steuerbilanz nicht mehr gesprochen werden kann.[416]

Durch die Etablierung des DRSC schließlich haben sich die Gewichte weiter zu Ungunsten des Maßgeblichkeitsgrundsatzes verschoben. Denn was für die Rückwirkung der Internationalisierung der Rechnungslegung auf die Steuerbilanz gilt, gilt im gleichen Maße für die Rückwirkung der privaten Standardisierung. Wenn man, wie oben erläutert, von einer Rückwirkung der Arbeit des DSR auf den Einzelabschluß und damit auf die Maßgeblichkeit ausgeht, stellt sich erneut die Frage nach der Verfassungsmäßigkeit. „... [E]s [ist] kaum vorstellbar, dass die Belastungsentscheidung nicht auf ein förmliches nationales Gesetzgebungsverfahren zurückgeht, sondern auf die Beschlüsse privater Gremien (Standardsetter).“[417]

Unabhängig davon, welche Meinung man im Streit um das Maßgeblichkeitsprinzip vertritt: Im Lichte der neueren Entwicklungen, die eine fortschreitende Aushöhlung der Maßgeblichkeit erkennen lassen, liegt der Schluß nahe, daß die Ausstrahlung der Arbeit des DSR auf den Einzelabschluß nicht das Aus für den Standardsetter, sondern das Aus für das Maßgeblichkeitsprinzip bedeuten kann.[418] Als Argument gegen das DRSC eignet sich das Maßgeblichkeitsprinzip nicht. Dazu ist es selbst zu starker Kritik ausgesetzt.

3.6 Kritische Würdigung der Ausgestaltung des DRSC

3.6.1 Würdigungskriterien

Die Ausführungen zu den rechtlichen Problemkreisen des DRSC haben ergeben, daß das Gremium mangels eindeutiger rechtlicher Regelung stark auf die Akzeptanz der Standards angewiesen ist. Diese Akzeptanz kann nur bestehen, wenn verschiedene Anforderungen an die Regulierung erfüllt sind. Diese Anforderungen lassen sich als Würdigungskriterien für den Regulierungsprozeß heranziehen. Sie zielen insbesondere

---

[415] Vgl. zu Details wie z.B. der Einführung von § 5 Abs. 4a EStG *Küting, Karlheinz/Kessler, Harald*, Reform, 1998; *Weber-Grellet, Heinrich*, Entwicklungen, 2000, S. 2662; *ders.*, Bilanzsteuerrecht, 1998. Vgl. pointiert kritisch *Schneider, Dieter*, Skalpierung, 1999.

[416] Vgl. *Erle, Bernd*, Phantom, 2000, S. 182-185; *Schulze-Osterloh, Joachim*, Steuerbilanz, 2000, S. 600. Für *Niehus* gilt das Maßgeblichkeitsprinzip „praktisch als erledigt“; *Niehus, Rudolf J.*, Zukunft, 2001, S. 58.

[417] *Herzig, Norbert*, Internationalisierung, 2000, S. 116. So auch *Ebke, Werner F.*, § 342, 2001, RdNr. 17; *Scheffler, Eberhard*, Rechnungslegung, 2001, S. 7f.

[418] Die Abschaffung des Maßgeblichkeitsprinzips bei gleichzeitiger Erweiterung der Standardisierungskompetenzen des DRSC auf den Einzelabschluß fordert *Bruns, Hans-Georg*, Anforderungen, 2001, S. S73f. Im Ergebnis auch *Baetge, Jörg/Krumnow, Jürgen/Noelle, Jennifer*, DRSC, 2001, S. 773. Allerdings sehen *Baetge/Krumnow/Noelle* beim DSR eine Befugnis zur Erstellung von Übergangsregelungen nach Abschaffung der Maßgeblichkeit.

auf den Interessenausgleich aller Beteiligten. Zur Untersuchung der Erfüllung der Würdigungskriterien ist auf die zentralen Einflußfaktoren wie institutionelle Rahmenbedingungen, Standardisierungsprozeß, personelle Besetzung und Qualität der Standards einzugehen.

Unabhängigkeit bildet ein wichtiges Fundament für den Interessenausgleich.[419] Dabei ist die politische Unabhängigkeit, die im institutionellen Aufbau zum Ausdruck kommt, ebenso zu beachten wie die persönliche Unabhängigkeit der Akteure, die ebenfalls bereits innerhalb der institutionellen Rahmenbedingungen vorbestimmt ist.[420] Auch die *finanzielle Ausstattung* der Institution und der Personen spielt bei den Überlegungen zur Unabhängigkeit eine Rolle.

Zur persönlichen Unabhängigkeit der Mitglieder muß deren *Fachkunde* treten. Nur anerkannte Experten in Theorie und Praxis der Rechnungslegung verstehen die Materie und können diese auch präzise verbal umschreiben.[421] Zudem ist *Ausgewogenheit* bei der Besetzung der Gremien zu fordern.[422]

Um das Vertrauen in die Standards zu stärken, müssen *Transparenz* und *Offenheit* des Verfahrens der Erarbeitung der Normen gewährleistet sein.[423] Die beiden Begriffe sind nicht synonym zu verwenden. Transparenz steht für die Möglichkeit der Beobachtung, Offenheit für die Möglichkeit der Mitwirkung.

Auf Ebene der erarbeiteten Standards schließlich ist deren *Qualität* für die Akzeptanz entscheidend. Qualität wird hier verstanden als „Beschaffenheit eines Objekts mit Hinblick auf die Erfüllung bestimmter Erfordernisse".[424] Um die Qualität der Standards einordnen zu können, sollen die Kriterien Eindeutigkeit und Konsistenz herangezogen werden.

Für die Kriterien sind die drei Bezugsebenen Institution, Personen und Standards erkennbar.

---

419 Vgl. auch *Achleitner, Ann-Kristin*, Normierung, 1995, S. 56-60.
420 Vgl. *Ebke, Werner F.*, Entwicklung, 1999, S. 1197. Siehe insbesondere Abschnitt 3.6.2.
421 Vgl. *Achleitner, Ann-Kristin*, Normierung, 1995, S. 57f.
422 Vgl. *Hommelhoff, Peter/Schwab, Martin*, Selbststeuerung, 1998, S. 48.
423 Vgl. *Achleitner, Ann-Kristin*, Normierung, 1995, S. 58-60; *Breidenbach, Karin*, Normensetzung, 1997, S. 216; *Breidenbach, Karin*, DRSC, 1999, S. 646. Siehe Abschnitt 3.6.3.
424 *Doll, Rainer*, Prüfungsqualität, 2000, S. 23.

3.6.2 *Institutionelle Rahmenbedingungen*

3.6.2.1 *Standardisierungsvertrag*

Das DRSC wurde erst durch den Standardisierungsvertrag vom 3. September 1998 zur maßgeblichen Institution gemäß § 342 HGB. Der Standardisierungsvertrag regelt im wesentlichen die Anforderungen an die Organisation und deren Aufgaben, die in § 342 HGB festgelegt sind: § 4 des Vertrages enthält Bestimmungen zur Erarbeitung der Standards.[425] Hier sind bestimmte Kriterien zur Einbeziehung der fachlich interessierten Öffentlichkeit[426] einzuhalten. § 5 Abs. 1 und § 6 des Vertrages regeln die Beratung des BMJ durch das DRSC.[427] Ebenfalls in § 6 ist die Vertretung des BMJ durch das DRSC in internationalen Organisationen geregelt.[428]

Auf die Fixierung der Unabhängigkeit der Organisation und ihres Gremiums wurde großer Wert gelegt. Dies zeigt sich am Standardisierungsvertrag. Nach § 1 Abs. 1 muß das DRSC die Unabhängigkeit des Standardisierungsgremiums garantieren und das BMJ muß diese anerkennen. Die bloße Festschreibung im Standardisierungsvertrag bewirkt noch nicht die Durchsetzung der Unabhängigkeit. Wie diese Garantie der Unabhängigkeit vom DRSC umgesetzt wurde, ist im Rahmen der institutionellen Ausgestaltung zu diskutieren.[429]

Problematisch im Rahmen des Standardisierungsvertrages ist die völlige Abwälzung der Finanzierungsverantwortung der Organisation und des Gremiums auf das DRSC.[430] Dies ist zu kritisieren, weil einerseits auch das BMJ einen Beitrag zur Finanzierung der Aufgaben des DRSC leisten könnte und andererseits keine weiteren an der Rechnungslegung interessierten Gruppen in die Pflicht genommen wurden. Hierin kommt ein Grundproblem des Standardisierungsvertrages zum Ausdruck: Er wurde nur zwischen den zwei Parteien Staat und Standardisierer geschlossen. Alle weiteren berührten Gruppen waren nicht involviert und „niemand kann durch einen Vertrag, dem er selbst nicht beigetreten ist, zur Mitfinanzierung einer Aufgabe herangezogen werden, die sich die Vertragsparteien gestellt haben.“[431] Insoweit ist der Vertrag zu kritisieren, denn ein Einbezug weiterer Parteien hätte zu einer übergreifenden Finan-

---

[425] Aufgabe gem. § 342 Abs. 1 Satz 1 Nr. 1 HGB.
[426] Vgl. § 342 Abs. 1 Satz 2 HGB.
[427] Aufgabe gem. § 342 Abs. 1 Satz 1 Nr. 2 HGB.
[428] Im HGB ist die Vertretung der Bundesrepublik Deutschland gefordert (§ 342 Abs. 1 Satz 1 Nr. 3 HGB). Das DRSC vertritt also das BMJ als Vertreter der Bundesrepublik Deutschland.
[429] Vgl. Abschnitt 3.6.2.2.
[430] Alle Aufgaben des § 342 HGB müssen vom DRSC unentgeltlich wahrgenommen werden (§ 1 Abs. 1 Satz 3 Standardisierungsvertrag).
[431] *Schwab, Martin,* Standardisierungsvertrag, 1999, S. 787.

zierungslösung führen können. Die konkrete Ausgestaltung der Finanzierung und Veränderungsvorschläge werden noch diskutiert.[432]

Die Fachkunde der Mitglieder des Standardisierungsgremiums wird ebenso wie im Gesetz durch den Bezug auf den Terminus „Rechnungsleger" hergestellt.[433] Es ist davon auszugehen, daß der Begriff analog dem Gesetz auszulegen ist. Es gilt die in Abschnitt 3.5.2 vorgebrachte Kritik.

Das Verfahren der Standardsetzung wird nur rudimentär festgehalten. Hier wurde nicht über die im Gesetz festgelegte Einbeziehung der fachlich interessierten Öffentlichkeit hinausgegangen.[434] Damit sind die in den Kriterien geforderte Transparenz und Offenheit noch nicht gewährleistet. Wie der Standardisierungsprozeß bei den bestehenden Freiheitsgraden vom DRSC ausgestaltet wurde, ist in Abschnitt 3.6.3 zu diskutieren.

Eine Überprüfung des Standardisierungsvertrages ergibt, daß zwar die Anforderungen an die Organisation, an das Gremium und an den Prozeß angesprochen wurden, dies aber auf so abstraktem Niveau, daß dem DRSC erheblicher Gestaltungsspielraum bleibt. Daher sind im Folgenden die Organisation, Finanzierung, personelle Besetzung und die Organisation des Standardisierungsprozesses zu prüfen. Die Beschränkung des Vertrages auf die beiden Institutionen ist aber unabhängig von der Ausgestaltung des DRSC zu kritisieren.[435]

3.6.2.2 Aufbau der Organisation

3.6.2.2.1 Darstellung

Die Organe des DRSC sind Vorstand, Verwaltungsrat und Mitgliederversammlung.[436] Den Organen dürfen nur natürliche Personen angehören, die Rechnungsleger sind.[437] Die Auslegung des Begriffs „Rechnungsleger" folgt im wesentlichen den in der Gesetzesbegründung genannten Kriterien.[438]

---

[432] Vgl. Abschnitt 3.6.2.3.
[433] Vgl. § 4 Abs. 4 Satz 2 Standardisierungsvertrag.
[434] Vgl. § 4 Abs. 2 Standardisierungsvertrag.
[435] Vgl. *Schwab, Martin*, Standardisierungsvertrag, 1999, S. 787.
[436] § 6 Abs. 1 Satzung DRSC. Konsultationsrat und DSR gehören nicht zu den Organen des DRSC. Das zeigt sich für den DSR daran, daß das DRSC dessen Träger ist. Ein Verein kann jedoch nicht Träger des eigenen Organs sein (a.A. *Löw, Edgar*, DRSC, 2001, S. 25).
[437] § 6 Abs. 2 Satzung DRSC.
[438] Vgl. BT-Drs. 13/10038, S. 47.

Der Vorstand, bestehend aus vier Mitgliedern, die für eine Amtszeit von drei Jahren gewählt werden,[439] vertritt den Verein nach innen und nach außen. Er entscheidet mit der Mehrheit der Stimmen seiner Mitglieder. Bei Stimmengleichheit entscheidet die Stimme des Vorsitzenden.[440] Der Vorstand ernennt einen Hauptgeschäftsführer (Generalsekretär)[441] und führt die Bücher.[442]

Der Vorstand wird von der Mitgliederversammlung gewählt. Eine eventuell erforderliche Nachwahl während der Amtsperiode nimmt der Verwaltungsrat vor.[443]

Der Verwaltungsrat ist das zentrale Organ des DRSC. Er besteht aus den vier Vorständen und 14 weiteren Mitgliedern, die von der Mitgliederversammlung für drei Jahre gewählt werden.[444] Der Verwaltungsrat beschließt mit der einfachen Mehrheit der anwesenden Mitglieder.[445] Vornehmste Aufgabe des Verwaltungsrates ist die Wahl der Mitglieder des DSR. Für diese Wahl ist ein besonderes Quorum von drei Vierteln aller Mitglieder des Verwaltungsrates zu erfüllen.[446]

Die Mitgliederversammlung schließlich besteht aus den Mitgliedern des Vereins. Sie muß mindestens einmal pro Jahr einberufen werden.[447] Ihre Hauptaufgabe ist Wahl und Entlastung von Vorstand und Verwaltungsrat.[448] Die Mitgliedschaft im Verein ist an „erkennbare Qualifikation oder Erfahrung auf dem Gebiet der Rechnungslegung"[449] geknüpft. Außerdem können Unternehmen bzw. freiberufliche Vereinigungen Mitglied werden.[450]

Außerhalb der Organe steht der Konsultationsrat. Nur Organisationen, die die Interessen von Rechnungslegern, Unternehmen oder Nutzern vertreten, können hier Mitglied

---

439 Vgl. § 7 Abs. 1 Satzung DRSC.
440 Vgl. § 7 Abs. 2 Satzung DRSC.
441 Vgl. § 7 Abs. 3 Satzung DRSC.
442 Vgl. § 7 Abs. 4 Satzung DRSC.
443 Vgl. § 7 Abs. 1 Satzung DRSC.
444 Vgl. § 8 Abs. 1 Satzung DRSC.
445 Mindestens ein Drittel der Mitglieder müssen an der Abstimmung teilnehmen (§ 8 Abs. 2 Satzung DRSC).
446 § 8 Abs. 2 Satzung DRSC. Weitere Aufgaben sind die Wahl und Bestellung der Mitglieder des Standardisierungsrates, die Genehmigung der Geschäftsordnung des Vorstandes, die Beschlußfassung über den Jahresbericht und die Jahresrechnung, die Vorlage des Entwurfs für den Jahresetat an die Mitgliederversammlung, die Festsetzung der Beiträge und die Entscheidung in allen Angelegenheiten, die nicht ausdrücklich dem Vorstand oder der Mitgliederversammlung zugewiesen sind (§ 8 Abs. 3 Satzung DRSC).
447 Vgl. § 11 Abs. 1 Satzung DRSC.
448 Vgl. § 13 Satzung DRSC.
449 § 4 Abs. 1 Satz 1 Satzung DRSC.
450 Die Ausübung der Mitgliedschaft muß dabei durch Personen erfolgen, die die geeignete Qualifikation i.S.d. § 4 Abs. 1 Satz 1 Satzung DRSC aufweisen (§ 4 Abs. 1 Satz 2 Satzung DRSC).

werden.[451] Die Aufnahme in den Konsultationsrat erfolgt auf Antrag durch das Präsidium des Verwaltungsrates (Vorstand).[452] Den Verbänden soll über den Konsultationsrat die Möglichkeit eingeräumt werden, „dem Standardisierungsrat ihre Vorstellungen vor grundsätzlichen Entscheidungen unmittelbar vorzutragen."[453] Die Mitglieder müssen einen Beitrag zur Kostendeckung leisten.[454]

Die in § 342 Abs. 1 Satz 1 HGB genannten Aufgaben des privaten Rechnungslegungsgremiums wurden vom DRSC dem DSR übertragen.[455] Die sieben Mitglieder des DSR werden vom Verwaltungsrat für eine Dauer von vier Jahren gewählt. Die Entscheidungen im DSR werden mit einfacher Mehrheit getroffen. Standards müssen die qualifizierte Mehrheit von zwei Dritteln der Stimmen für ihre Verabschiedung erhalten.[456] Das Standardisierungsverfahren muß „international üblichen Grundsätzen"[457] entsprechen.

Der DSR setzt zu seiner Unterstützung Arbeitsgruppen ein.[458] Diese sollen die Standardentwürfe erarbeiten.[459] Sie stimmen mit einfacher Mehrheit ab.[460] Eine feste Anzahl an Mitgliedern gibt es nicht. Sie wird vom DSR für jede Arbeitsgruppe gesondert festgelegt.[461] Folgende Abbildung läßt die Organisationsstruktur des DRSC erkennen:

---

451 Vgl. § 10 Abs. 2 Satzung DRSC.
452 Vgl. § 10 Abs. 3 Satzung DRSC.
453 § 10 Abs. 1 Satzung DRSC.
454 Vgl. § 10 Abs. 3 Satz 2 Satzung DRSC.
455 Vgl. § 9 Abs. 1 Satzung DRSC.
456 Außerdem gilt das 2/3-Erfordernis für die Kooptation von Mitgliedern gem. § 9 Abs. 1 Satz 4. Vgl. § 9 Abs. 2 Satz 2 Satzung DRSC und § 5 Abs. 1 GO DSR. Hier mißverständlich *Paal, Boris P.*, DRSC, 2001, S. 57.
457 § 9 Abs. 2 Satz 1 Satzung DRSC.
458 Vgl. § 9 Abs. 3 Satzung DRSC.
459 Vgl. § 12 Abs. 1 Satz 1 GO DSR.
460 Vgl. § 12 Abs. 3 Satz 2 GO DSR.
461 Vgl. § 12 Abs. 1 Satz 2 und Abs. 2 GO DSR.

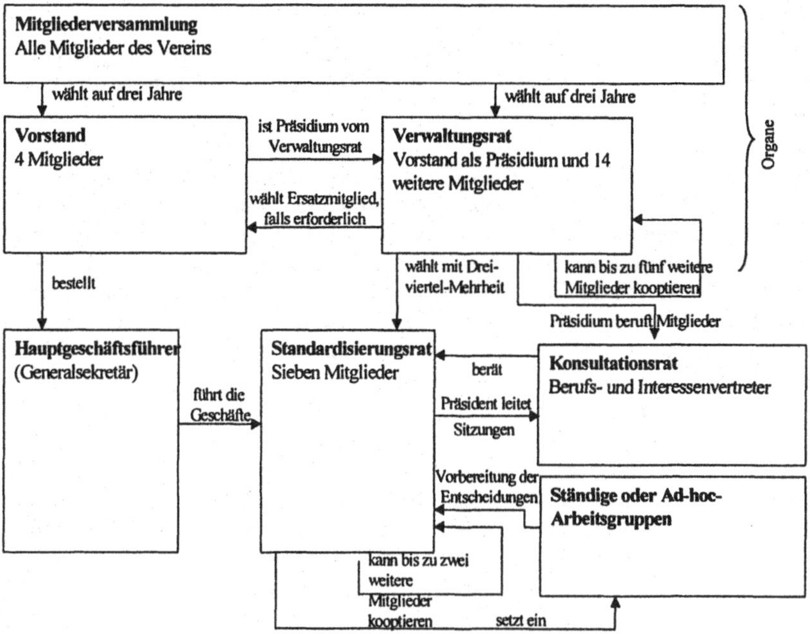

Abbildung 3: Organisationsstruktur des DRSC.[462]

3.6.2.2.2 Würdigung

Untersucht man die institutionellen Rahmenbedingungen des DRSC, so fällt auf, daß die Unabhängigkeit in verschiedenen Rechtsnormen und Verlautbarungen stark betont wird. Nach § 342 Abs. 1 Satz 2 HGB müssen die Empfehlungen unabhängig erarbeitet werden. Das DRSC garantiert die Unabhängigkeit des Gremiums in § 1 Abs. 2 Satz 1 des Standardisierungsvertrages mit dem BMJ. § 9 Abs. 1 Satz 2 der Satzung des DRSC sieht vor, daß die Mitglieder des Standardisierungsrates unabhängig tätig sind. § 1 Abs. 1 GO DSR betont die Unabhängigkeit der Mitglieder. Die Unabhängigkeit wird auch für die Mitglieder der Arbeitsgruppen in § 12 Abs. 5 Satz 1 GO DSR festgeschrieben. Schließlich findet sich in der Präambel der Satzung der Hinweis auf die Unabhängigkeit des Standardisierungsrates. Offensichtlich waren sich die Initiatoren des

---

462 In Anlehnung an *Pellens, Bernhard,* Rechnungslegung, 2001, S. 581.

DRSC und der Gesetzgeber der hohen Bedeutung der Unabhängigkeit für die Akzeptanz bewußt.[463]

Die politische Unabhängigkeit des DSR und seiner Arbeitsgruppen gegenüber dem BMJ[464] und gegenüber dem DRSC[465] scheint durch diese vielfältigen Betonungen der Unabhängigkeit gesichert zu sein.

Probleme zeigen sich bei der persönlichen Unabhängigkeit der Mitglieder. Die Mitglieder des DSR sind zwar unabhängig von direkten Weisungen von innen, die Unabhängigkeit gegenüber indirektem Druck von innen und Weisungen von außen gilt aber nicht als gesichert. Ein Grund hierfür wird in der Tatsache gesehen, daß die Mitglieder im DSR ihre berufliche Tätigkeit nicht ruhen lassen müssen. Zwar kann eine Einflußnahme auf die Mitglieder eines Gremiums wie dem DSR nie ganz ausgeschlossen werden, eine ausschließliche hauptamtliche Tätigkeit beim DSR würde diese aber erschweren.[466]

Die hauptberufliche Tätigkeit im DSR wird häufig gefordert.[467] Neben der Unabhängigkeit sprechen noch das erhöhte Interesse der Akteure für die Materie sowie eine höhere Effizienz für diese Ausgestaltung.[468] Nachteilig sind der fehlende direkte Kontakt der Mitglieder mit den Praxisproblemen[469] und die schmale Rekrutierungsbasis, da viele potentielle Mitglieder nicht bereit sind, für eine Mitarbeit ihren Beruf aufzu-

---

463 Vgl. *Ebke, Werner F.*, Entwicklung, 1999, S. 1198.

464 Das BMJ darf an Sitzungen des DSR zwar teilnehmen, hat aber kein Stimmrecht (vgl. § 1 Abs. 2 Satz 2 1. HS des Standardisierungsvertrages).

465 Das DRSC darf dem DSR keine Weisungen erteilen (§ 1 Abs. 1 Satz 2 GO DSR).

466 Vgl. *Ebke, Werner F.*, Entwicklung, 1999, S. 1198. An dieser Stelle werden nur die Ausgestaltung der Satzung und die möglichen Resultate bei der Besetzung des Gremiums untersucht. Daß es Ausweichstrategien gibt, die die Vorteile der Hauptamtlichkeit mit denen der Nebenamtlichkeit verbinden, indem bspw. überwiegend pensionierte Personen in den DSR berufen werden, ist unbestritten. In der Satzung ist dies allerdings nicht festgeschrieben. Zudem gilt für Pensionäre die selbe Einschränkung, die *Seidler* in Bezug auf die hauptamtliche Tätigkeit festgestellt hat: „However, former business affiliations, old friends, acquired biases and habitual concepts of self-interest are also inherent in a group so constituted." *Seidler, Lee J., Goldfish, 1973*, S. 562.

467 Vgl. *Ebke, Werner F.*, Entwicklung, 1999, S. 1198; *Paal, Boris P.*, DRSC, 2001, S. 257; *Pellens, Bernhard/Bonse, Andreas/Gassen, Joachim*, Perspektiven, 1998, S. 785. Die nebenamtliche Tätigkeit der Mitglieder des APB war einer der Gründe, die in den USA zu einer Ablösung des APB durch das FASB geführt haben; vgl. *Achleitner, Ann-Kristin*, Normierung, 1995, S. 301; *Baker, Richard E.*, Crossroads, 1976, S. 68; *Chatov, Robert*, Reporting, 1975. S. 222.

468 Alle drei Argumente für die Hauptamtlichkeit finden sich im sogenannten Wheat-Report des AICPA, in dem die Regulierung der Rechnungslegung in den USA durch das APB untersucht wurde; vgl. *Achleitner, Ann-Kristin*, Normierung, 1995, S. 301-306; vgl. auch *Lück, Wolfgang/Holzer, Peter*, FASB, 1976, S. 294.

469 Vgl. *Achleitner, Ann-Kristin*, Normierung, 1995, S. 297.

geben.[470] Außerdem spricht der erhöhte Finanzbedarf gegen den vollen Tätigkeitsumfang.[471]

Die weiteren genannten Argumente treten angesichts des Gewichts, das der möglichen Abhängigkeit aufgrund der nebenamtlichen Tätigkeit beigemessen wird, in den Hintergrund. Eine der Grundlagen hierfür ist das Vorverständnis, daß Interessengruppen[472] ihren Einfluß auf das Gremium ausüben können. Diese mögliche Einflußnahme wird negativ gesehen.[473] An dieser Stelle ist einzuhaken. So sehr die Unabhängigkeit der Akteure zu begrüßen ist, ist sie kein Wert für sich. Sie dient der Erstellung von Rechnungslegungsstandards mit hoher Akzeptanz. Denkbar ist, daß der Einfluß von Interessenverbänden auf politische Entscheidungen, der aufgrund der nebenamtlichen Tätigkeit der Mitglieder befürchtet wird, zu höherer Akzeptanz bei Anwendern und Nutzern führt. Diese Möglichkeit und ihre Konsequenzen für die Ausgestaltung des Gremiums werden in Kapitel 4.2 untersucht.

Läßt man die Unabhängigkeit bei der Beurteilung außen vor, überwiegen die Argumente, die für eine nebenamtliche Tätigkeit sprechen. Insbesondere qualifizierte Kräfte für eine hauptamtliche Arbeit zu gewinnen, ist problematisch. Um die fachliche Qualifikation zu sichern, sollten möglichst Vorstände aus Industrieunternehmen, Banken und WP-Gesellschaften gewonnen werden. Werden deren Gehälter nicht in gleicher Höhe weitergeführt, kann kaum jemand gewonnen werden; werden deren Gehälter weitergeführt, dann ergibt sich ein Problem bei der Finanzierung.[474] Durch die nebenamtliche Tätigkeit kann dieser Gegensatz aufgelöst werden. Auch das britische ASB besteht außer dem Präsidenten und dem technischen Direktor nur aus nebenamtlichen Mitarbeitern.[475] Der Vorgehensweise des DRSC bei der Besetzung des DSR ist

---

[470] Vgl. *Achleitner, Ann-Kristin,* Normierung, 1995, S. 298, m.w.N.

[471] Vgl. zu dieser Diskussion bereits *Langenbucher, Günther/Blaum, Ulf,* Regulierungsgremium, 1995, S. 2334; vgl. ferner *Breidenbach, Karin,* Normensetzung, 1997, S. 212. *Breidenbach* weist auf die Bedeutung eines angemessenen Kosten-Nutzen-Verhältnisses der Kommissionsarbeit hin und begründet damit ihr Plädoyer für eine nebenamtliche Tätigkeit. Dieses Argument ist nicht mit der Aussage zu beseitigen, daß sich „eine rein kostenorientierte Betrachtung [an dieser Stelle] verbietet ... in Anbetracht der gesellschaftlichen und marktwirtschaftlichen Bedeutung des Standardisierungsrats." *Paal, Boris P.,* DRSC, 2001, S. 256. Dem ökonomischen Verständnis folgend wird deutlich, daß der Nutzen innerhalb des Kosten-Nutzen-Verhältnisses genau durch die gesellschaftliche und marktwirtschaftliche Bedeutung des Gremiums zum Ausdruck kommt. Daß die Messung dieses Nutzens nur schwer gelingt, ist bekannt, spricht aber nicht gegen das Argument.

[472] Hier also der jeweilige (frühere) Arbeitgeber.

[473] Vgl. *Pellens, Bernhard/Bonse, Andreas/Gassen, Joachim,* Perspektiven, 1998, S. 790.

[474] 1997 betrug die Vergütung für Mitglieder des FASB 345.000 USD pro Kopf. Der Vorsitzende erhielt zusätzlich 80.000 USD; vgl. *Miller, Paul B./Redding, Rodney J./Bahnson, Paul R.,* FASB, 1998, S. 39.

[475] Vgl. *Breidenbach, Karin,* Normensetzung, 1997, S. 212.

insoweit vorbehaltlich der Diskussion des Einflusses von Interessengruppen zuzustimmen.[476]

Nicht zuzustimmen ist dem DRSC bei der Abwehr des indirekten Drucks, der auf Mitglieder des DSR ausgeübt werden könnte. Dieser entsteht z.B., wenn den Mitgliedern des DSR aus ihrer Arbeit Nachteile für die Mitgliedschaft in diesem Gremium entstehen können.[477] Konkret könnte dies die Ablehnung der Wiederwahl oder, mit noch stärkerem Drohpotential, die Abberufung aus dem Gremium sein. Beiden Bedrohungen kann entgegengewirkt werden. Der Gesetzgeber[478] hat Möglichkeiten, Mitglieder von Entscheidungsgremien zu schützen. Beispiele für die Abwehr der ersten Bedrohung sind der Ausschluß der Wiederwahl nach einer (längeren) Amtsperiode[479] oder Ausschluß einer erneuten Wiederwahl nach zwei (kürzeren) Amtsperioden.[480] Der zweiten Bedrohung kann mit festen Regeln zur Abberufung entgegnet werden.[481]

Auf diese Möglichkeiten hat das DRSC verzichtet. In der Satzung finden sich weder Aussagen zur Beschränkung der Amtsperioden der Mitglieder noch Aussagen dazu, wann ein Mitglied abberufen werden kann.[482]

Der völlige Ausschluß der Wiederwahl wird gefordert,[483] ist aber ein zu scharfes Mittel[484] und zudem bei einer Amtsdauer von 4 Jahren[485] nicht sinnvoll, da sich die Mitglieder in den ersten Jahren Erfahrung aneignen, die sie später nutzen. Die Beschränkung der Mitgliedschaft im DSR auf vier Jahre mit maximal einer Wiederwahl ist eine

476 Vgl. im Ergebnis auch *Schwab, Martin*, Standardisierungsvertrag, 1999, S. 737.
477 Vgl. *Ebke, Werner F.*, Entwicklung, 1999, S. 1198. Diese Gefahr wird auch für das FASB gesehen; vgl. *Miller, Paul B./Redding, Rodney J./Bahnson, Paul R.*, FASB, 1998, S. 35.
478 Und damit auch der Satzungsgeber des DRSC.
479 Dies gilt für die Richter am BVerfG, die für eine einmalige Amtsdauer von 12 Jahren gewählt werden. Vgl. § 4 Abs. 1 und 2 BVerfGG. „Opportunistische Mehrheitsorientierung bei amtierenden Bundesverfassungsrichtern [werden] durch das Verbot der Wiederwahl (seit 1971) ausgeschlossen“ *Rudzio, Wolfgang*, System, 2000, S. 330.
480 Dies gilt für den Bundespräsidenten, der für eine Amtsdauer von 5 Jahren gewählt wird und einmal wiedergewählt werden kann (Art. 54 Abs. 2 GG).
481 Dies gilt für zahlreiche öffentliche Ämter. Prominentes Beispiel ist der Bundespräsident, der nur durch eine Anklage vor dem BVerfG seines Amtes enthoben werden kann (Art. 61 Abs. 2 GG). Auch die Abberufungsmöglichkeiten des Bundeskanzlers sind beschränkt. Er kann ausschließlich durch ein konstruktives Mißtrauensvotum gestürzt werden (Art. 67 Abs. 1 GG). Für die Untersuchung des DRSC ist es interessant, einen Blick auf den Rundfunkrat als Gremium der Deutschen Welle zu werfen, da das Gremium Rundfunkrat vom Aufgabengewicht vergleichbar mit dem DRSC ist (vgl. auch *Pellens, Bernhard/Bonse, Andreas/Gassen, Joachim*, Perspektiven, 1998, S. 790). Hier ist die Abberufung der Mitglieder explizit geregelt. Sie können nur abberufen werden, wenn sie nicht mehr für die benennungsberechtigte Stelle arbeiten oder bestimmte persönliche Voraussetzungen nicht mehr erfüllen (§ 28 Abs. 1 und 2 DWG).
482 Kritisch hierzu auch *Ebke, Werner F.*, Entwicklung, 1999, S. 1198.
483 Vgl. *Ebke, Werner F.*, Entwicklung, 1999, S. 1198.
484 Zumal dem DRSC ohne Zweifel nicht dieselbe Bedeutung zukommt wie dem BVerfG.
485 Vgl. § 9 Abs. 1 Satz 1 Satzung DRSC.

sinnvolle Regelung mit dem nötigen Ausgleich zwischen Unabhängigkeit und möglicher Erfahrung. Sie sollte in die Satzung des DRSC aufgenommen werden.

Zusätzlich sollten restriktive Regeln zur Abberufung eines Mitglieds aus dem DSR expliziert werden. Dabei ist der Analogieschluß aus dem Ausschluß eines Vereinsmitglieds, das nur „bei Vorliegen eines wichtigen Grundes ausgeschlossen werden"[486] kann, zu vage.[487] Was ein besonders wichtiger Grund für einen Ausschluß ist, ist unklar. Der Ausschluß aus dem DSR sollte nur ermöglicht werden, wenn ein Mitglied gegen die Zwecke[488] des DRSC verstößt. Zudem sind die formalen Voraussetzungen für den Ausschluß zu klären. An diese sind hohe Anforderungen zu stellen. Bspw. könnte eine Abberufung nur durch eine 3/4-Mehrheit im Standardisierungsrat zulässig sein. Das gewährleistet den Schutz der Mitglieder, ohne umgekehrt das DRSC schutzlos zu lassen. Falls ein Mitglied des DSR anerkanntermaßen gegen Satzungszwecke verstößt, wird sich auch die Mehrheit zur Abberufung finden.

3.6.2.3 Finanzierung

„Die Aufgaben nach § 342 HGB werden für das BMJ unentgeltlich wahrgenommen."[489] Diese Vereinbarung zwischen dem DRSC und dem BMJ hat zur Folge, daß das DRSC die finanziellen Mittel, die es für seine Arbeit, insbesondere aber als Träger für den DSR benötigt, selbst beschaffen muß.[490]

Der Finanzbedarf des DRSC ist schwer greifbar, da Zahlen über Einnahmen und Ausgaben oder über Budgets nicht öffentlich zugänglich sind. Aufgrund der ehrenamtlichen Mitarbeit im Standardisierungsrat, in dessen Arbeitsgruppen und in den Organen des DRSC[491] ist der Finanzbedarf nicht so hoch wie der des FASB.[492] Die größten Positionen dürften das Gehalt der hauptamtlichen Mitarbeiter,[493] die Miete für die Räume des DRSC sowie Reisekosten ausmachen. Schätzungsweise liegen die jährlichen Ausgaben des DRSC bei rund € 1,5 Mio. bis € 1,75 Mio.

486 § 4 Abs. 4 Satzung DRSC.

487 Vgl. *Ebke, Werner F.*, Entwicklung, 1999, S. 1198.

488 Vgl. § 2 Satzung DRSC.

489 § 1 Abs. 1 Satz 3 Standardisierungsvertrag.

490 Vgl. *Paal, Boris P.*, DRSC, 2001, S. 58.

491 Alle Beteiligten leisten durch ihre unentgeltliche Tätigkeit bereits einen wesentlichen Beitrag zur Finanzierung der Arbeit des DRSC.

492 Die „*total operating costs*" des FASB lagen 1996 bei USD 15.817.000,--. Die Gehälter hatten daran einen Anteil von rund 71,5% (vgl. *Miller, Paul B., Redding, Rodney J., Bahnson, Paul R.*, FASB, 1998, S. 38).

493 Z.B. Generalsekretärin, Projektleiter, Sekretärinnen etc.

Die Finanzierung ruht auf den Säulen[494] Mitgliedsbeiträge,[495] Spenden[496] und Kostenbeiträge des Konsultationsrates[497] sowie Erlöse aus der Verwertung der eigenen Arbeit.[498] Der feste Stand dieser Säulen ist im Folgenden zu überprüfen.

Das Problem an den Mitgliedsbeiträgen ist deren starke Staffelung. Während natürliche Personen einen jährlichen Beitrag[499] von € 250,-- zu leisten haben, beträgt der Höchstbeitrag für Unternehmen im DAX € 50.000,--, für WP-Gesellschaften je nach Umsatz bis zu € 25.000,--. Die starke Abstufung - zwischen niedrigstem und höchstem Beitrag liegt der Faktor 200 - wird kritisiert.[500] *Ebke* führt das Diktum „Wer zahlt, hat das Sagen"[501] an. Diese Kritik läßt sich nicht nachvollziehen. Solange jedem Vereinsmitglied die gleichen Rechte zustehen, institutionelle Mitglieder nicht durch Mehrfachstimmrechte oder andere Vergünstigungen bevorzugt werden,[502] ist die Staffelung unproblematisch. Im deutschen Vereinsrecht sind gestaffelte Mitgliedsbeiträge gebräuchlich. Nahezu jeder Verein kennt unterschiedliche Beiträge für Mitglieder, eingeordnet nach bestimmten Kriterien,[503] ohne daß hieraus eine unterschiedliche Machtposition der Mitglieder folgt. Im Rahmen der Arbeit des DRSC ist es sinnvoll, große Unternehmen stärker in die Pflicht zu nehmen als kleine, und diese stärker als Privatpersonen. Es hat auch Sinn, WP-Gesellschaften anders zu behandeln als Industrieunternehmen.[504] Alle haben einen unterschiedlichen Nutzen aus der Standardisierungsarbeit durch den DSR.

Relevant wird das oben angeführte Sprichwort indes bei den Spenden. Die Vermutung, daß Spenden nicht ausschließlich aus Großzügigkeit geleistet werden, liegt nah.[505] Ein Indiz hierfür ist § 25 PartG, der die Spendenmöglichkeit an politische Parteien stark

494 Nachfolgendes wenig detailliert zusammengefaßt in § 16 Satzung DRSC.

495 Vgl. § 5 Satzung DRSC.

496 Vgl. § 14 Satzung DRSC.

497 Vgl. § 10 Abs. 3 Satz 2 Satzung DRSC.

498 Hierzu gehören auch die Erlöse von eigenen Geschäftsbetrieben oder Beteiligungen. § 2 Abs. 3 Satz 2 und Abs. 4 sowie § 15 Abs. 1 Satzung DRSC.

499 Alle Beiträge gelten ab 1.1.2002.

500 Vgl. *Ebke, Werner F.*, Entwicklung, 1999, S. 1199; *Paal, Boris P.*, DRSC, 2001, S. 58.

501 *Ebke, Werner F.*, Entwicklung, 1999, S. 1199.

502 Beides ist in der Satzung des DRSC nicht vorgesehen.

503 Verbreitet ist die Unterscheidung zwischen Schülern/Studenten und Berufstätigen oder eine Staffelung nach Einkommen.

504 Bei den Industrieunternehmen gibt es nur drei Abstufungen nach der Börsennotierung. Danach bezahlen - neben den o.g. DAX-Unternehmen (€ 50.000,--) - die MDAX-Unternehmen €25.000,-- und alle anderen Unternehmen € 10.000,--. Bei den WP-Gesellschaften hingegen gibt es vier Abstufungen nach dem Kriterium Prüfungsumsatz: Prüfungsumsatz > € 50 Mio. p.a. führt zu einem Beitrag von € 25.000,--, zwischen € 25 Mio. und € 50 Mio. zu einem Beitrag von € 10.000,-- p.a., zwischen € 5 Mio. und € 25 Mio. zu einem Beitrag von € 5.000 p.a. und unter € 5 Mio. zu einem Beitrag von € 2.500,-- p.a.

505 Vgl. *Ebke, Werner F.*, Entwicklung, 1999, S. 1200; sinngemäß auch *Schwab, Martin*, Standardisierungsvertrag, 1999, S. 787.

einschränkt. Explizit ausgeschlossen sind Spenden, „die erkennbar in Erwartung eines bestimmten wirtschaftlichen oder politischen Vorteils gewährt werden."[506] Das bedeutet, daß der Gesetzgeber die Gefahr sieht, daß Spenden mit dem Ziel der Vorteilsnahme geleistet werden können. Er schließt deren Annahme für Parteien aus. Unbenommen der Problematik, die „erkennbare Erwartung" zu identifizieren, findet sich keine analoge Ausschlußklausel in der Satzung des DRSC. Die Finanzierung aus Spenden sollte möglichst reduziert werden. Dies ist möglich, wenn das DRSC Ersatzquellen für den Spendenausfall findet. Bevor dies gelingt, sollte eine Ausschlußklausel analog § 25 Abs. 1 Nr. 6 PartG in die Satzung des DRSC aufgenommen werden.

Ähnlich kritisch sind die Kostenbeiträge der Mitglieder des Konsultationsrates zu sehen. Der Konsultationsrat spielt eine wichtige Rolle im Standardisierungsprozeß.[507] Hier werden die Interessen der betroffenen Organisationen vorgebracht.[508] Er bildet damit einen Bereich der Einbeziehung der Öffentlichkeit in den Prozeß, dessen Offenheit und Transparenz ein wichtiges Element für die Akzeptanz der Standards ist.[509] Das DRSC selbst hat diese Offenheit zu gewährleisten. Für diesen Bereich unter dem Deckmantel der Kostendeckung Eintrittsgeld zu fordern, ist problematisch.[510] Nur diejenigen können an dem Prozeß teilnehmen, die bereit sind, dafür zu zahlen. Dies führt zurück zur Problematik der Spenden: „Wer zahlt, hat das Sagen."[511]

Ein besonderes Problem ergibt sich bei der Verwertung der eigenen Arbeit durch das DRSC; da das DRSC keine Lizenzgebühr für die Nutzung der Standards verlangt,[512] fällt hierunter der Verkaufserlös der verabschiedeten Standards. Diese werden mittlerweile als Loseblattsammlung vom *Schäffer-Poeschel Verlag* in Stuttgart herausgegeben. Außerdem sind sie kostenpflichtig über die Wirtschaftsdatenbank GENIOS[513] abrufbar. Beide bezahlen für die Veröffentlichung eine Lizenzgebühr[514] an das DRSC.

---

506 § 25 Abs. 1 Nr. 6 PartG.

507 Vgl. Abschnitt 3.6.3.

508 Vgl. *Pellens, Bernhard,* Rechnungslegung, 2001, S. 582.

509 Vgl. Abschnitt 3.6.1.

510 A.A. *Hayn, Sven/Zündorf, Horst,* Normierung, 1999, S. 498. *Hayn/Zündorf* sehen in der Finanzierung eine Hauptaufgabe des Konsultationsrates.

511 *Ebke, Werner F.,* Entwicklung, 1999, S. 1199.

512 In Kapitel 2 wurde die Auswirkung einer Lizenzgebühr auf die Rivalität im Konsum des Gutes Rechnungslegungssystem diskutiert. Die Gebühr für den Bezug der Standards erzeugt keine Rivalität im o.g. Sinne, da die Nutzung der Standards nicht an den Kauf der Veröffentlichungen des DRSC gebunden ist. Die Standards könnten von den Nutzern auch durch Verwertung des jeweiligen Bundesanzeigers zusammengestellt werden. Die veröffentlichte Sammlung des DRSC ist somit lediglich eine Arbeitserleichterung für die Nutzer.

513 Vgl. http://www.genios.de.

514 Diese Lizenzgebühr betrug für 2001 DM 50.000,--.

Problematisch ist, daß die Standards, die vom BMJ bekanntgemacht werden, wie jedes Gesetz im amtlichen Teil des Bundesanzeigers[515] veröffentlicht werden.

Ob damit eine Institution oder ein Verlag noch Urheberrechte geltend machen kann, ist strittig. Ähnlich wie Gesetze von Verlagen ohne Lizenzgebühr abgedruckt werden und auch als Volltext kostenlos im Internet zur Verfügung stehen,[516] kann es bei dem Selbstverständnis, das der DSR bezüglich seiner Standards hat, kein Copyright an Standards geben. Falls die durch das BMJ bekanntgemachten DRS GoB werden,[517] müssen sie auch jedermann kostenlos zugänglich gemacht werden. Der Hinweis auf DIN-Normen trifft auch in diesem Zusammenhang[518] nicht: DIN-Normen sind zwar urheberrechtlich geschützt und dürfen nicht kostenlos z.B. im Internet angeboten werden,[519] allerdings werden sie auch nicht von einer staatlichen Institution im Bundesanzeiger veröffentlicht.

Die Gegenargumentation sieht in der Veröffentlichung durch das BMJ im Bundesanzeiger keinen für das Urheberrecht des DRSC schädlichen Vorgang. Da das DRSC selbst kein Amt ist und das BMJ explizit im Bundesanzeiger auf die Urheberschaft des DRSC hinweist, bleiben die DRS geistiges Eigentum des DRSC.[520] Diese zweite Position hat sich bislang durchgesetzt. Eine höchstrichterliche Entscheidung steht allerdings noch aus.

Unabhängig von diesem Rechtsstreit ist festzustellen, daß die Lizenzgebühren für die Herausgabe der DRS aufgrund der niedrigen Auflage kein wesentlicher Beitrag zur Finanzierung des DRSC sind. In Anbetracht dieser Tatsache ist zu überlegen, ob auf diese Lizenzgebühr zugunsten einer weiteren Verbreitung und höherer Akzeptanz der Standards nicht ganz verzichtet werden sollte.

Außer den gestaffelten Mitgliedsbeiträgen sind alle weiteren Formen der Finanzierung problematisch und sollten zurückgeführt werden. Bei der Frage nach alternativen Fi-

---

[515] Die Veröffentlichung im amtlichen Teil des Bundesanzeigers ist nicht zwingend. Das Gesetz spricht nur von einer Bekanntmachung und läßt den Ort offen. Vgl. *Luttermann, Claus,* Bilanzrecht, 1999, S. 9.

[516] Vgl. unter vielen http://www.steuernetz.de/gesetze.

[517] Vgl. *Scheffler, Eberhard,* DSR, 1999, S. 414.

[518] Die Bezugnahme auf DIN-Normen bei der Frage der Verbindlichkeit durch das DRSC wurde bereits kritisiert (vgl. Abschnitt 3.5.1.1).

[519] Vgl. http://www.vde.de/vde/html/d/fach/dvmt/themen/normen/normen.htm#Norm.

[520] Vgl. OLG Köln, Urteil vom 16.2.2001, 6 U 179/00. Das Urteil entspringt einem Rechtsstreit zwischen dem ehemaligen Generalsekretär des DRSC, *Herbert Biener*, zusammen mit dem Bundesanzeigerverlag einerseits und dem DRSC zusammen mit dem Schäffer-Poeschel Verlag andererseits. *Biener* wollte die DRS im Bundesanzeigerverlag herausgeben. Hiergegen klagte der Schäffer-Poeschel Verlag, der die Lizenzgebühr für die Herausgabe an das DRSC abführt, wegen Urheberrechtsverletzung.

nanzierungsmöglichkeiten werden in der Literatur vier verschiedene Ansätze diskutiert:

(1) Vollständige Finanzierung durch den Gesetzgeber,[521]

(2) Einrichtung einer Stiftung,[522]

(3) Einrichtung eines Fördervereins[523] und

(4) Aufteilung der Kosten auf die positiv berührten Institutionen.[524]

Die vollständige Finanzierung durch den Gesetzgeber scheidet aus. Wenn ein privates Gremium mit dem steten Hinweis auf die Überlegenheit der privaten Standardsetzung[525] oder auf die Selbstverwaltungsaufgabe des Kaufmanns[526] etabliert wird, ist es unbillig, für dessen restlose Finanzierung den Steuerzahler heranzuziehen. Der Kaufmann hat seine Selbstverwaltungsaufgabe zumindest teilweise auch selbst zu finanzieren. Daß der Staat einen Teil der Finanzierung beisteuert, wäre hingegen zu akzeptieren.

Mit demselben Argument scheidet die Idee der Einrichtung einer Stiftung aus. Um die Arbeit des DRSC und damit des DSR zu finanzieren, benötigt die Stiftung Kapital. Dieses soll nach dem Vorschlag vom Steuerzahler kommen.[527] Es gelten dieselben Bedenken wie zu (1). Eine mögliche Variante wäre die Einbringung des Stiftungskapitals durch die Wirtschaft. In diesem Fall aber treffen die Einwendungen zu den Spenden zu.

Die Spendenproblematik trifft den Förderverein, denn „Sinn und Zweck des Fördervereins ist es, Mittel für die Verwirklichung der steuerbegünstigten Zwecke einer anderen Körperschaft zu beschaffen, § 58 Nr. 1 AO.“[528] Diese Form der Finanzierung hat zwar Vorteile für die Gemeinnützigkeit und damit für die steuerliche Behandlung der Spenden an den Verein, an der Grundproblematik, daß die Spenden an den Verein interessengeleitet geleistet werden, ändert sich jedoch nichts.

Interessant ist Vorschlag (4). Er wurde der Praxis in Großbritannien entlehnt. Hier wird das ASB zu je einem Drittel durch den Steuerzahler, durch den Berufsstand der *chartered accountants* und durch die LSE zusammen mit der Finanzbranche finan-

521 Vgl. *Pellens, Bernhard/Bonse, Andreas/Gassen, Joachim,* Perspektiven, 1998, S. 790.
522 Vgl. *Paal, Boris P.,* DRSC, 2001, S. 238f.
523 Vgl. *Paal, Boris P.,* DRSC, 2001, S. 241f.
524 Vgl. *Schwab, Martin,* Standardisierungsvertrag, 1999, S. 787.
525 Vgl. *Havermann, Hans,* Regelsetzung, 2000, S. 698.
526 Vgl. *Biener, Herbert,* Fachnormen, 1996, S. 59f.
527 Vgl. *Paal, Boris P.,* DRSC, 2001, S. 239.
528 *Paal, Boris P.,* DRSC, 2001, S. 241.

ziert.[529] Für eine Beteiligung des Staates spricht die Einsparung von Ausgaben für den Gesetzgebungsprozeß und der (finanziellen) Vertretung nicht organisierbarer Gruppen.[530] Der Berufsstand der Wirtschaftsprüfer ist zu beteiligen, da die Standards eine Arbeitserleichterung und größere Rechtssicherheit bedeuten.[531] Die Beteiligung des institutionalisierten Finanzsektors schließlich gründet in dessen direkter Berührung durch die Standards. Die Kapitalmärkte profitieren nicht zuletzt von der Einführung eines privaten Rechnungslegungsgremiums.[532]

Zusätzlich zu den genannten Gruppen müssen große Wirtschafts- und Industrieunternehmen an der Finanzierung beteiligt werden. Die DAX- und MDAX-Unternehmen, die bisher schon bei den Mitgliedsbeiträgen explizit genannt sind, sind auch innerhalb dieses Modells zur Finanzierung heranzuziehen. Das britische Finanzierungsmodell ist eine interessante Grundlage. Über die Beteiligung weiterer Gruppen und eine andere quotale Aufteilung kann diskutiert werden.

Im Bereich der Finanzierung wird noch aus einem weiteren Grund ein Angriff auf die Unabhängigkeit des DSR gesehen.[533] Der DSR kann Ausgaben nur im Rahmen eines vom Verwaltungsrat des DRSC beschlossenen Budgets tätigen.[534] Über das Budget hinausgehende Ausgaben sind durch den Vorstand des DRSC zu genehmigen.[535] Aufgrund dieser Regelung kann eine „Besorgnis der fehlenden finanziellen Unabhängigkeit des Standardisierungsrates von Verwaltungsrat und Vorstand"[536] gehegt werden. In dieser Regelung kann aber auch eine pragmatische Klausel des DRSC für den Schutz vor zu hohen Ausgaben des DSR gesehen werden. Der private Standardsetter ist so konstruiert, daß das DRSC die Arbeit des DSR trägt und finanziert. Das DRSC muß damit auch die Möglichkeit haben, dem DSR mitzuteilen, in welchem finanziellen Rahmen sich diese Arbeit bewegen kann.

[529] Vgl. *Langenbucher, Günther/Blaum, Ulf,* Regulierungsgremium, 1995, S. 2331; *Schwab, Martin,* Standardisierungsvertrag, 1999, S. 787.

[530] Vgl. *Schwab, Martin,* Standardisierungsvertrag, 1999, S. 787. *Paal* schlägt vor, die Beiträge aus dem Haushalt des BMJ zu finanzieren (vgl. *Paal, Boris P.*, DRSC, 2001, S. 240).

[531] Im Ergebnis auch *Paal, Boris P.*, DRSC, 2001, S. 240. Eine Gleichsetzung des Berufsstandes mit den „Rechnungslegern" ist jedoch unzulässig, da der Begriff „Rechnungsleger" weiter gefaßt ist. Vgl. BT-Drs. 13/10038, 1998, S. 27.

[532] Vgl. *Biener, Herbert,* DRSC, 2000, S. 57-59.

[533] Vgl. zu folgendem *Ebke, Werner F.*, Entwicklung, 1999, S. 1199.

[534] Vgl. § 9 Abs. 3 Satz 2 GO DSR.

[535] Vgl. § 9 Abs. 5 Satz 2 Satzung DRSC.

[536] *Ebke, Werner F.*, Entwicklung, 1999, S. 1199.

3.6.3 *Standardisierungsprozeß*

3.6.3.1 *Verfahren innerhalb des DSR*

Um der im Gesetz festgelegten Anforderung nach Einbeziehung der interessierten Öffentlichkeit in das Standardsetzungsverfahren nachzukommen, wurden Regelungen im Standardisierungsvertrag getroffen,[537] die der DSR in seiner Geschäftsordnung wie folgt konkretisiert. Zur Behandlung von neu auf die Agenda gesetzten Fragestellungen[538] werden in der Regel Arbeitsgruppen gebildet.[539] Die Arbeitsgruppen (AG) erarbeiten Standardentwürfe (E-DRS). Dabei wird innerhalb der AG mit einfacher Mehrheit entschieden.[540] Die Entwürfe werden vom DSR (nicht von der Arbeitsgruppe) mit der Mehrheit der Stimmen seiner Mitglieder[541] beschlossen und sodann für sechs Wochen offengelegt. Die Offenlegung erfolgt durch Übersendung des Entwurfes an die Vereinsmitglieder, den Verwaltungsrat, den Konsultationsrat und das BMJ.[542] Die Öffentlichkeit nach § 4 Abs. 2 Nr. 1 Standardisierungsvertrag wird durch Veröffentlichung der Standardentwürfe auf der Internetseite des DRSC hergestellt.[543]

Die eingehenden Stellungnahmen müssen ausgewertet werden, und wesentliche Einwendungen und Änderungsvorschläge sind im DSR zu diskutieren.[544] Werden wesentliche Änderungen vorgenommen,[545] so ist der veränderte Standardentwurf nochmals für vier Wochen offenzulegen.[546] Danach ist der Konsultationsrat zu hören,[547] und zuletzt muß der DSR den Standard in öffentlicher Sitzung mit den Stimmen von zwei Dritteln seiner Mitglieder beschließen.[548]

Die Offenheit des Verfahrens ist gewährleistet. Dies ist schon bei der Bedarfsfeststellung gegeben, da die Themen, die der Standardisierungsrat auf die Agenda nimmt, durch öffentliche Diskussion angeregt werden können.[549] Zudem kann jedermann

537 Vgl. § 4 Abs. 2 Standardisierungsvertrag.

538 Der DSR selbst bestimmt, welche Themen von Relevanz sind, und bestimmt diese für ein Jahr im voraus (§ 9 Abs. 1 GO DSR).

539 Vgl. *Pellens, Bernhard,* Rechnungslegung, 2001, S. 580.

540 Vgl. § 12 Abs. 3 Satz 2 GO DSR.

541 Vgl. § 5 Abs. 1 GO DSR.

542 Vgl. § 10 Abs. 2 GO DSR.

543 Vgl. § 10 Abs. 3 Satz 1 GO DSR. Die GO spricht von der „Homepage" des DRSC. Vgl. zu der damit gewährleisteten Herstellung der Öffentlichkeit *Scheffler, Eberhard,* DSR, 1999, S. 416.

544 Vgl. § 10 Abs. 1 Buchst. b GO DSR.

545 Ob Änderungen wesentlich sind, entscheidet der Standardisierungsrat nach freiem Ermessen durch Beschluß (§ 10 Abs. 4 GO DSR).

546 Vgl. § 10 Abs. 1 Buchst. c GO DSR. Hierauf erneut eingehende wesentliche Einwendungen und Änderungswünsche sind analog § 10 Abs. 1 Buchst. c GO DRS zu behandeln.

547 Vgl. § 10 Abs. 1 Buchst. d GO DSR.

548 Vgl. § 10 Abs. 1 Buchst. e i.V.m § 5 Abs. 1 GO DSR.

549 Vgl. *Niehus, Rudolf J.,* Zukunft, 2001, S. 54.

Stellung zu einem veröffentlichten Standardentwurf beziehen. Diese Möglichkeit ist nicht auf Gremien oder Organe des DRSC oder auf Rechnungsleger beschränkt.[550]

Eine Einschränkung der Offenheit könnte entstehen, weil die Öffentlichkeit vor dem Konsultationsrat einbezogen wird.[551] Der Konsultationsrat kann also auf die Stellungnahmen aus der Öffentlichkeit reagieren, steht aber selbst nur Berufs- und Interessenverbänden offen. Dieser Einwand ist durch den DSR leicht zu entkräften. Sollte es durch die Anhörung des Konsultationsrates zu einer wesentlichen Änderung des Standardentwurfs kommen, müßte erneut die Pflicht zur Herstellung der Öffentlichkeit gem. § 10 Abs. 1 Buchst. c GO DSR entstehen. Dies ist bisher nicht eindeutig geregelt und sollte entsprechend klargestellt werden.

Während die Offenheit des Verfahrens insgesamt positiv zu beurteilen ist, trifft das für die Transparenz nicht im selben Maße zu. Kritisiert wird, daß weder Entscheidungsgründe noch Abstimmungsverhalten in den Arbeitsgruppen oder gar Minderheitsvoten veröffentlicht werden.[552] Deren Veröffentlichung ist im *due process* des FASB und des ASB vorgesehen[553] und trägt dazu bei, daß das Zustandekommen der Standards besser eingeschätzt werden kann. In der Geschäftsordnung des DSR hingegen wird dies für die Standards abgewehrt: „Überstimmte Mitglieder haben keinen Anspruch darauf, daß ihre Minderheitsmeinung in den Standard aufgenommen wird."[554] Wenn auch eine Aufnahme in die Standards als zu weitreichend anzusehen ist, wäre einer anderweitigen Veröffentlichungsmöglichkeit, z.B. auf der Internetseite des DRSC, zuzustimmen.

3.6.3.2 Verlautbarung durch das BMJ

Da die Standards vor der Veröffentlichung durch das BMJ als bloße Empfehlungen keine verbindliche Wirkung entfalten, ist auch das Verfahren, das zur Bekanntmachung oder zu deren Ablehnung führt, zu beleuchten.

Im BMJ wird nach Eingang eines verabschiedeten Standards eine sogenannte Ressortabstimmung durchgeführt. Der Standard wird an das Bundesministerium der Finanzen (BMF) und das Bundesministerium für Wirtschaft und Technologie (BMWi) mit der Bitte um Stellungnahme weitergeleitet. Ebenso wird der Standard an alle beim BMJ registrierten Interessenverbände geschickt.

---

550 Vgl. *Scheffler, Eberhard,* DSR, 1999, S. 416.

551 Vgl. *Ebke, Werner F.*, Entwicklung, 1999, S. 1200f. mit Hinweis auf *Schwab, Martin,* Standardisierungsvertrag, 1999, S. 784.

552 Vgl. *Breidenbach, Karin,* DRSC, 1999, S. 646; *Paal, Boris P.*, DRSC, 2001, S. 57 und S. 67.

553 Vgl. *Pellens, Bernhard,* Rechnungslegung, 2001, S. 109; *Miller, Paul B./Redding, Rodney J./ Bahnson, Paul R.*, FASB, 1998, S. 76.

554 § 1 Abs. 4 GO DSR.

Damit zeigt sich eine gewisse Redundanz des Verfahrens, da die an der Rechnungslegung interessierten Verbände, soweit sie im Konsultationsrat vertreten sind, bereits in das Verfahren einbezogen wurden. Es liegt die Forderung nahe, daß sich betroffene Interessengruppen direkt am Prozeß innerhalb des DSR beteiligen sollten und vom BMJ keine weiteren Konsultationen hierüber mehr veranlaßt werden. Gegen diese Argumentation spricht, daß die Mitgliedschaft im Konsultationsrat mit Kosten verbunden[555] und gem. § 10 Abs. 2 Satzung DRSC auf bestimmte Organisationen beschränkt ist.

Erneut ist hier Kritik an der Ausgestaltung des Konsultationsrates zu üben. Durch eine Abschaffung der Gebühren und eine Öffnung des Konsultationsrates für die betroffenen Ministerien und alle Interessenverbände, die auch vom BMJ einbezogen werden, könnte die Ressortabstimmung und die (Verbands-)Öffnung bereits auf Ebene des DSR durchgeführt werden. Dies würde die Entscheidung über eine Bekanntmachung beschleunigen und zudem ein umfassenderes Arbeiten des DSR ermöglichen.

Die letzte Entscheidung über eine Bekanntmachung liegt bei der Bundesjustizministerin. Nach welchen Kriterien hier entschieden wird, ist nicht transparent. Anzunehmen ist, daß neben einer Prüfung des Widerspruchs zu Rechtsvorschriften[556] politische Erwägungen bei der Entscheidung in Betracht gezogen werden.

3.6.4 Beurteilung der personellen Besetzung

„Bei der Zusammensetzung von Gremien soll darauf geachtet werden, daß die Interessen der Bilanzaufsteller, -prüfer und -nutzer gewahrt sind. Mitglied im Standardisierungsgremium oder in Arbeitsgruppen können nur Rechnungsleger sein.“[557] Diese Regelung des Standardisierungsvertrages zwischen BMJ und DRSC ist die einzige Klausel in den Normen des DRSC, die auf die personelle Zusammensetzung der Gremien eingeht. Der erste Satz verlangt die ausgewogene Berücksichtigung der betroffenen Interessen, der zweite zielt auf die Fachkompetenz der Mitglieder. Beides wurde in Abschnitt 3.6.1 auch als Beurteilungskriterium festgelegt. Die Regelung folgt der Erkenntnis: „Nicht Institutionen, sondern Menschen entscheiden!“[558]

Unabhängig davon, ob die Mitglieder in den Gremien ehrenamtlich oder hauptamtlich tätig sind, sind sie von dem Hintergrund ihrer Tätigkeit als Bilanzaufsteller, Prüfer oder Bilanzadressat beeinflußt. Sie nehmen an der Standardisierung mit den Erfahrungen teil, die hauptsächlich aus ihrem Tätigkeitsbereich stammen. Durch die nebenamtliche Stellung bei den Gremien des DRSC wird diese Beeinflussung noch verstärkt.

---

[555] Dies wurde in Abschnitt 3.6.2.3 bereits kritisiert.
[556] Vgl. § 4 Abs. 3 Standardisierungsvertrag.
[557] § 4 Abs. 4 Standardisierungsvertrag.
[558] *Luttermann, Claus*, Bilanzrecht, 1999, S. 12.

Daher ist es wichtig, auf die personelle Besetzung der Gremien zu achten. Warum der Gesetzgeber diesbezüglich keine explizite Regelung erlassen hat, ist zu untersuchen.

Es liegt der Gedanke nahe, daß es sich bei der unterlassenen Normierung um eine planwidrige Regelungslücke handeln könnte. Dies wird mit Hinweis auf den in zeitlicher Nähe und mit ähnlichem Inhalt erlassenen § 342a HGB verneint. Dieser sieht für den Rechnungslegungsbeirat beim BMJ eine genau vorgeschriebene Zusammensetzung vor.[559] Hätte der Gesetzgeber eine solche Festlegung auch für das private Rechnungslegungsgremium gem. § 342 HGB gewollt, hätte er dies festgeschrieben.[560]

Wenn es sich nicht um eine Lücke im Gesetz handelt, stellt sich die Frage, warum der Gesetzgeber auf eine Quotierung verzichtet hat. Nach einer Auffassung „ist das BMJ vor einer wichtigen Steuerungsaufgabe zurückgeschreckt."[561] Es wird eine Nachbesserung zwar nicht des Gesetzes, aber des Standardisierungsvertrages gefordert.[562] Dem wird widersprochen. Der Gesetzgeber brachte durch die Offenheit der Regelung zum Ausdruck, daß es ihm allein um die Qualität der Mitglieder der Gremien gehe und diese Vorzug vor einer ausgewogenen Besetzung habe.[563] Warum allerdings ein *trade off* zwischen Qualität und Ausgewogenheit bestehen soll, ist nicht klar.[564] M.E. wollte der Gesetzgeber einem privaten Gremium möglichst großen Spielraum bei der Einrichtung und Besetzung seiner Organe lassen. Dies geht aus der Gesetzesbegründung hervor[565] und ist folgerichtig. Denn die Delegation einer Aufgabe an einen privaten Standardsetter macht keinen Sinn, wenn diesem jedes Detail seiner Arbeit vorgeschrieben wird.

Problematisiert wird auch, daß die Ausgewogenheit nicht nur aufgrund der fehlenden Normierung im Gesetz einen scheinbar geringen Stellenwert hat. Sie ist zudem lediglich im Standardisierungsvertrag, nicht aber in der Satzung des DRSC oder in der Geschäftsordnung des DSR festgeschrieben.[566] Dem ist entgegenzuhalten, daß eine Festschreibung von Einzelheiten im Standardisierungsvertrag im Sinne des Gesetzgebers ist.[567] Dennoch würde eine zusätzliche Verankerung in den Sekundärnormen des DRSC für mehr Gewicht sorgen. Außerdem kann sie vom DRSC unabhängig vorgenommen werden, eine Veränderung des Standardisierungsvertrages bedarf hingegen der Zustimmung der Vertragspartner, also auch der des BMJ.

559 Vgl. § 342a Abs. 2 HGB.

560 Vgl. *Biener, Herbert,* Fortentwicklung, 1999, S. 455; *Ebke, Werner F.,* Entwicklung, 1999, S. 1199; *Paal, Boris P.,* DRSC, 2001, S. 64f.

561 *Schwab, Martin,* Standardisierungsvertrag, 1999, S. 734.

562 Vgl. *Schwab, Martin,* Standardisierungsvertrag, 1999, S. 734.

563 Vgl. *Biener, Herbert,* Fortentwicklung, 1999, S. 455.

564 Vgl. *Paal, Boris P.,* DRSC, 2001, S. 65.

565 „Im übrigen bedürfen nähere Einzelheiten keiner gesetzlichen Regelung, sondern können dem Anerkennungsvertrag vorbehalten bleiben." BT-Drs. 13/10038, S. 27.

566 Vgl. *Paal, Boris P.,* DRSC, 2001, S. 259.

567 Vgl. BT-Drs. 13/10038, S. 27.

Aufgrund der Tatsache, daß bspw. das APB u.a. an einer einseitigen Dominanz des Berufsstandes der CPA gescheitert ist,[568] wäre eine solche Festlegung wünschenswert. Dabei müßte nicht die enge Regelung des § 342a Abs. 2 HGB übernommen werden, eine Festlegung auf bestimmte Höchstgrenzen der Vertretung einer Gruppe wäre ausreichend und würde dem DRSC noch genügend Spielraum bei der Besetzung geben. Die Bemühung des Gesetzgebers ist dabei nicht gewollt. Es wäre ausreichend und ein gutes Signal, wenn das DRSC die Grenzen selbständig in seiner Satzung festlegen würde.

Welche Auswirkungen die unterschiedliche Besetzung der Gremien und Arbeitsgruppen des DRSC bzw. DSR haben, wird mit Hilfe spieltheoretischer Überlegungen in Kapitel 5 untersucht.

Nicht nur die ausgewogene Besetzung, sondern auch die fachliche Kompetenz der Mitglieder des DSR ist von Bedeutung. Die Begriffswahl „Rechnungsleger", die sich im Gesetz findet und sich im Standardisierungsvertrag wiederholt, wurde bereits kritisiert.[569] Nicht kritisiert wird die Fachkompetenz der Mitglieder.[570] Durch die Festlegung auf Rechnungsleger und die Betonung der ökonomischen Komponente dieses auslegungsbedürftigen Begriffs in der Gesetzesbegründung[571] ist es gelungen, eine hochkarätige Besetzung des DSR sicherzustellen.[572] *Luttermann* ist zuzustimmen, wenn er die mangelnde juristische Kompetenz kritisiert.[573] Der Einwand trägt aber nicht, weil die Mittel zum Interessenausgleich zwischen den verschiedenen Interessengruppen von Ökonomen treffender eingeschätzt werden können als von Juristen. Für eine ausreichende Vertretung des juristischen Sachverstandes sorgt das BMJ bei einer Überprüfung vor der Bekanntmachung.

3.6.5 Beurteilung der Standards anhand ausgewählter Kriterien

3.6.5.1 Eindeutigkeit

Die oben festgestellte Bindungswirkung der DRS wird nicht nur aus den institutionellen Gegebenheiten abgeleitet, sie muß auch durch die Arbeit des DSR selbst untermauert werden. Dazu müssen die Standards inhaltlich überprüft werden. Neben bereits beim Regulierungsprozeß diskutierten Kriterien wie Flexibilität und Bindungswirkung sind bei dieser Überprüfung die Eindeutigkeit und Konsistenz der Standards in Frage zu stellen.

---

568 Vgl. *Lück, Wolfgang/Holzer, Peter,* FASB, 1976, S. 293f.; *Sprouse, Robert T.,* Experience, 1983, S. 43-47.

569 Vgl. Abschnitt 3.5.2.

570 Vgl. *Ballwieser, Wolfgang,* DRSC, 1999, S. 442; *Moxter, Adolf,* DRSC, 1998, S. 1425.

571 Vgl. BT-Drs. 13/10038, S. 27.

572 So *Moxter*, wenn auch mit kritischem Unterton. Vgl. *Moxter, Adolf,* DRSC, 1998, S. 1425.

573 Vgl. *Luttermann, Claus,* Bilanzrecht, 1999, S. 13.

Ein wichtiges Kriterium für die Akzeptanz der Standards ist deren Eindeutigkeit, da Wahlrechte in der Rechnungslegung kritisch gesehen werden.[574] Aus folgenden Gründen wird ihre Reduktion gefordert: Sie eröffnen Manipulationsspielräume, erschweren die Vergleichbarkeit von Abschlüssen und beeinträchtigen, bei entsprechender Ausübung, den *true and fair view*.[575] Die Wahlrechtsproblematik kann beim DSR auf zwei Ebenen untersucht werden. Zum einen können die Standards selbst auf ihre Wahlrechtsfreiheit untersucht werden. Zum anderen ist interessant, inwieweit Wahlrechte im HGB vom DSR eingeschränkt werden.

Eine Analyse der herausgegebenen DRS 1-8 zeigt, daß sich explizite Wahlrechte nur sehr spärlich finden. Zu den Ausnahmen zählen in DRS 2 die Möglichkeit der Saldierung von Zahlungsströmen in der Kapitalflußrechnung,[576] die Einbeziehung von jederzeit fälligen Bankverbindlichkeiten in die Finanzmittelfonds[577] und die Zuordnung von Zinsen und Dividenden zur Investitions- bzw. Finanzierungstätigkeit.[578] In DRS 3 hat der Bilanzierende Freiheitsgrade beim Ausweis bzw. der Zusammenfassung operativer Segmente.[579] In DRS 5 besteht die Wahl, auf Chancen hinzuweisen oder dies zu unterlassen.[580] DRS 8 sieht ein Wahlrecht zur Einbeziehung von Beteiligungen nach der Equity-Methode vor, wenn diese von untergeordneter Bedeutung sind.[581]

Allen aufgezählten Wahlrechten ist gemeinsam, daß sie nur eingegrenzte Teilbereiche betreffen und zudem ihre Ausübung an enge Voraussetzungen gebunden ist. Insgesamt ist festzuhalten, daß die DRS nur sehr wenige explizite Wahlrechte vorsehen, was die Eindeutigkeit der Regelungen erhöht.

In zwei Standards werden explizite Wahlrechte des HGB eingeschränkt. Dabei handelt es sich um das Verbot der offenen Verrechnung des Goodwill mit den Rücklagen in DRS 4, Tz. 28. Zudem werden in DRS 8, Tz. 8, 14, 15, 17, 33 und 49 Wahlrechte bei der Equity-Methode beseitigt. Die Einschränkung durch den DSR ist begrüßenswert, es bleibt jedoch einzuschränken, daß bislang nicht geklärt ist, ob diese Wahlrechtsbe-

---

574 Vgl. *Ballwieser, Wolfgang,* Grenzen, 1997, S. 376; *ders.,* Rechnungslegungsgremium, 1999, S. 438; *ders.,* Anforderungen, 2001, S. 160; *Busse von Colbe, Walther,* Rechnungslegungsziele, 2000, S. 498 mit Verweis auf *Schmalenbach, Eugen,* Bilanz, 1953, S. 152; *Schneider, Dieter,* Wettbewerb, 2000, S. 39.

575 Vgl. *Baetge, Jörg/Roß, Heinz-Peter,* Presentation, 2000, S. 44. Im Ergebnis auch *Leffson, Ulrich,* GoB, 1987, S. 83.

576 Vgl. DRS 2, Tz. 15.

577 Vgl. DRS 2, Tz. 19.

578 Vgl. DRS 2, Tz. 39.

579 Vgl. DRS 3, Tz. 13, 16, 17.

580 Vgl. DRS 5, Tz. 27.

581 Vgl. DRS 8, Tz. 5.

seitigungen rechtlich relevant sind. Ein Bestätigungsvermerk nach HGB kann bei HGB-konformer Ausübung der Wahlrechte nicht verwehrt werden.[582]

Aufgrund der geringen Anzahl bislang erarbeiteter Standards kann diese Auswertung nur ein Schlaglicht darauf richten, wieweit der DSR die Eindeutigkeit bei der Erarbeitung der Standards berücksichtigt und damit die Qualität der Standards hebt. Genauere Aussagen lassen sich aufgrund des konzeptionellen Charakters des Kriteriums der Konsistenz im nächsten Abschnitt treffen.

3.6.5.2 Konsistenz

Um Rechnungslegungsstandards auf ihre Konsistenz zu überprüfen, bedarf es eines Rahmens, der eine Ableitung von Einzelnormen zuläßt.[583] Vom DSR ist dieser noch nicht erstellt. Eine Arbeitsgruppe *Framework* ist eingerichtet. Damit kommt der DSR den Forderungen nach Erarbeitung eines Rahmenwerkes nach.[584] Abhängig davon, welche Bedeutung dem DSR und den DRS zugemessen wird, resultiert unterschiedliche Kritik:

(1) Wenn DRS durch ihre Veröffentlichung zu GoB werden,[585] ist die Erstellung eines Rahmenwerkes zwingend, erfolgt jedoch zu spät. Durch die vorgezogene Erarbeitung von Standards zu „dringlichen" Problemfeldern[586] droht ein Widerspruch zwischen *Framework* und bereits bestehenden Standards. Soll dieser Widerspruch vermieden werden, muß sich die Ausarbeitung des Rahmenwerkes an den bereits bestehenden Standards orientieren. Beides ist problematisch.

(2) Wenn der DSR nach Verabschiedung des EU-Verordnungsentwurfes zur zwingenden Anwendung von IAS für Konzerne[587] eine tragende Rolle beim *Endorsement* der IAS spielt,[588] kann es durch Erstellung eines eigenen Rahmenwerkes zu Kollisionen mit dem Rahmenkonzept des IASB kommen. Dann bedürfte es ohnehin nur eines Rahmens für nationale Besonderheiten.

(3) Wenn die DRS lediglich eine prozessuale Beweislastumkehr ohne Bindungswirkung darstellen,[589] existiert das Rahmenwerk bereits: Es sind die GoB.

582 So auch *Dobler, Michael,* Prüfung, 2001, S. 2088 m.w.N. Nicht eindeutig IDW PS 201, Tz. 12.

583 Vgl. *Haller, Axel,* Merkmale, 2000, S. 7.

584 Vgl. *Pellens, Bernhard,* Rechnungslegung, 2001, S 575; *Spanheimer, Jürgen,* Problemfelder, 2000, S. 1002.

585 Vgl. *Scheffler, Eberhard,* DSR, 1999, S. 414.

586 Vgl. *Scheffler, Eberhard,* DSR, 1999, S. 412.

587 Vgl. *Ernst, Christoph,* Verordnungsentwurf, 2001 und Abschnitt 3.4.1.3.

588 Vgl. *Niehus, Rudolf J.,* Zukunft, 2001, S. 56f. Vgl. auch Abschnitt 3.4.2.

589 Vgl. *Budde, Wolfgang Dieter/Steuber, Elgin,* Normsetzungsbefugnis, 1998, S. 1184; *Hommelhoff, Peter/Schwab, Martin,* Selbststeuerung, 1998, S. 42; *Moxter, Adolf,* DRSC, 1998, S. 1427. Vgl. auch Abschnitt 3.5.1.2.

Hier wird der Auffassung gefolgt, daß den DRS materiellrechtliche Bedeutung bei der Auslegung und Weiterentwicklung der GoB zukommt. Damit ist auch die Erstellung eines Rahmenwerks notwendig. Es bleibt die Kritik an dessen Verspätung.[590]

Zu lösen bleibt das Problem, ob das Framework überhaupt vom DSR erarbeitet werden darf, oder ob es, wie häufig gefordert, aufgrund seiner Bedeutung vom Gesetzgeber vorgegeben werden muß.[591] Diese Frage führt erneut zurück zu der grundlegenden Problematik, ob Rechnungslegungsregeln für eine induktive Ermittlung geöffnet werden sollen.[592]

Da der DSR an der Weiterentwicklung der GoB mitwirkt, sind bereits induktive Elemente in den Normsetzungs- und -auslegungsprozeß eingedrungen. Es ist konsequent, auch die Erstellung des Rahmenwerks in die Hände des DSR zu legen. Wenn die Erarbeitung von Rechnungslegungsstandards im in diesem Kapitel geschilderten Umfang in die Obhut eines privaten Gremiums gegeben wird, muß diesem auch die Verantwortung für die Erstellung des Fundaments seiner Arbeit zugebilligt werden. Daß dieses Fundament erst gegossen wird, nachdem bereits einzelne Wände errichtet wurden, ist unter dem Gesichtspunkt der Stabilität zu bemängeln.[593]

Unabhängig vom Rahmenwerk lassen sich Aussagen zur Konsistenz der DRS treffen. Gestützt werden diese Aussagen auf E-DRS 1a „Befreiender Konzernabschluss nach § 292a HGB - Goodwill und andere immaterielle Vermögenswerte des Anlagevermögens“, der am 18. Januar 2002 vom DSR als DRS 1a verabschiedet wurde und derzeit zur Veröffentlichung beim BMJ eingereicht ist (vgl. Abschnitt 3.6.3.2).[594]

Im Kern trifft der Standard die Aussage, daß Konzernabschlüsse nach US-GAAP das Einklangserfordernis gemäß § 292a HGB auch dann erfüllen, wenn der Konsolidierungsgoodwill entsprechend SFAS 141, Par. 47 i.V.m. SFAS 142 ausschließlich außerplanmäßig nach dem *Impairment Only Approach* (IOA) abgeschrieben wird. „Impairment is the condition that exists when the carrying amount of goodwill exceeds its implied fair value.“[595] Es muß im Rahmen eines Werthaltigkeitstests festgestellt werden, ob der Geschäfts- oder Firmenwert unter den ausgewiesenen Buchwert gefallen

590 Ähnlich auch *Küting, Karlheinz/Hütten, Christoph*, Standardentwurf, 1999, S. 487.

591 Vgl. *Hommelhoff, Peter/Schwab, Martin*, Selbststeuerung, 1998, S. 47f.; *Paal, Boris P.*, DRSC, 2001, S. 267; *Pellens, Bernhard/Bonse, Andreas/Gassen, Joachim*, Perspektiven, 1998, S. 791; *Schwab, Martin*, Standardisierungsvertrag, 1999, S. 788.

592 Vehementer Befürworter dieser These ist *Havermann, Hans*, Regelsetzung, 2000, passim. Ablehnend bspw. *Schwab, Martin*, Standardisierungsvertrag, S. 731f.

593 An dieser Problematik sind andere Standardsetter gescheitert. Vgl. mit Verweis auf APB und ASC *Küting, Karlheinz/Hütten, Christoph*, Standardentwurf, 1999, S. 487. Vgl. auch *Spanheimer, Jürgen*, Problemfelder, 2000, S. 1002 m.w.N.

594 Der Standard wurde bis 28. Februar 2002 noch nicht vom BMJ bekannt gemacht und liegt noch nicht öffentlich als DRS 1a vor. Die Argumentation stützt sich daher auf E-DRS 1a.

595 SFAS 142, Par. 18.

ist. Dann und nur dann ist der Goodwill außerplanmäßig auf den niedrigeren Betrag abzuschreiben. Der Test soll im Regelfall jährlich durchgeführt werden.[596]

Das Problem besteht darin, daß die 7. EG-Richtlinie i.V.m. der 4. EG-Richtlinie eine planmäßige Abschreibung des Konsolidierungsgoodwills aus der Kapitalkonsolidierung über einen Zeitraum von fünf Jahren oder einen möglicherweise längeren Nutzungszeitraum explizit vorschreibt, soweit er nicht nach einem einzelstaatlichen Wahlrecht direkt mit den Rücklagen verrechnet wird.[597] Auf eine planmäßige Abschreibung zu verzichten, ohne den Goodwill offen mit den Rücklagen zu verrechnen, ist in der 7. EG-Richtlinie nicht vorgesehen. Hier schließt die Frage an, ob das Einklangserfordernis des § 292a Abs. 2 Nr. 2b) HGB erfüllt sein kann. Der DSR bejaht dies in E-DRS 1a. Die Diskussion hierüber ist kontrovers.

Der DSR führt u.a. folgende Argumente für die Bevorzugung des IOA und die Erfüllung des Einklangserfordernisses ins Feld:

(1) Bei der Bilanzierung werde unterschieden, ob die Nutzungsdauer von Vermögensgegenständen zeitlich begrenzt oder unbegrenzt sei. Im ersten Fall würden die Vermögensgegenstände i.d.R. planmäßig, im zweiten Fall ausschließlich außerplanmäßig abgeschrieben. Die Nutzungsdauer des Geschäfts- oder Firmenwertes sei zwar zeitlich begrenzt, jedoch unbestimmbar. Der DSR mahnt eine stärkere Differenzierung zwischen einer begrenzten und einer unbestimmbaren Nutzungsdauer an und kommt zu dem Schluß, daß „eine objektiv unbegrenzte Nutzungsdauer einer unbestimmbaren gleichzusetzen ist."[598]

(2) Die bisher gebräuchliche und in der EG-Richtlinie vorgeschriebene planmäßige Abschreibung bewirke aufgrund der unbestimmbaren Nutzungsdauer eine Scheingenauigkeit und eröffne den Bilanzierenden Manipulationsspielräume bei der Schätzung der Nutzungsdauer. Aus diesem Grunde sei auch in der Steuerbilanz lange Jahre ein Abschreibungsverbot des Goodwill verankert gewesen.[599] Hingegen werde „durch den regelmäßigen Werthaltigkeitstest [...] sichergestellt, dass die entsprechenden Vermögenswerte ggf. mit dem niedrigeren Wert angesetzt werden, der ihnen am Abschluss-Stichtag beizulegen ist."[600]

Diese Gründe werden für die Vorteilhaftigkeit des IOA gegenüber der planmäßigen Abschreibung angeführt und folgender Schluß zum Einklangserfordernis gezogen:

(3) Der Wortlaut der in Frage stehenden 7. EG-Richtlinie sei „nur Ausdruck des seinerzeitigen Verständnisses des Richtliniengebers, der damals von einer im Regel-

596 Vgl. SFAS 142, Par. 26.
597 Vgl. *Busse von Colbe, Walther*, Firmenwert, 2001, S. 878.
598 E-DRS 1a, Tz. 5.
599 Vgl. E-DRS 1a, Tz. 4.
600 E-DRS 1a, Tz. 7.

fall begrenzten Nutzungsdauer ausging."[601] Da sich das Verständnis zur unbestimmbaren Nutzungsdauer geändert habe, sei der Richtlinientext neu auszulegen. „Somit werden eine unbestimmbare Nutzungsdauer des Goodwill und die planmäßige Anwendung eines Werthaltigkeitstests für die Ermittlung des beizulegenden Werts durch die in den Gesetzestexten enthaltene Regelung für eine planmäßige Abschreibung nicht ausgeschlossen."[602]

Gegen diese Sichtweise sprechen folgende Kernargumente:

(1) Die Gleichsetzung der unbestimmbaren Nutzungsdauer mit einer unbegrenzten Nutzungsdauer ist nicht zwingend. Begrenztheit und Unbestimmbarkeit sind zwei unterschiedliche Kategorien, die nicht ineinander überführt werden können.[603] Außerdem muß eine unbestimmbare Größe pragmatisch mit Hilfe von Typisierungen geschätzt werden, sie darf nicht einfach unberücksichtigt bleiben.[604]

(2) Die Beseitigung von Scheingenauigkeit und Manipulationsspielräumen wird in Frage gestellt, denn der IOA eröffnet den Bilanzierenden zahlreiche neue Gestaltungsspielräume bei der jährlichen Bestimmung des Goodwill.[605] „Die Aussage [...], dass die bisherigen Verfahren bilanzpolitische Spielräume aufweisen, erscheint makaber, da die vorgeschlagene Neuerung diese Spielräume vervielfältigt."[606] Zudem wird eine weitreichende Entobjektivierung der Bilanz befürchtet, weil derivative Geschäftswertkomponenten mit originären Bestandteilen saldiert werden.[607] Damit käme es de facto zu einer Aktivierung von selbst geschaffenem Goodwill. Diese ist (bislang) in jedem rechtlichen Rechnungslegungssystem verboten.

(3) Die Auslegung eines Gesetzestextes entgegen seinem expliziten Wortlaut unterliegt engen Grenzen.[608] Auf einen Wechsel des Verständnisses des Richtliniengebers zu verweisen, ist nicht ausreichend, zumal dieser Verständniswechsel nicht belegt wird. Die klare konzeptionelle Trennung von derivativem und originärem Firmenwert ist vom Richtliniengeber expressis verbis gewollt; die neue Auslegung des DSR ist unzulässig.[609]

---

601 DRS 1a, Tz. 8.
602 Ebd.
603 Vgl. *Siegel, Theodor*, Stellungnahme, 2001, S. 1.
604 Vgl. *Henselmann, Klaus*, Stellungnahme, 2001, S. 2; *Siegel, Theodor*, Stellungnahme, 2001, S. 1.
605 Vgl. *Hommel, Michael*, Goodwillbilanzierung, 2001, S. 1947f.; *Pellens, Bernhard/Sellhorn, Thorsten*, Goodwill-Bilanzierung, 2001, S. 718f.
606 *Henselmann, Klaus*, Stellungnahme, 2001, S. 4.
607 Vgl. *Busse von Colbe, Walther*, Firmenwert, 2001, S. 877; *Hommel, Michael*, Goodwillbilanzierung, 2001, S. 1948.
608 Vgl. *Moxter, Adolf*, Irrwege, 2001.
609 Vgl. *Kleindiek, Detlef*, Goodwill-Bilanzierung, 2001, S. 2575.

Neben diesen starken inhaltlichen Argumenten, die die Waage eindeutig zu Gunsten der Gegner des E-DRS 1a ausschlagen lassen, steht das Problem der Inkonsistenz der Standards. Der DSR widerspricht mit E-DRS 1a drei seiner verabschiedeten Standards (DRS 1, 4 und 8) und einem Standardentwurf (E-DRS 14).

In DRS 4 und DRS 8 legt der DSR fest: „Der Goodwill ist planmäßig über die voraussichtliche Nutzungsdauer abzuschreiben."[610] Nicht die Tatsache, daß der DSR mit E-DRS 1a auch eine andere Methode zulassen will, macht stutzig, sondern vielmehr, mit welcher Begründung dies geschieht. Träfen nämlich die o.g. Argumente der Scheingenauigkeit, der Manipulationsmöglichkeit, der Gleichsetzung von „unbestimmbar" und „unbegrenzt" und nicht zuletzt des geänderten Verständnisses des Richtliniengebers zu, so wäre kaum verständlich, warum der DSR trotz dieser zahlreichen Mängel der planmäßigen Abschreibung des Goodwill diese zulassen will. Eine im Zeitablauf geänderte Auffassung kommt als Begründung kaum in Betracht. DRS 4 wurde erst am 29. August 2000 verabschiedet, DRS 8 am 3. April 2001.

Ein weiterer Widerspruch ergibt sich aus DRS 4, Tz. 33. Dort finden sich detaillierte Vorschläge zur Bestimmung der voraussichtlichen Nutzungsdauer des Goodwill. Der Begriff „unbestimmbar" wird vom DSR in E-DRS 14 definiert: „Die Nutzungsdauer gilt als unbestimmbar, wenn keine rechtlichen, wirtschaftlichen oder sonstigen Faktoren vorliegen, aus denen eine Begrenzung der Nutzungsdauer oder des künftigen wirtschaftlichen Nutzenpotenzials des immateriellen Vermögenswertes für das Unternehmen abgeleitet werden kann."[611] Die Liste des DRS 4 Tz. 33 enthält aber eine Ansammlung rechtlicher, wirtschaftlicher und sonstiger Faktoren, die der Bestimmung der Nutzungsdauer des Goodwill dienen. Damit wäre die Nutzungsdauer des Goodwill im Ergebnis durchaus bestimmbar.[612]

In DRS 1 legt der DSR zum Einklangserfordernis fest: „Das Einklangserfordernis bezieht sich nicht auf die deutsche Umsetzung der 4. und 7. EG-RL und auch nicht auf eine in Deutschland übliche Auslegung der EG-RL, sondern die Umsetzung und deren anerkannte Anwendung in den EU-Mitgliedstaaten."[613] Selbst wenn das vom DSR postulierte geänderte Verständnis der Richtlinie eine neue Auslegung in Deutschland hervorbringt, ist diese laut eigener Aussage des DSR nicht relevant. Die „Umsetzung und anerkannte Anwendung" hingegen kennt in keinem Mitgliedstaat der EU den IOR. Zudem weist der DSR im selben Standard darauf hin, daß die ausschließliche Informationsfunktion des Konzernabschlusses bei der Richtlinienauslegung zu berücksichtigen sei.[614] Diese Aussage macht den Hinweis auf die frühere steuerliche Gewinner-

[610] DRS 4, Tz. 31; DRS 8, Tz. 23.
[611] E-DRS 14, Tz. 24.
[612] Vgl. *Henselmann, Klaus,* Stellungnahme, 2001, S. 2.
[613] DRS 1, Tz. 21. Vgl. auch *Busse von Colbe, Walther,* Firmenwert, 2001, S. 878.
[614] Vgl. DRS 1, Tz. 23.

mittlung ohne planmäßige Abschreibung des Geschäfts- oder Firmenwertes in E-DRS 1a, Tz. 4 obsolet.[615]

Zusammenfassend kann festgehalten werden, daß die These *Moxter*s, „dieser erste Vorstoß des DSR in den Kern des Bilanzrechts hätte nicht ärger misslingen können“[616], von nahezu allen Fachvertretern geteilt wird.[617] Um so aufschlußreicher ist ein Blick auf die Stellungnahmen zu E-DRS 1a. Insgesamt sind auf der Webseite des DRSC 19 Stellungnahmen zu E-DRS 1a veröffentlicht.[618] Acht Stellungnahmen stammen von DAX 30-Unternehmen.[619] Vier liegen von Privatpersonen bzw. Hochschulangehörigen vor, vier weitere von Interessenvertretungen bzw. Kammern.[620] Je eine geht zurück auf die K+S AG, die Deutsche Bundesbank sowie die Schmalenbach-Gesellschaft für Betriebswirtschaft e.V. (SG).

Die oben herausgearbeitete kritische Meinung zum E-DRS 1a wird von allen Privatpersonen/Hochschulangehörigen, von der Deutschen Bundesbank, von der SG sowie der K+S AG geteilt. Alle acht DAX 30-Unternehmen hingegen begrüßen den Standardentwurf und teilen die Auffassung des DSR, indem sie seine (angreifbaren) Argumente wiederholen. Ein ähnliches Bild zeigen die Interessenverbände. Hier spricht sich allein die Bundessteuerberaterkammer gegen den E-DRS 1a aus.

Es ist ein offenes Geheimnis, daß die umstrittene Regelung der SFAS 141 und 142 nicht ohne das Zutun der amerikanischen Manager[621] als Gegengewicht zur Abschaffung der Interessenzusammenführungsmethode auf politischen Druck hin vom FASB verabschiedet wurde.[622] Betrachtet man nun, aus welchen Lagern die positiven Stellungnahmen zum E-DRS 1a kommen, so ist der Verdacht, daß der deutsche Regulierer sich auch in prozeßualer Hinsicht amerikanischen Gepflogenheiten annähert, kaum von der Hand zu weisen. Ob ein Rahmenwerk den durch gezielte Einflußnahme ermöglichten Einfall dieser systemwidrigen Bilanzierungsmethode verhindert hätte, ist fraglich.

Auch wenn sich die Darstellung auf nur einen - wenn auch prominenten - Einzelfall stützt, kann verallgemeinernd festgestellt werden, daß das Problem interessengeleiteter Standardsetzung in der Rechnungslegung mit den negativen Folgen für Konsistenz und

---

615 So auch *Henselmann, Klaus*, Stellungnahme, 2001, S. 3.
616 *Moxter, Adolf*, Irrwege, 2001.
617 A.A. *Zimmermann, Jochen*, Signale, 2002, passim.
618 Vgl. http://www.drsc.de/ger/standards/overview/e-drs%201a.html.
619 Darunter gehören zu den US-GAAP-Anwendern DaimlerChrysler, Deutsche Bank, E.ON, Siemens, ThyssenKrupp. Zu den IAS-Anwendern zählen Bayer, Metro und Münchner Rück.
620 Bundessteuerberaterkammer; Bundesverband Deutscher Banken e.V., Bundesverband öffentlicher Banken Deutschlands e.V.; Gesamtverband der Deutschen Versicherungswirtschaft e.V.
621 A.A. *Hommel, Michael*, Goodwillbilanzierung, 2001, S. 1943.
622 Vgl. *Pellens, Bernhard/Sellhorn, Thorsten*, Goodwill-Bilanzierung, 2001, S. 713.

Akzeptanz der DRS und Autorität des DSR nicht übersehen werden kann. Kapitel 4 widmet sich dieser Problematik ausführlich.

3.7 Ausblick

Es wurde festgestellt, daß dem DRSC, trotz aller Kritik, wichtige Aufgaben zufallen. Es kann zwar keine GoB festlegen, erarbeitet aber Rechnungslegungsstandards mit hoher faktischer Bindungswirkung. Auch wenn diese Aufgabe nach den zu erwartenden großen Umwälzungen im deutschen Bilanzrecht weniger Gewicht hat, bleiben auf Dauer folgende wesentliche Elemente erhalten:

(1) Das DSR hat die wichtige Aufgabe, Deutschland auch über 2005 hinaus im IASB zu vertreten.

(2) Die Zulassung eines privaten Standardsetters ist ein Beitrag zur Deregulierung und Einbringung eines induktiven Elements der GoB-Ermittlung.

(3) Der DSR und seine Arbeitsgruppen bieten eine Ansammlung an *Know-how* für alle weiteren Projekte im Bereich der Rechnungslegung, z.B. für die Entkoppelung von Handels- und Steuerbilanz.[623]

Die organisatorische Ausgestaltung war in Deutschland ohne Vorbild. Das DRSC mußte aus dem Nichts geschaffen werden. Es verwundert nicht, daß viele organisatorische Details, wie z.B. Regelungen zur Abberufung von Gremiumsmitgliedern oder die Form der Finanzierung, noch austariert werden müssen. Das DRSC sollte sich dieser Aufgabe schnell widmen, um die Akzeptanz und Verbreitung seiner Standards und damit auch sein Ansehen zu fördern, denn zentral für Ansehen und Akzeptanz des DRSC, des DSR und seiner DRS ist die Unabhängigkeit. Besteht der Verdacht, daß sich der Standardisierer vor den Karren von Interessengruppen spannen läßt oder daß auch nur einzelne Mitglieder unter dem Einfluß bzw. dem Druck von Partikularinteressen stehen, ist der Schaden für das frisch gegründete Gremium und für die Idee einer Deregulierung im Bereich der Rechnungslegung immens. In einem nächsten Schritt sollen daher die Gefahren für die Unabhängigkeit aufgezeigt werden. Dabei darf nicht übersehen werden, daß auch der Gesetzgeber dem Einfluß von Interessengruppen ausgesetzt ist. Eine mögliche Einflußnahme auf den Standardisierer muß auch unter diesem Aspekt überprüft werden.

---

623 Vgl. z.B. *Niehus, Rudolf J.*, Zukunft, 2001, S. 58f.

4 DIE UNABHÄNGIGKEIT DES DSR IM SCHATTEN DES EINFLUSSES VON INTERESSENVERBÄNDEN

4.1 Einführung ökonomischer Untersuchungsmethoden in politische Fragestellungen

Die klassische Politische Wissenschaft bearbeitet ihre Fragestellungen mit der Ausrichtung, Zustände zu beschreiben und normative Aussagen zu treffen.[624] Hierbei wird zwar das Handeln einzelner, am politischen Prozeß teilnehmender Gruppen, wie z.B. der Wähler, der Regierung oder des Parlamentes betrachtet, nicht jedoch der einzelne Akteur und dessen Anreize. Staatliches Handeln wird von dem Gedanken getragen, das Wohl der Bürger zu maximieren. Die Programme, die zu diesem Ziel führen sollen, können zwar sehr unterschiedlich sein,[625] aber die Akteure handeln innerhalb ihrer Wertvorstellungen wohlwollend, völlig frei von eigenen Interessen und Bedürfnissen.[626]

Die Neue Politische Ökonomie (NPÖ) hingegen betrachtet alle Akteure im politischen Prozeß als nutzenmaximierende, rational handelnde Individuen und führt damit klassische Begriffe der Ökonomie in den Bereich der Politikwissenschaft ein. „Der *wohlwollende Diktator* wird also durch den *egoistischen Demokraten* ersetzt...".[627] Diese Vorgehensweise wurde zunächst als „Ökonomischer Imperialismus"[628] bezeichnet. Die NPÖ ist heute aber fester Bestandteil politischer und wirtschaftswissenschaftlicher Forschungskonzeptionen. Das Instrumentarium der NPÖ ist dazu geeignet, mit Hilfe ökonomischer Überlegungen politische Prozesse zu untersuchen.

In der NPÖ werden die handelnden Individuen in verschiedene Einheiten eingeteilt. Von Bedeutung sind die am politischen Prozeß beteiligten Gruppen:[629] Wähler/Bürger,[630] Politiker, Bürokraten und Interessengruppen.[631] Als Politiker werden hier die Mitglieder von Parteien, Parlamenten und Regierungen gesehen. Dies ändert den Blickwinkel, denn es wird nicht von der in der Rechtswissenschaft und der klassischen Politikwissenschaft bestehenden Trennung von Legislative und Exekutive ausgegangen. In Anbetracht der politischen Realität, die durch eine Politikverflechtung zwi-

---

624 Vgl. bspw. *Kirsch, Guy,* Ökonomie, 1993, S. 1 und als Beispiel *Rudzio, Wolfgang,* System, 2000.
625 So hat ein Politiker der PDS ganz andere Vorstellungen darüber, wie die maximale Wohlfahrt aller Bürger erreicht werden kann, als bspw. ein Politiker der FDP.
626 Vgl. bspw. *Pitlik, Hans,* Föderalismus, 1996, S. 151.
627 *Bernholz, Peter/Breyer, Friedrich,* Grundlagen, 1994, S. 2 (Hervorhebungen im Original).
628 *Bernholz, Peter/Breyer, Friedrich,* Grundlagen, 1994, S. 4.
629 Der einzelne kann mehreren Gruppen gleichzeitig angehören. Hieraus resultierende Interessenkonflikte werden nicht modelliert. Betrachtet werden nur die Interessen der Handelnden in ihrer jeweiligen Funktion.
630 Auch in der Eigenschaft als Steuerzahler.
631 Vgl. *Atkinson, Anthony B./Stiglitz, Joseph E.,* Lectures, 1980, S. 296.

schen Parteien, Parlament und Regierung gekennzeichnet ist,[632] ist dies zu rechtfertigen.[633]

Die Wähler bestimmen die Zusammensetzung von Parlamenten und Regierungen anhand ihrer Präferenzen. Diese werden durch Informationen beeinflußt, die sie von Politikern oder Interessengruppen erhalten. Die Politiker treffen Entscheidungen unter (teilweiser) Berücksichtigung der Präferenzen der Wähler, unter den Informationen der Bürokratie und unter Beeinflussung durch Informationen der Interessenverbände.[634] Die Bürokraten wiederum setzen die Entscheidungen der Politiker um. Auch sie werden von den Interessengruppen (durch Information) beeinflußt.

Wenn hier auf Präferenzen und Informationen zurückgegriffen wird, so müssen in diesem Zusammenhang zwei Grundannahmen der NPÖ erwähnt werden:

(1) Alle Akteure verhalten sich rational,[635] d.h. sie verfügen über Präferenzordnungen und wählen diejenige Handlungsalternative, die ihren Nutzen maximiert.[636]

(2) Die Kosten der Informationsbeschaffung sind (außer in Sonderfällen) ungleich null.[637]

4.2 Gefahr für die Unabhängigkeit des Regulierers durch Interessenverbände

„The entire federal budget can be viewed as a gigantic rent up for grabs for those who can exert the most political muscle."[638]

Wie in Abschnitt 3.6.1 beschrieben, ist die Unabhängigkeit des Regulierungsgremiums ein wichtiges Kriterium für dessen Akzeptanz. Gefahr droht für die Unabhängigkeit, wenn durch finanziellen oder persönlichen Druck Einfluß auf die Entscheidungen eines Gremiums ausgeübt wird. Dieser Einfluß wird in der Regel von Interessengruppen entfacht. Unter welchen Umständen sie entstehen und wie sie sich organisieren, hat

632 Vgl. *Laufer, Heinz/Münch, Ursula*, System, 1997, S. 186-195.
633 Vgl. *Pitlik, Hans*, Föderalismus, 1996, S. 152.
634 Die Beeinflussung durch andere Methoden wie bspw. Drohung oder Bestechung wird hier nicht untersucht.
635 Vgl. bspw. *Bernholz, Peter/Breyer, Friedrich*, Grundlagen, 1994, S. 2; *Blankart, Charles*, Finanzen, 1994, S.11.
636 Vgl. *Böventer, Edwin v./Illing, Gerhard*, Mikroökonomie, 1997, S. 18.
637 Vgl. *Blankart, Charles*, Finanzen, 1994, S. 12f.
638 *Mueller, Dennis C.*, Public, 1989, S. 243.

Olson untersucht.[639] Zahlreiche amerikanische Studien haben sich mit der Einflußnahme beschäftigt.[640]

Akteure im politischen Prozeß können mit unterschiedlichen Methoden Entscheidungen beeinflussen. Diese reichen von persönlichen Kontakten zu politischen Akteuren über Informationen und Stellungnahmen zu bestimmten Sachverhalten bis hin zur Beeinflussung der öffentlichen Meinung bspw. durch Demonstrationen. Dabei ist offensichtlich, daß diese Einflußkanäle um so erfolgreicher genutzt werden können, je mehr Ressourcen den Interessenvertretern zur Verfügung stehen. In der Regel schließen sich deshalb Individuen mit gleichgerichteten Interessen zu Interessenverbänden zusammen, um die Aussicht auf Durchsetzung ihrer Interessen zu erhöhen.[641]

Anreize für Individuen zur Teilnahme am politischen Prozeß durch Lobbying lassen sich zeigen.[642] Es sei angenommen, ein Regulierungsgremium diskutiere zwei unterschiedliche, sich gegenseitig ausschließende Versionen (A und B) eines Rechnungslegungsstandards. Diese generieren für ein Individuum unterschiedliche Nutzenniveaus $u_i(\mathrm{A})$ und $u_i(\mathrm{B})$. Die Differenz aus den beiden Größen sei als Regulierungsdifferential bezeichnet.[643] Der Akteur wird versuchen, das Gremium zur Verabschiedung seines bevorzugten Standards zu bewegen, wenn sein Nutzen positiv ist. Es gilt:

(25) $$u_i = p(\,|\,u_i(\mathrm{A}) - u_i(\mathrm{B})\,|\,) - c.$$

Der Nutzen aus dem Regulierungsdifferential, gewichtet mit der Wahrscheinlichkeit p, daß die Einflußnahme den Ausgang der Regulierung entscheidend verändert, muß also größer sein als die Kosten c, die mit der Einflußnahme verbunden sind.

Die oben postulierte Annahme, wonach sich Einfluß eher durch einen Zusammenschluß gleichgerichteter Interessen als durch einzelne Individuen ausüben läßt, kann hier plausibilisiert werden. Zum einen steigt mit zunehmendem Organisationsgrad die Wahrscheinlichkeit p, daß die Aktionen eines Verbandes den Ausgang der Regulie-

---

639 Vgl. grundlegend *Olson, Mancour*, Logic, 1965; *Olson, Mancour*, Nations, 1982. Mit direktem Bezug zur Rechnungslegung vgl. *Watts, Ross L./Zimmerman, Jerold L.*, Positive, 1984, S. 224-226.

640 Vgl. den Überblick bei *Mueller, Dennis C.*, Public, 1989, S. 237.

641 Für diese Interessenverbände finden sich in der Literatur eine Reihe von Ausdrücken, u.a. Lobby, *pressure group*, Interessengruppe oder Verband. Die Bezeichnungen betonen unterschiedliche Funktionen. So zielen Lobby und *pressure group* auf die Wirkungsweise, Interessenverband bzw. -gruppe auf das Ziel und Verband auf die Organisation des Zusammenschlusses ab. Da dies nur unterschiedliche Aspekte derselben Ausprägung sind, sollen die Begriffe hier synonym verwendet werden. Vgl. *Daumann, Frank*, Interessenverbände, 1999, S. 9-11.

642 Vgl. mit direktem Bezug zur Regulierung der Rechnungslegung in Großbritannien und den USA *Sutton, Timothy G.*, Analysis, 1984.

643 Analog zum sogenannten Parteiendifferential; vgl. *Atkinson, Anthony B./Stiglitz, Joseph E.*, Lectures, 1980, S. 309.

rung zu dessen Gunsten verändern. Zum anderen sinken durch Skaleneffekte die Kosten *c*, die auf das einzelne Verbandsmitglied entfallen.

Daß Anreize bestehen, innerhalb des politischen Systems der Bundesrepublik Deutschland Lobbying zu betreiben, zeigt sich an der hohen Anzahl beim Bundestag registrierter Verbände und deren Vertretern. Nach der Geschäftsordnung des Deutschen Bundestages müssen sich Verbände und deren Vertreter registrieren lassen, um ein Anhörungsrecht in den parlamentarischen Gremien zu genießen.[644] Derzeit sind in dieser Liste ca. 2.000 Verbände mit mehreren Tausend Lobbyisten verzeichnet.[645] Auch eine Untersuchung der Kontakte zwischen Interessenvertretern und Bundestagsabgeordneten für den 11. Deutschen Bundestag (1987-1990) zeigte die starke Bedeutung von Lobbyismus in der Bundesrepublik Deutschland.[646]

Welche Einflußmittel und -adressaten sich den Verbänden im politischen System der Bundesrepublik Deutschland eröffnen, zeigt Abbildung 4.

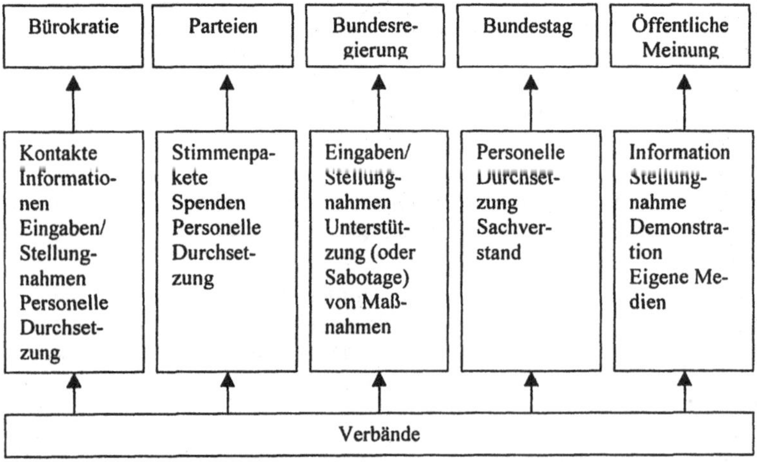

Abbildung 4: Adressaten und Methoden von Verbandseinfluß.[647]

644 Vgl. Geschäftsordnung des Deutschen Bundestages, 2001, Anlage 2 Abs. 1.

645 Vgl. Deutscher Bundestag, Liste, 2001.

646 Vgl. *Hirner, Manfred*, Interessen, 1993. *Hirner* sieht darin eine Widerspiegelung der Vielfalt gesellschaftlicher Interessen (Vgl. ebd., S. 182). Daß auch im US-amerikanischen Rechtskreis Lobbyismus eine wichtige Rolle spielt, zeigt für den Bereich der Regulierung der Rechnungslegung *Armstrong, Marshall S.*, Politics, 1977, S. 77-79, der sich dezidiert kritisch zur Einflußnahme der WP-Gesellschaften und der Industrie auf das FASB äußert.

647 In Anlehnung an *Rudzio, Wolfgang*, Demokratie, 1982, S. 41.

4.3 Begründung von Lobbying bei der Regulierung der Rechnungslegung

Auch im Bereich der Regulierung der Rechnungslegung wird eine Gefahr für die Unabhängigkeit des Regulierers aufgrund der „Gefangennahme" durch Interessenverbände gesehen.[648]

Unabhängig von der Form der Regulierung ist die Standardsetzung in der Rechnungslegung Expertenangelegenheit. Nur selten wird die Thematik von einer breiten Öffentlichkeit wahrgenommen.[649] Dabei sind die Experten einerseits direkt an der Regulierung beteiligt,[650] andererseits können sie sich über die Einflußnahme auf den Ausgang der Regulierung beteiligen. Beides interessiert, wenn man Aktivitäten von Interessengruppen analysieren will, da die direkt an der Regulierung Beteiligten auch Mitglieder von Interessengruppen sein können.

Rational handelnde Individuen bzw. Interessenverbände nehmen nur dann Einfluß auf eine Standardisierung, wenn sie aus ihrer Aktivität einen positiven Gesamtnutzen erwarten. Dieser beruht maßgeblich auf dem Regulierungsdifferential.[651] Versteht man die Regulierung der Rechnungslegung als nachvertragliche Ergänzung unvollständiger Verträge,[652] kann man Anreize zur Einflußnahme bei folgenden Akteuren identifizieren:

(1) *Manager der Unternehmen* können bei einer Veränderung der Rechnungslegungsregeln erhebliche Änderungen ihrer Vermögensposition erwachsen. Dies liegt darin begründet, daß ihre Entlohnung häufig an aus der Rechnungslegung stammenden Kenngrößen ausgerichtet wird.[653] Auch wenn keine direkte Verknüpfung von Gehalt und Erfolg gegeben ist, hat ein Manager Interesse daran, Mißerfolge zu verschleiern und Erfolge herauszustellen. Hierzu kann er Bilanzpolitik jedoch nur insoweit betreiben, wie ihm die Regeln Spielräume lassen.[654]

(2) *Anteilseigner und nichtinstitutionelle Gläubiger* haben im Regulierungsprozeß eine vergleichsweise schwache Position, da aufgrund des Fehlens von Experten-

---

648 Zur sogenannten capture theory vgl. *Peltzman, Sam,* Regulation, 1976; vgl. auch *Schneider, Dieter,* Theorien, 1992, S. 11f.

649 Vgl. *King, Ronald/Waymire, Gregory,* Contracts, 1994, S. 582; *Ordelheide, Dieter,* Zwänge, 1997, S. 238.

650 Zum Beispiel als Mitglieder der für die Regulierung verantwortlichen Gremien oder als Angehörige der Ministerialbürokratie.

651 Vgl. Gleichung (25).

652 Vgl. *Kirchner, Christian,* Überlegungen, 1997, S. 277-280; *Ordelheide, Dieter,* Zwänge, 1997, S. 240f.; *Watts, Ross L./Zimmerman, Jerold L.,* Positive, 1986, S. 196-198.

653 Vgl. *Hebertinger, Martin,* Wertsteigerungsmaße, 2002, S. 26.

654 Vgl. *Ordelheide, Dieter,* Zwänge, 1997, S. 245. In den USA beteiligen sich Manager bspw. über das *Committee on Corporate Reporting* (CCR) des *Financial Executive Institute* (FEI) am *due process.* Sie veröffentlichen Kriterien, die sie an Standards anlegen. Vgl. *Wulff, John K./Koski-Grafer, Susan,* Characteristics, 1998.

wissen ihre Kosten im Verhältnis zum möglichen Nutzen einer Einflußnahme hoch sind. Sie dennoch zu schützen ist eine Aufgabe, die sich der Regulierer zu eigen machen soll.[655]

(3) *Banken* sind in einer zwiespältigen Situation, da für sie einerseits strenge Offenlegungsregeln für ihre Schuldner von Vorteil sind, sie jedoch andererseits selbst zur Rechnungslegung verpflichtet sind und ihr Interesse insofern mit dem der Manager zusammenfällt.[656] Da Banken bei ihren Schuldnern in der Regel vertraglich vereinbarte Einblicksmöglichkeiten haben, die weit über die Einsichtnahme in publizierte Rechnungslegung hinausgehen, dürften sich in diesem Konflikt eher die Interessen der Manager durchsetzen.[657]

(4) *Wirtschaftsprüfer* haben einerseits niedrige Kosten der Einflußnahme, da ein hohes Maß an Fachkenntnis besteht.[658] Andererseits ist ihre Vermögensposition von Rechnungslegungsregeln stark betroffen, da sie ihre Einschätzungen in Abhängigkeit vom bestehenden Rechnungslegungssystem abgeben müssen. Ein Wechsel der Regeln verändert auch das Risiko der Wirtschaftsprüfer. Sie haben daher insgesamt einen hohen Anreiz zur Einflußnahme.[659]

(5) Ähnlich ist die Anreizstruktur bei *Finanzanalysten*. Sie haben bei Fehleinschätzungen erhebliche Reputationsverluste zu tragen und sind damit an einer möglichst rigiden Rechnungslegungspflicht interessiert. Da sie keine großen Einarbeitungskosten tragen müssen, werden sie sich als Interessengruppe im Regulierungsprozeß etablieren.[660]

(6) *Hochschullehrer* haben wie die Wirtschaftsprüfer kaum fachspezifische Einarbeitungskosten, allerdings ziehen Veränderungen in der Rechnungslegung keine Veränderung ihrer Vermögensposition nach sich.[661] Wenn sich Hochschullehrer den-

655 Vgl. *Ordelheide, Dieter,* Zwänge, 1997, S. 245f.

656 Vgl. *Chmielewicz, Klaus,* Kommission, 1988, S. 62.

657 Vgl. *Ordelheide, Dieter,* Zwänge, 1997, S. 246.

658 Die Fachkenntnis erlaubt auch eine „unauffällige" Art der Einflußnahme: Die Ansicht, daß Wirtschaftsprüfer aufgrund ihrer Expertise maßgeblich am Regulierungsprozeß der Rechnungslegung beteiligt sein sollten, ist weit verbreitet. Vgl. zu dieser Problematik *Burggraaff, J.A.,* Dimension, 1983, S. 4f.

659 Vgl. *Chmielewicz, Klaus,* Kommission, 1988, S. 63; *Ordelheide, Dieter,* Zwänge, 1997, S. 246f. Ein Indiz für den Anreiz der Wirtschaftsprüfer, auf die Standardsetzung Einfluß zu nehmen, ist die innerhalb des AICPA institutionalisierte Teilnahme am *due process* des FASB. Das AICPA hat mit dem Accounting Standards Executive Committee (AcSEC) ein eigenes Komitee, das für die Kommentierung von FASB *proposals* zuständig ist. Vgl. zur Arbeit des AcSEC *Kaplan, David/Fender, Elisabeth A.,* Committee, 1998. Zur Einflußnahme aus Sicht einer großen WP-Gesellschaft (Deloitte & Touche) vgl. *Smith, John T.,* Responding, 1998.

660 Finanzanalysten beteiligen sich am Standardisierungsprozeß im FASB und im IASB und veröffentlichen Kriterien, die sie an Standards anlegen. Vgl. *Knutson, Peter H./Napolitano, Gabrielle U.,* Criteria, 1998, S. 170.

661 Vgl. *Ordelheide, Dieter,* Zwänge, 1997, S. 247.

noch aktiv an einer Einflußnahme auf die Regulierung der Rechnungslegung beteiligen,[662] so ist dies auf andere nutzenstiftende Faktoren wie die Signalisierung von Fachkompetenz oder die Erhöhung des sozialen Prestiges zurückzuführen. Auch der Wunsch nach „Gerechtigkeit" im Sinne einer Durchsetzung der als richtig erkannten Regelungen mag bei Hochschullehrern Einfluß auf die Entscheidung haben.[663]

(7) Während die für den einzelnen *Arbeitnehmer* hohen Kosten einer Einflußnahme durch Interessenvertretungen wie Gewerkschaften gesenkt werden können, ist der zu erwartende Nutzen der Einflußnahme gering einzuschätzen, da Arbeitnehmer nur selten erfolgsabhängig entlohnt werden[664] und Gewerkschaften durch ihre über die Mitbestimmung[665] festgelegten Einblicksrechte in Unternehmen bei Tarifverhandlungen nur begrenzt auf Informationen aus der Rechnungslegung angewiesen sind.[666]

Zu erwarten ist, daß die Gruppen mit besonders hohen Anreizen zu Lobbyaktivitäten diese auch tatsächlich entfalten. Hierunter fallen vor allem die Manager der Unternehmen und die Wirtschaftsprüfer. Weniger starkes Engagement ist seitens der Hochschullehrer, der Arbeitnehmer und der Anteilseigner zu erwarten. Empirische Untersuchungen zu dieser Frage sind zahlreich; sie sollen im Folgenden thematisiert werden.

4.4 Empirische Untersuchungen zum Einfluß von Interessenverbänden auf die Regulierung der Rechnungslegung

4.4.1 Überblick über empirische Untersuchungen

Die empirischen Studien zum Verhalten und Einfluß von Interessengruppen auf die Regulierung der Rechnungslegung in den USA sind zahlreich.[667] Beeinflussungen

---

662 Vgl. bspw. *Hartl, Rudolf,* Politikberatung, 1986.

663 Vgl. *Federmann, Rudolf,* Memoranden, 1980, S. 427; in diesem Sinne auch *Owen, Dwight D.*, Controversy, 1997, S. 614f; *Schneider, Dieter,* Theorien, 1992, S. 13.

664 Vgl. *Ordelheide, Dieter,* Zwänge, 1997, S. 246.

665 Vgl. § 7 MitbestG i.V.m. § 25 Abs. 1 MitbestG.

666 Niedrigen Einfluß der Gewerkschaften auf die Transformation der 4. und 7. EG-Richtlinie in deutsches Bilanzrecht attestiert auch *Chmielewicz, Klaus,* Kommission, 1988, S. 63.

667 Den Einfluß von Stellungnahmen zu *exposure drafts* auf die Entscheidung des FASB analysieren *Brown, Paul R.*, Analysis, 1981; *Deakin, Edward B.*, Oil, 1989; *Francis, Jere R.*, Pension, *1987; Saemann, Georgia,* Examination, 1999; *Tandy, Paulette, R./Wilburn, Nancy L.*, Constituent, 1992; *dies.*, Academic, 1996. Zusammenhänge zwischen öffentlich bekundeten Präferenzen von WP-Gesellschaften und ihren Mandanten und deren Auswirkungen auf das FASB untersucht *Haring, John R.*, Rules, 1979; die Glaubwürdigkeit von Stellungnahmen durch den Zusammenhang zwischen Managerverhalten und Lobbying untersuchen *Kelly, Lauren,* Changes, 1982; *dies.*, Evidence, 1985; *King, Raymond D./O'Keefe, Terrence B.*, Trading, 1986; das Zusammenspiel von WP-Gesellschaften und deren Mandanten in bezug auf Lobbying untersuchen *McKee, A. Ja-*

durch Lobbyisten werden auch für Großbritannien,[668] Australien[669] oder das IASC[670] diskutiert. Für Deutschland wurde das Problem bisher nur selten und ausschließlich in bezug auf die Umsetzung der 4. EG-Richtlinie in deutsches Recht untersucht.[671] Zum Lobbying beim DSR liegen - wenig überraschend - noch keine empirischen Untersuchungen vor.

Vor den Ausführungen zu den empirischen Studien ist es sinnvoll, einen verallgemeinerten Regulierungsprozeß zu betrachten und daran die Möglichkeiten des Lobbying zu verdeutlichen. Folgende Tabelle zeigt den Ablauf eines Regulierungsprozesses und die Ansatzpunkte für Lobbying. Die Darstellung ist bewußt allgemein gehalten, um sie auf den im Detail unterschiedlichen Standardisierungsprozeß in verschiedenen Ländern gleichermaßen anwenden zu können.

John R., Rules, 1979; die Glaubwürdigkeit von Stellungnahmen durch den Zusammenhang zwischen Managerverhalten und Lobbying untersuchen *Kelly, Lauren*, Changes, 1982; *dies.*, Evidence, 1985; *King, Raymond D./O'Keefe, Terrence B.*, Trading, 1986; das Zusammenspiel von WP-Gesellschaften und deren Mandanten in bezug auf Lobbying untersuchen *McKee, A. James/Williams, Paul F./Beal Frazier, Katherine*, Consent, 1991; die Einflußnahme bzw. Zusammenarbeit bestimmter Gruppen untersucht *Puro, Marsha*, Audit, 1984; *dies.*, Firms, 1985.

668 Vgl. bspw. *Gilfedder, Doreen/Ó hÒgartaigh, Ciarán*, Grasshoppers, 1998 fast identisch mit *dies.*, Participation, 2001; *Hope, Tony/Briggs, John*, Lessons, 1982; *MacArthur, John B.*, Implications, 1988; *ders.*, Analysis, 1988; *Sutton, Timothy G.*, Introduction, 1988.

669 Vgl. bspw. *Coombes, Robert J./Stokes, Donald J.*, Responsiveness, 1985; *Deegan, Craig/Morris, Richard/ Stokes, Donald*, Disclosure, 1990; *Klumpes, P. J. M.*, Politics, 1994.

670 Vgl. bspw. *Kenny, Sara Y./Larson, Robert K.*, Development, 1993.

671 Vgl. *Ordelheide, Dieter*, Ökonomie, 1998 bzw. *McLeay, Stuart/Ordelheide, Dieter/Young, Steven*, Lobbying, 2000 und *Chmielewicz, Klaus*, Kommission, 1988; *Federmann, Rudolf*, Memoranden, 1980.

Stage of Rulemaking	*Elements*	*Modes of Lobbying*	*Evidence*
Agenda Entrance	1. Issue emerges and gains admission to agenda	Discussion with members of regulatory bodies, politicians, and so on; pressure through media reports, campaigns	Surveys, government reports, newspaper and other media comment
Formal Consideration of Agenda Items	2. Discussion memorandum or paper drafted and released	Written submissions, informal discussions	Written submission
	3. Exposure draft(s) prepared and released	Written submissions, informal discussions	Written submissions, media releases
	4. Open hearings and working parties	Representations to a regulatory body	Transcripts of testimony
	5. Standard prepared, approved and issued	Press releases; meetings of professional bodies; contact with regulators and politicians	Text of standards/policy notes
Post Enactment Review	6. Assessment of impact of approved standard	Press releases; meetings with various professional and government bodies; noncompliance with accounting standards	Review letters; reporting practices

Tabelle 5: Elements of the Profession-Sponsored Rule-Making Process.[672]

Der Schwerpunkt der empirischen Untersuchungen liegt auf den Elementen 2 und 3 des Prozesses. Die Vermutung liegt nahe, daß dies aus der eindeutigen und relativ leicht zu eruierenden Datenlage der eingereichten schriftlichen Stellungnahmen resultiert.

Die Studien kommen u.a. zu folgenden Ergebnissen:[673]

(1) Regulierer beachten die Stellungnahmen von Interessengruppen bei ihren Entscheidungen.[674]

(2) Regulierer beachten die Stellungnahmen von Interessengruppen bei ihren Entscheidungen nicht. Dies kann entweder daran liegen, daß der Regulierer versucht,

[672] Quelle: *Walker, Robert G./Robinson, Peter,* Assessment, 1994, S. 7.
[673] Vgl. auch *Walker, Robert G./Robinson, Peter,* Assessment, 1994, S. 8.
[674] Vgl. *Hope, Tony/Briggs, John,* Lessons, 1982, S. 83.

mehrere unterschiedliche Eingaben in Einklang zu bringen oder daß er Eingaben schlicht ignoriert.[675]

(3) Die großen WP-Gesellschaften haben im Vergleich zu anderen Einflußgruppen ein hohes Durchsetzungspotential,[676] sind aber selbst kaum von ihren Mandanten beeinflußt.[677]

(4) Die großen WP-Gesellschaften haben keinen signifikanten Einfluß auf die Entscheidungen des FASB.[678] Die großen WP-Gesellschaften setzen sich mit ihren Ansichten weniger häufig durch als die Unternehmen.[679]

Aus den heterogenen Ergebnissen werden ebenso unterschiedliche Schlüsse gezogen. Zum einen wird die Meinung vertreten, der betrachtete Standardsetzer sei unabhängig von politischer Einflußnahme.[680] Zum anderen wird angenommen, der Standardsetzer sei abhängig von den Eingaben interessierter Parteien.[681]

4.4.2 Probleme und Grenzen der empirischen Untersuchung von Lobbyismus

In der Heterogenität der Ergebnisse der empirischen Untersuchungen zum Lobbyismus bei der Entstehung von Rechnungslegungsstandards kommt deren begrenzte Aussagekraft zum Ausdruck. Die unterschiedlichen Ergebnisse beruhen auf einigen Problemen, die im Bereich der Konstruktion der Untersuchungen liegen.

Wie bereits gezeigt, wird in den angeführten Untersuchungen vor allem die Frage nach dem Verhalten der einzelnen Akteure im Standardisierungsprozeß bezogen auf bestimmte Themenbereiche, die bereits auf der Tagesordnung des für die Standardisierung zuständigen Gremiums erscheinen, gestellt. Das Problem, wie einzelne Inhalte auf die Tagesordnung gelangen, wird ebenso ausgeblendet wie der Punkt, wie die institutionellen Arrangements zur Erschaffung von Rechnungslegungsstandards selbst zustande gekommen sind. Was bleibt, ist die Frage, welche Interessen besonders stark vertreten werden und welche Eliten die Macht auf Durchsetzung ihrer Positionen innerhalb vorgegebener Strukturen haben.[682]

So einfach und scheinbar zuverlässig die Auswertung schriftlich vorliegender Stellungnahmen zu sein scheint, bestehen Zweifel, wie verläßlich der Lobbyingprozeß in den Stellungnahmen zum Ausdruck kommt. Zum einen können Stellungnahmen auch

675 Vgl. *Brown, Paul R.*, Analysis, 1981, S. 245.
676 Vgl. *Haring, John R.*, Rules, 1979.
677 Vgl. *Puro, Marsha*, Audit, 1984, S. 641.
678 Vgl. *Brown, Paul R.*, Analysis, 1981, S. 246.
679 Vgl. *Ordelheide, Dieter*, Ökonomie, 1998, S. 14.
680 Vgl. bspw. *Brown, Paul R.*, Analysis, 1981, S. 245f.
681 Vgl. bspw. *Hope, Tony/Briggs, John*, Lessons, 1982, S. 94f.
682 Vgl. *Walker, Robert G./Robinson, Peter*, Assessment, 1994, S. 4f. und 9f.

in anderer Form unterbreitet werden, oder aber sie werden nicht veröffentlicht. Zum anderen ist zu beobachten, daß die Mitglieder des Regulierers die Stellungnahmen nicht in ihr Kalkül einbeziehen, da sie gar keine direkte Kenntnis von ihnen haben, sondern auf die (gefilterten) Zusammenfassungen ihrer Mitarbeiter zurückgreifen.[683]

In vielen Studien ist eine erhebliche Vereinfachung der Aussage von Stellungnahmen zu beobachten. Es gibt jedoch Interessenvertreter, die versuchen, differenzierte Stellungnahmen abzugeben und ihre Meinung mit ökonomischen Daten und detaillierten Ausarbeitungen zu unterlegen. Andere wiederum geben nur sehr grobe Hinweise, daß sie eine bestimmte Passage ablehnen bzw. befürworten, ohne dies näher zu begründen. Die Regulierer ihrerseits betonen, wie sorgfältig alle Stellungnahmen im *due process* beachtet werden.[684] Die Forscher „degradieren" alle Stellungnahmen zu einer einfachen Stimmabgabe pro oder contra ein bestimmtes Projekt.[685] Eine einfache Wertung als ja bzw. nein ist jedoch eine zu starke Vereinfachung.[686]

Auch die Interpretation der schriftlichen Stellungnahmen schafft Probleme. Interessengruppen können versuchen, durch die Stellungnahme andere Regulierungsinitiativen zu beeinflussen. Damit läßt sich der Inhalt einer Stellungnahme nicht mehr eindeutig im Bezug auf das untersuchte Vorhaben klassifizieren. Außerdem gibt es Anhaltspunkte dafür, daß Stellungnahmen häufig als Teil von groß angelegten Kampagnen, bei denen Mitglieder von Interessenverbänden z.B. vorgedruckte Postkarten einsenden, abgegeben werden.[687] Wie diese dann in der empirischen Untersuchung zu werten sind, ist unklar.

Schließlich kommen die Studien auch zu unterschiedlichen Ergebnissen bezüglich der Glaubwürdigkeit der abgegebenen Stellungnahmen. So wurde in einer Untersuchung[688] belegt, daß - entgegen den Erwartungen - die Unternehmen, die sich vor der Einführung von SFAS 8 (Fremdwährungsumrechnung) gegen die geplante Einführung der Zeitbezugsmethode eingesetzt hatten,[689] nach Inkrafttreten von SFAS 8 keinerlei Änderungen in ihrer Finanzpolitik vorgenommen haben, um die höhere Volatilität der Erfolgsziffer z.B. durch die Nutzung derivativer Finanzinstrumente auszugleichen.

---

683 Vgl. *Brown, Paul R.*, Responsiveness, 1981, S. 283.

684 So werden bspw. alle Stellungnahmen, die beim DSR eingereicht werden, „ausgewertet und die wesentlichen Einwendungen und Änderungsvorschläge in einer öffentlichen Sitzung erörtert ..."; § 10 Abs. 1 Ziff. b Geschäftsordnung DSR.

685 Vgl. *Walker, Robert G./Robinson, Peter*, Assessment, 1994, S. 11f.

686 Vgl. *Walker, Robert G./Robinson, Peter*, Assessment, 1994, S. 15.

687 Vgl. *Walker, Robert G./Robinson, Peter*, Assessment, 1994, S. 22.

688 Vgl. *Kelly, Lauren*, Changes, 1982.

689 Als Begründung wurde die höhere Sensitivität der Erfolgsziffer gegenüber Wechselkursschwankungen angegeben.

„The lack of correspondence between these reactions calls into question the value of comment letters for assessing the potential impact of a proposed change."[690]

King/O'Keefe kommen zu einem gegenteiligen Ergebnis.[691] Untersucht wurden die Stellungnahmen von Unternehmen zu SFAS 19 (Oil and Gas Industry). Der Standardentwurf sah vor, alle Ausgaben in Zusammenhang mit erfolglosen Probebohrungen nicht wie bisher aktivieren zu dürfen, sondern voll als Aufwand zu berücksichtigen; er sollte rückwirkend gelten. Die Studie zeigt, daß die Manager von Unternehmen, die bisher den Probebohrungsaufwand aktiviert hatten, sich mit dem Argument steigender Kapitalkosten gegen den Standard einsetzten. Sie blieben erfolglos. Nach Einführung des neuen Standards kam es zu Verkäufen der Anteile der Manager an ihren Unternehmen. In der Studie wird daraus der Schluß gezogen, daß durch schriftliche Stellungnahmen werthaltige Informationen an das FASB gesendet wurden, da die Manager offensichtlich selbst an ihre These der steigenden Kapitalkosten glaubten.[692]

Aufgrund der genannten Probleme lassen die Untersuchungen keine Verallgemeinerungen über die Anfälligkeit des jeweiligen Standardsetters gegenüber Lobbying zu. Hier können die Studien stets nur Aussagen über den jeweiligen Untersuchungsbereich treffen, wobei auf die Methodik der Auswertung besonders zu achten ist. Verallgemeinerungen sind aber über eine andere Fragestellung vieler Studien herzustellen. Dies betrifft die Untersuchung der Teilnahme verschiedener Gruppen am Standardisierungsprozeß. Mit Hilfe der Studien können die in Abschnitt 4.3 dargestellten Anreize zum Lobbying für die unterschiedlichen Gruppen überprüft werden. Auch hier gilt jedoch die Einschränkung, daß Stellungnahmen unterschiedlicher Natur sein können und reine Auszählungen nichts über den Aufwand besagen, den Interessengruppen für eine Teilnahme am Prozeß betrieben haben.

4.4.3 Das Einflußverhalten verschiedener Akteure im Spiegel empirischer Untersuchungen

Gemäß der Einteilung in Abschnitt 4.3 soll hier die Beteiligung von Managern, Anteilseignern, Banken, Wirtschaftsprüfern, Analysten, dem Hochschulbereich und von Arbeitnehmern bzw. Gewerkschaften betrachtet werden. Hierzu werden empirische

---

690 *Kelly, Lauren*, Changes, 1982, S. 170.

691 Vgl. *King, Raymond D./O'Keefe, Terrence B.*, Trading, 1986; die Ergebnisse wurden von einer späteren Studie ähnlichen Inhalts bestätigt. Vgl. *Feroz, Ehsan Habib/Hagerman, Robert L.*, Compensation, 1990.

692 Vgl. *King, Raymond D./O'Keefe, Terrence B.*, Trading, 1986, S. 89.

Studien ausgewertet und eine eigene Analyse der bisher beim DSR[693] eingegangenen Stellungnahmen durchgeführt.[694]

Studien	*Francis* (1987)		*Tandy/Wilburn* (1992)		*Gilfedder/ Ó hÓgartaigh* (2001)		*Coombes/Stokes* (1985)	
Land	USA		USA		GB		AUS	
Zeitraum	1984		1973-1988		1995-1998		1981-1985	
Gegenstand	SFAS 87		SFAS 1-100		DP/FRED		AAS 10-13; 16-18	
Manager	319	62,8 %	7.740	57,9 %	729	52,3 %	104	30,9 %
Banken	42	8,3 %	1.700	12,7 %	-	-	-	-
WP	29	5,7 %	2.101	15,7 %	465	33,3 %	77	22,8 %
Hochschule	0	0,0 %	335	2,5 %	52	3,7 %	42	12,5 %
Analysten	7	1,4 %	239	1,8 %	-	-	0	0,0 %
Privatleute	27	5,3 %	0	0,0 %	77	5,5 %	56	16,6 %
Regierung	0	0,0 %	370	2,8 %	10	0,7 %	24	7,1 %
Sonstige	84	16,5 %	884	6,6 %	62	4,5 %	34	10,1 %
Gesamt	**508**	**100 %**	**13.369**	**100 %**	**1.395**	**100 %**	**337**	**100 %**

Tabelle 6: Stellungnahmen von Interessengruppen in ausgewählten Studien.[695]

[693] Grundlage für die Analyse des DSR bilden 249 Stellungnahmen, die bis 28.2.2002 auf der Internetseite des DRSC veröffentlicht wurden.

[694] Bei der Auswertung wurden folgende Modifikationen vorgenommen: Stellungnahmen von Industrieunternehmen bzw. deren Verbänden werden den Managern zugerechnet, da davon auszugehen ist, daß diese die Stellungnahmen aus ihren Häusern initiieren bzw. beeinflussen. Banken, Versicherungen und deren Verbände wurden zum Bereich Banken zusammengefaßt. WP schließt die Kammern und Institute ein. Der Bereich Regierung umfaßt alle Stellungnahmen von Behörden einschließlich Aufsichtsgremien und Zentralbanken.

[695] Die Studie von *Gilfedder/Ó hÓgartaigh* unterscheidet zwischen Erstellern und Benutzern von Abschlüssen. Banken werden ebenso wie Analysten nicht extra berücksichtigt. Die Nutzer können ebenfalls keiner ausgewiesenen Gruppe zugeordnet werden und werden deshalb herausgenommen. Bei der Studie von *Coombes/Stokes* sind in der Kategorie *„Commerce and Industry"* auch die Banken berücksichtigt.

	DSR	
Manager	104	41,8 %
Banken	62	24,9 %
WP	29	11,7 %
Hoch-schule	31	12,4 %
Analysten	2	0,8 %
Privatleute	11	4,4 %
Regierung	10	4,0 %
Sonstige	0	0,0 %
Gesamt	**249**	**100 %**

Tabelle 7: Stellungnahmen von Interessengruppen beim DSR.

Es zeigt sich, daß die weitaus größte Beteiligung von den Unternehmen ausgeht. Unterstellt man, daß die treibende Kraft hinter diesen Stellungnahmen die jeweiligen Manager sind, so kann man die Überlegung von oben bestätigen. Die hohe potentielle Änderung der Vermögensposition der Manager gepaart mit geringen Einarbeitungskosten ergibt eine starke Beteiligung am Regulierungsprozeß. Ähnliches gilt für die Banken und Versicherungen. Zieht man die im Vergleich zur Industrie relativ geringe Zahl der Unternehmen in Betracht, so ergibt sich eine beachtliche Beteiligung.

Der Hochschulbereich ist in den Studien zu USA und GB nur schwach vertreten. In Australien und beim DSR sind die Akademiker wesentlich aktiver.

Ein Widerspruch zu den oben dargestellten Anreizen ergibt sich bei den Analysten. Es wurde angenommen, daß diese einen hohen Anreiz und geringe Einarbeitungskosten haben und sich deshalb stark am Standardisierungsprozeß beteiligen. Offensichtlich ist dies nicht der Fall. Die starke Aktivität der Privatpersonen in Australien mag an einer fehlenden Zuordnung zu ihrem Tätigkeitsbereich liegen. Es ist anzunehmen, daß sich Anteilseigner und nichtinstitutionelle Gläubiger hinter vielen Privatleuten verbergen.

Die größte Schwankung über alle Studien weist der Bereich der Wirtschaftsprüfer auf. In Deutschland überrascht, daß hier fast nur das IdW und die WPK aktiv sind. Stellungnahmen von den großen fünf WP-Gesellschaften findet man kaum.

Die These, daß Arbeitnehmer bzw. Gewerkschaften nur geringe Vorteile von einer Einflußnahme erwarten, zugleich aber hohe Einarbeitungskosten tragen müssen und deshalb kaum Aktivitäten entfalten, kann bestätigt werden. Eine Teilnahme dieser Gruppen am Standardisierungsprozeß ist nicht erkennbar.

4.5 Auswirkungen des Lobbying auf die gesamtwirtschaftliche Wohlfahrt: Die Theorie des Rent-Seeking und die Regulierung der Rechnungslegung

4.5.1 Formen rentensuchenden Verhaltens

Die Theorie des *Rent-Seeking* ist zentraler Bestandteil der Untersuchung von Interessengruppen und deren Einfluß auf den politischen Prozeß. Sie geht zurück auf *Gordon Tullock*, der untersucht, wie die Aktivitäten von Lobbies, die versuchen, Vergünstigungen zu erlangen, und dafür Ressourcen aufwenden, die gesamtwirtschaftliche Wohlfahrt beeinflussen.[696] Der Begriff des *Rent-Seeking* wurde in diesem Zusammenhang von *Krueger* geprägt.[697] „*Rent*"[698] bezeichnet dabei denjenigen Teil des Einkommens aufgrund des Einsatzes einer Ressource, der über das hinausgeht, was bei jedem beliebigen anderen Einsatz dieser Ressource erzielt werden könnte. Sie geht damit über die Opportunitätskosten hinaus und wäre nicht nötig, um die Ressource einer effizienten Verwendung zuzuführen.[699]

Tullock kommt für den Modellfall, daß sich Lobbyisten für die Erteilung eines Monopols einsetzen, zu dem Ergebnis, daß die gesamtwirtschaftliche Wohlfahrt sinkt. Dies wird anhand folgender Abbildung veranschaulicht:

---

696 Vgl. grundlegend *Tullock, Gordon*, Welfare, 1967. Vgl. auch die Diskussion bei *Weizsäcker, C. Christian v.*, Regulierung, 1982, S. 334-342.

697 Vgl. *Krueger, Anne O.*, Rent-Seeking, 1974.

698 „Rent-seeking does not refer to the behavior of landlords who collect rents on real property. This everyday usage of the word *rent* had best been put in the closet." *Buchanan, James M.*, Seeking, S. 3 (kursiv im Original). Wörtlich übersetzt bedeutet „rent" Miete oder Pacht. Im übertragenen, ökonomischen Sinne spricht man von „Rente" und entsprechend von „rentensuchendem Verhalten".

699 Vgl. *Buchanan, James M.*, Seeking, S. 3; *Milgrom, Paul/Roberts, John*, Economics, 1992, S. 269; *Tollison, Robert D.*, Theory, 1987, S. 144.

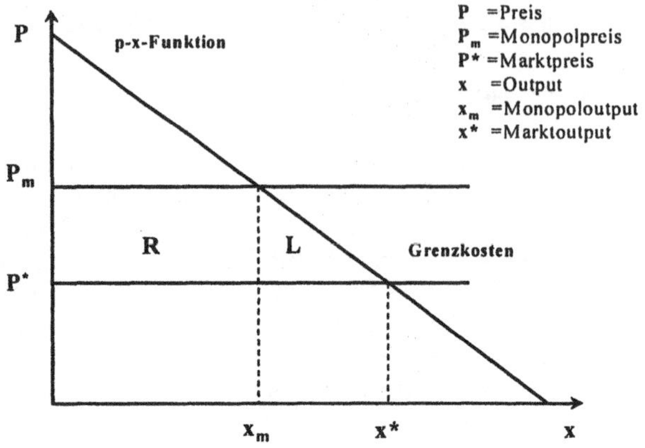

Abbildung 5: Wohlfahrtsverluste durch Monopol und Rent-Seeking.[700]

Angenommen, der Einsatz eines Interessenverbandes führt dazu, ausgehend vom *-Zustand eine Monopolstellung zu erlangen, so wird die Fläche R von der Konsumentenrente zur Produzentenrente. Eine Umverteilung findet statt. Zugleich geht jedoch L der gesamten Rentensumme verloren. Die Produktion ist nicht mehr gesamtwirtschaftlich effizient.[701] Geht man davon aus, daß zwischen mehreren Interessenverbänden vollkommener Wettbewerb um das Monopolrecht herrscht und daß die Wettbewerber risikoneutral sind, so ist die Grenzzahlungsbereitschaft zur Erlangung des Monopols der Barwert von R.[702] Der Vorteil aus der Umverteilung geht den Produzenten verloren. Man spricht von *Rent-Dissipation.*[703]

Es können Faktoren ausgemacht werden, die zusätzlich zu L Wohlfahrtsverluste induzieren und die dazu führen, daß durch L allein der Wohlfahrtsverlust stark untertrieben abgebildet wird.[704] Vielmehr geht R[705] zusätzlich zu L durch die Ausgaben der Lob-

---

700 Quelle: *Tullock, Gordon,* Welfare, 1967, S. 225.

701 Diese Erkenntnis der klassischen Mikroökonomie geht zurück auf *Harberger, Arnold C.*, Monopoly, 1954.

702 Vgl. *Hillman, Arye L./Katz, Eliakim,* Rent Seekers, 1984, S. 108. Die *rent dissipation* verringert sich mit zunehmender Risikoaversion der rentensuchenden Akteure und mit zunehmender Rente; vgl. ebd.

703 Vgl. *Higgins, Richard S./Shugart II, William F./Tollison, Robert D.*, Entry, 1988, S. 131. *Pitlik, Hans,* Föderalismus, 1996, S. 168. Im umgekehrten Fall, daß ein Unternehmer sich bspw. durch eine Erfindung ein Monopol geschaffen hat, verschwindet seine Monopolrente ebenfalls durch den Markteintritt von Konkurrenten, wenn vollkommener Wettbewerb, also uneingeschränkter Marktzutritt, besteht.

704 Vgl. *Tullock, Gordon,* Rent Seeking, 1993, S. 10.

byisten zur Sicherung ihres Monopols bzw. durch Ausgaben der Konkurrenten zur Brechung des Monopols verloren.[706] Sie werden der produktiven Verwendung entzogen, ohne gesamtgesellschaftlichen Nutzen zu stiften. Auch die Ressourcen, die bspw. Politiker aufwenden, um in den Genuß von Bevorzugungen durch die Interessenverbände zu kommen, gehen der gesellschaftlichen Wohlfahrt verloren.[707]

Dem *Rent-Seeking* ist zu eigen, daß es den Anteil der Mitglieder einer Verteilungskoalition[708] an der zu verteilenden Wohlfahrt vergrößert, zugleich jedoch die gesamtwirtschaftliche Wohlfahrt verkleinert.[709] „Das vertraute Bild des Zerteilens des sozialen Kuchens erfaßt das Wesen der Situation nicht recht; es ist vielleicht besser, an Ringer zu denken, die im Porzellanladen um dessen Inhalt kämpfen."[710] Daß sich Interessengruppen für die Steigerung der gesamten Wohlfahrt, z.B. durch Effizienzsteigerungen, also für *Rent-Creation* statt *Rent-Seeking* einsetzen und damit ihren absoluten Anteil an der Wohlfahrt vergrößern, ohne andere zu belasten, ist unwahrscheinlich. Zu klein sind die Verbesserungen, die sich aufgrund dieser Strategie für das einzelne Mitglied einer Interessengruppe ergeben; zu groß sind die Kosten, die für diese Strategie anfallen.[711]

Zwar ist das Beispiel sehr eingängig, es wäre jedoch zu kurz gegriffen, die Theorie lediglich auf das Erlangen einer Monopolstellung anzuwenden. Jede Einflußnahme seitens einer Interessengruppe, die den Anteil ihrer Mitglieder an der zu verteilenden Wohlfahrt vergrößert, ist zu berücksichtigen. Hierunter fällt zum Beispiel der Versuch, durch eine staatliche Festsetzung von Preisen[712] oder Löhnen, die über denen des freien Marktspiels liegen, Vorteile zu erlangen.[713] Auch das Hinwirken auf eine unterschiedliche Besteuerung verschiedener Einkünfte[714] fällt unter *Rent-Seeking*.[715]

---

705 *Tullock* selbst spricht vom „*Tullock*-Rectangle"; *Tullock, Gordon,* Rent Seeking, 1993, S. 10.

706 Vgl. *Mueller, Dennis C.*, Public, 1989, S. 230. Die Höhe dieser *rent dissipation* ist abhängig von der Höhe der Gesamtrente und der Risikoeinstellung.

707 Während die Vergünstigung selbst eine reine Umverteilung darstellt; vgl. *Posner, Richard A.*, Costs, S. 812.

708 Der Begriff Verteilungskoalition wurde von *Olson* geprägt. Vgl. *Olson, Mancour,* Nationen, 1991, S. 56.

709 Vgl. *Tullock, Gordon,* Rent Seeking, 1993, S. 22.

710 *Olson, Mancour,* Nationen, S. 55f.

711 Vgl. *Olson, Mancour,* Nationen, S. 53-55.

712 Interessant ist in diesem Zusammenhang, wie sich bestimmte Interessenverbände, wie z.B. der Börsenverein des Deutschen Buchhandels e.V., für die Beibehaltung der Buchpreisbindung in Deutschland durch ein neues Preisbindungsgesetz einsetzen. Ein Musterbeispiel für Lobbyismus findet sich in der Erklärung des Vorstandes des Börsenvereins: „Der Börsenverein hat inzwischen Gespräche mit der Regierung und einzelnen Fraktionen des Deutschen Bundestages geführt. Bundeskanzler Gerhard Schröder hat Bereitschaft signalisiert, ein solches Gesetz zu unterstützen." *Börsenverein des Deutschen Buchhandels e.V.*, Erklärung, 2001.

713 Vgl. *Milgrom, Paul/Roberts, John,* Economics, 1992, S. 270.

714 Z.B. durch die Einführung bestimmter Absetzungsmöglichkeiten oder die Festsetzung unterschiedlicher Steuersätze.

Außerdem muß das Handeln von Interessengruppen nicht auf den Staat und dessen Regulierung gerichtet sein. Ein Zusammenschluß mehrerer Interessengruppen mit dem Ziel einer Kartellbildung kann dieselben gesamtwirtschaftlichen Effekte haben wie die Erlangung eines staatlich garantierten Monopols.[716]

Wie aber bereits das Monopolbeispiel zeigen sollte, ist das Hauptbetätigungsfeld der Interessenverbände die staatliche Regulierung.[717] Hier sind Nutzentransfers in Form von Preisregulierung, Marktzutrittsbeschränkung etc. zu erlangen.[718] Besonders dann, wenn die betroffene Materie auf wenig Interesse in der Öffentlichkeit stößt, ist *Rent-Seeking* erfolgversprechend.[719] Zu fragen ist, wie die bereits erläuterten Anreize, in der Regulierung der Rechnungslegung als Interessenverband aufzutreten, in diesem Konzept verankert werden können, um konkrete Handlungsanweisungen für die Ausgestaltung der Regulierung zu liefern.[720]

4.5.2 Anreize zu rentensuchendem Verhalten in der Regulierung der Rechnungslegung

Watts/Zimmerman identifizieren Anreize für nutzenmaximierende Manager, auf die Regulierung der Rechnungslegung Einfluß zu nehmen.[721] Sie unterscheiden zwei gegenläufig wirkende Kategorien:

(1) Einflußnahme zur Verlagerung von Gewinnen in spätere Perioden und

(2) Einflußnahme zur Erreichung eines möglichst frühen Gewinnausweises.

Für Manager kann ein später Gewinnausweis vorteilhaft sein, da

(1) bei einem niedrigeren Gewinnausweis niedrigere Steuern zu entrichten sind,[722]

---

715 Vgl. *Olson, Mancour,* Nationen, S. 57.

716 Vgl. *Olson, Mancour,* Nationen, S. 58.

717 Vgl. zur Definition der Regulierung *Noth, Michael,* Regulierung, 1994, S. 14. Zu den Gründen für Regulierung vgl. *Feldhoff, Michael,* Regulierung, 1992, S. 9-13.

718 Vgl. *Peltzman, Sam,* Regulation, 1976, S. 214.

719 Vgl. *Glazer, Amihai,* Incentives, 1993, S. 147.

720 Das Ziel, Anweisungen zur Umgestaltung konstitutioneller Arrangements geben zu können, wird von den Vertretern der Theorie des *Rent-Seeking* explizit vorgegeben. Vgl. *Buchanan, James M.,* Seeking, 1980, S. 15.

721 Vgl. zu folgendem *Watts, Ross L./Zimmerman, Jerold L.,* Towards, 1978, S. 114-116.

722 *Watts/Zimmerman* stellen zwar fest, daß es in den USA bis auf geringe Ausnahmen keine Koppelung von handelsrechtlicher Rechnungslegung mit steuerlicher Gewinnermittlung gibt. Sie weisen aber auf einen indirekten Zusammenhang zwischen Einführung neuer Rechnungslegungsregeln und deren zeitversetzter Übernahme durch den Fiskus in den USA hin; vgl. *Watts, Ross L./Zimmerman, Jerold L.,* Towards, 1978, S. 114f. m.w.N. In Deutschland erhält dieses Argument durch das Maßgeblichkeitsprinzip eine stärkere Bedeutung.

(2) in Märkten mit Preisregulierung die Regulierungsbehörde eher zur Festlegung höherer Preise bereit ist und

(3) bei einer Steigerung des Gewinns die Aufmerksamkeit anderer Gruppen, die einen Anteil an dem Gewinn einfordern, erregt wird.[723]

Argument (3) führt zur Hypothese, daß Manager größerer Unternehmen c.p. einen niedrigeren gegenwärtigen Gewinnausweis anstreben als Manager kleiner Unternehmen.[724]

Ein früher Gewinnausweis ist vorteilhaft für Manager, wenn der Gewinn in die Bemessungsgrundlage für ihre Entlohnung einbezogen wird. Dies ist bei vielen Entlohnungskonzepten der Fall.[725]

Da die Anreize gegenläufig sind, läßt sich nicht eindeutig feststellen, ob Manager stets Rechnungslegungsregeln bevorzugen, die einen höheren gegenwärtigen Gewinnausweis nach sich ziehen, oder ob sie eine Verlagerung in spätere Perioden wünschen. Dies hängt von der Größe und Konkurrenzsituation des Unternehmens, der Art der Vergütung der Manager und weiteren Einflußfaktoren ab. Jedoch können Anreize, wie sie *Böckem* bezogen auf eine über die Ausnutzung expliziter Wahlrechte und impliziter Ermessensspielräume hinausgehende, regelwidrige Ergebnismanipulation nach oben wie nach unten herausgearbeitet hat,[726] identifiziert werden. Danach haben Manager Anreize zum „income smoothing“[727], um „steady growth“[728] ihres Unternehmens vorzutäuschen.

Wenn Anreize zu manipulativen, rechtswidrigen Eingriffen bestehen, ist es plausibel anzunehmen, daß sich Manager für eine möglichst hohe legale Anzahl an Wahlrechten einsetzen, die ihnen eine individuelle Ausübung ermöglichen.[729] Mit einer (regelkonformen) Wahlrechtsausübung erzielen sie denselben Zweck wie bei einer (regelwidrigen) Manipulation, müssen aber keine Sanktionen fürchten. Allerdings sind Wahlrechte, wie in Abschnitt 3.6.5.1 gezeigt, abzulehnen. Den Argumenten wider die Wahlrechte ist gemeinsam, daß sie insbesondere aus der Sicht der Interessengruppen der Anteilseigner und der Arbeitnehmer eine Beeinträchtigung des Nutzens erwarten lassen.

---

723 Vgl. zu diesen sog. politischen Kosten auch *Wagenhofer, Alfred*, Informationspolitik, 1990, S. 61.
724 Zu dieser „*size hypothesis*“ vgl. *Watts, Ross L./Zimmerman, Jerold L.*, Positive, 1986, S. 235-238.
725 Vgl. *Hebertinger, Martin*, Wertsteigerungsmaße, 2001, S. 26, m.w.N.
726 Vgl. *Böckem, Hanne*, Durchsetzung, 2000, S. 35-41.
727 *Böckem, Hanne*, Durchsetzung, 2000, S. 37.
728 *Böckem, Hanne*, Durchsetzung, 2000, S. 37.
729 Vgl. *Schneider, Dieter*, Rechnungswesen, 1997, S. 396.

Zurückkommend auf die Argumentation, daß es sich bei rentensuchendem Verhalten um eine Tätigkeit handeln muß, die einen Nutzentransfer zugunsten einer Verteilungskoalition bei gleichzeitiger Belastung einer anderen induziert, kann nun anhand des Beispiels der Wahlrechte eine eindeutige Aussage getroffen werden. Sowohl denkbare Aktivitäten der Interessengruppen der Manager zur Beibehaltung oder Ausweitung von expliziten Wahlrechten als auch das Eintreten der Gruppe der Anteilseigner bzw. der Arbeitnehmer für deren Abschaffung fallen unter rentensuchendes Verhalten im hier definierten Sinne.[730]

An dieser Stelle darf nicht verschwiegen werden, daß eine in der Literatur häufig diskutierte Gegenposition zur Verteidigung der Wahlrechte existiert. Sie seien aufgrund der Möglichkeit der Manager, mit ihrer Hilfe Signale senden zu können, wünschenswert.[731] Es resultiere ein „Spannungsverhältnis zwischen Einzelfallgerechtigkeit und Willkürfreiheit."[732] Allerdings müßten Signale kostspielig sein, damit sie nicht ad libitum nachgebildet werden könnten.[733] An dieser Stelle ist nicht zu klären, ob Manager, die sich dieses Argument zu eigen machen, um damit für eine Beibehaltung von Wahlrechten zu plädieren, auf geschickte Weise rentensuchendes Verhalten kaschieren. Sollte dies der Fall sein, bedienen sie sich der Hilfe der Theorie, die von Hochschullehrern entwickelt wurde.

Der Einsatz der Gruppe der Hochschullehrer für oder gegen Wahlrechte ist bei oberflächlicher Betrachtung hier nicht zu subsumieren, da sich ein eigener Nutzen dieser Gruppe zunächst nicht erkennen läßt. Zieht man jedoch die Behauptung von *Watts/Zimmerman* ins Kalkül, Hochschullehrer hielten ihre Theorien auf einem „Market for Excuses" feil,[734] so kommt man zu einer anderen Einschätzung. Die Entwicklung von Rechtfertigungen für eine der beiden Positionen geschieht zur Erhöhung des eigenen Nutzens auf Kosten der jeweils gegnerischen Interessengruppe und fällt damit auch unter das Phänomen des *Rent-Seeking*.

Für alle Interessengruppen gilt, daß ihre Aktivitäten auf fruchtbaren Boden fallen, da es sich bei der Rechnungslegung um eine komplexe Materie handelt, die nur wenig öffentliches Interesse auf sich zieht.[735]

---

[730] Daß man die negative Assoziation, die mit dem Begriff des *Rent-Seeking* verbunden ist, eher auf die erste Gruppe bezieht, spielt dabei keine Rolle.

[731] Vgl. statt vieler jüngst *Sankar, Mandira Roy/Subramanyam, K.R.*, Discretion, 2001. Eine andere Verteidigung nationalstaatlicher Wahlrechte findet sich bei *Schildbach, Thomas*, Rechnungslegungsstandards, 1994, S. 705-709. Hier wird auf die Funktion eines „schützende[n] Schleier[s] der Verzerrungsmöglichkeit" (ebd., S. 707) hingewiesen; ähnlich *Bauer, Jörg*, Rechtfertigung, 1981. Vgl. abwägend *Holthausen, Robert W./Leftwich Richard W.*, Choice, 1983.

[732] *Kuhner, Christoph*, Spannungsverhältnis, 2001, S. 523.

[733] Vgl. *Ballwieser, Wolfgang*, Wettbewerb, 2001, S. 644.

[734] Vgl. *Watts, Ross L./Zimmerman, Jerold L.*, Excuses, 1979.

[735] Vgl. *Glazer, Amihai*, Incentives, 1993, S. 147.

Zusammenfassend ist festzuhalten, daß Interessengruppen existieren, die einen Anreiz haben, auf den Prozeß der Regulierung der Rechnungslegung Einfluß zu nehmen.[736] Diese Einflußnahme läßt sich unter den Begriff des *Rent-Seeking* subsumieren. Auch ist beobachtbar, daß Interessenverbände Einfluß auf verschiedenen Ebenen des Regulierungsprozesses ausüben.[737] Ob allerdings *Olsons* Diktum, „im Ergebnis vermindern Sonderinteressengruppen und Kollusionen die Effizienz und das Gesamteinkommen der Gesellschaften, in denen sie wirken, und sie machen das politische Leben zwieträchtiger“[738], in dieser pessimistischen Form zutrifft, ist noch zu untersuchen.

4.6 Auswirkungen des Lobbying bei Informationsasymmetrien

4.6.1 Lobbying als Management von Informationen

Im vorangegangenen Abschnitt wurde ein düsteres Bild von der Tätigkeit von Interessenverbänden gezeichnet. *Rent-Seeking* führt zu einer Aufzehrung der gesellschaftlichen Wohlfahrt. Allerdings ist das oben angeführte *Rent-Seeking*-Modell sehr allgemein. Völlig außer acht gelassen wird, wie der Staat oder der Regulierer Entscheidungen ohne den Einfluß von Interessenverbänden trifft. Die Interessenverbände verfügen über Spezialwissen, das der Staat als Grundlage für seine Entscheidungen benötigt.[739] Es wäre aber sehr kostspielig für den Staat, sich dieses Wissen selbst anzueignen. Er könnte daher bewußt auf das Wissen von Lobbyisten zurückgreifen. *Ordelheide* kommt in diesem Zusammenhang zu folgendem Schluß: „Es spricht sogar einiges dafür, eine von der formalen Organisation abweichende informelle Organisation als Reaktion auf ökonomische Probleme zu erklären, die mit Hilfe der formalen Organisation nicht bewältigt werden können.“[740]

Ein Beispiel für die Beratung des Gesetzgebers durch Sachverständige war die Umsetzung der 4. und 7. EG-Richtlinie in deutsches Recht. Hier waren neben den sachverständigen Hochschullehrern in der Kommission Rechnungswesen im Verband der Hochschullehrer für Betriebswirtschaft e.V.[741] auch andere Institutionen wie die Spitzenverbände der Industrie oder betroffene Unternehmungen beteiligt. All diese Grup-

---

736 Vgl. Abschnitt 4.3.

737 Vgl. Abschnitt 4.4. Vgl. ferner *Bernholz, Peter/Breyer, Friedrich*, Grundlagen, 1994, S. 168 u. S. 181.

738 *Olson, Mancour*, Nationen, 1991, S. 61 (im Original kursiv).

739 So auch für den Bereich der Gesundheits- und Umweltpolitik *Schwab, Martin*, Politikberatung, 1999, passim.

740 *Ordelheide, Dieter*, Zwänge, 1997, S. 238.

741 Vgl. *Kommission Rechnungswesen im Verband der Hochschullehrer für Betriebswirtschaft e.V.*, Reformvorschläge, 1979; *dies.*, Stellungnahme, 1983.

pen waren wegen ihres fachspezifischen Wissens im Gesetzgebungsprozeß involviert.[742]

Lobbying kann also, selbst wenn es zum Aneignen eigener Vorteile zu Lasten anderer betrieben wird, dem Management von Informationen dienen.[743] Diese Informationen können dann von den handelnden Akteuren zur Entscheidungsfindung verwendet werden. In diesem Zusammenhang ist auch folgende, aus der politischen Wissenschaft stammende, positive Einordnung des Verbandseinflusses zu sehen: „Die freie *Artikulation* von Interessen stärkt die demokratische Legitimität der politischen Entscheidungen. Denn sie erleichtert es, demokratische Bedürfnisse wahrzunehmen und auf sie einzugehen."[744] Allerdings entsteht ein neues Problem: Sind die Signale, die von den Interessenverbänden ausgehen, glaubwürdig? Folgendes *Signaling*-Modell kann einen Einblick gewähren.

4.6.2 Ein Signaling-Modell zur Beurteilung von Lobbying in der Rechnungslegung

4.6.2.1 Das Modell

Das folgende Modell ist eine Übertragung von spieltheoretischen Ansätzen zu sogenannten Signalspielen auf die Regulierung der Rechnungslegung unter besonderer Berücksichtigung des Lobbyismus.[745] Die Signalwirkungen in der Regulierung der Rechnungslegung wurden bislang nicht in bezug auf die Ausgestaltung des Standardisierungsprozesses spieltheoretisch betrachtet. Lediglich die Anreize zur Einflußnahme und Signalwirkungen des Lobbying in einem gegebenen Regulierungsrahmen wurden untersucht.[746] Hier wird nun die Frage nach der Ausgestaltung der Regulierung im Rahmen eines Signalspiels gestellt.[747]

---

[742] Vgl. *Chmielewicz, Klaus*, Kommission, 1988, S. 57. *Chmielewicz* stellt fest, daß andere Gruppen als die der Hochschullehrer „im Grunde wegen *eigener wirtschaftlicher Interessen* befangen" sind. *Chmielewicz, Klaus*, Kommission, 1988, S. 57, Hervorhebung im Original. Wie oben gezeigt wurde (Abschnitt 4.3), verfolgen auch Hochschullehrer eigene Interessen.

[743] Vgl. *Potters, Jan/Winden, Frans van*, Models, 1996, S. 350.

[744] *Rudzio, Wolfgang*, System 2000, S. 69. Hervorhebung im Original.

[745] Folgende Ausführungen in Anlehnung an: *Ainsworth, Scott*, Regulating, 1993; *Kuhner, Christoph*, Credible, 2001; *Potters, Jan*, Lobbying, 1992, S. 37-78; *Potters, Jan/Winden, Frans van*, Information, 1992; *Potters, Jan/Winden, Frans van*, Models, 1996, S. 350-356.

[746] Vgl. *Chung, Dennis Y.*, Lobbying, 1999.

[747] Signalspiele werden auch häufig zur Analyse des Verhaltens der Rechnungslegenden selbst herangezogen. Ein prominentes Beispiel ist *Wagenhofer*, der die Anreize zu *freiwilliger* Publizität von Unternehmen untersucht; vgl. *Wagenhofer, Alfred*, Informationspolitik, 1990. Unternehmen haben demnach in vielen Konstellationen einen Anreiz, private Informationen freiwillig offenzulegen, da die Geheimhaltung der Information von den Adressaten als schlechtes Signal gewertet würde. Ein ähnliches Modell findet sich z.B. bei *Dye, Ronald A.*, Information, 1985, der Anreize für Manager zur Geheimhaltung ihrer Information identifiziert. In dem hier erörterten Modell werden ebenfalls Anreize zur Offenlegung von Information untersucht. Ein wichtiger Unterschied besteht darin, daß

Die Regierung eines Staates mit einem eigenen Rechnungslegungssystem erwägt, das vorhandene System durch ein System internationaler Standards zu ersetzen. Mangels Expertenwissen kann die Regierung nicht beurteilen, ob die Alternative zu dem eigenen System qualitativ „gut" ist oder nicht.[748] Der Umweltzustand y_1 („schlecht") bzw. y_2 („gut") kann allerdings von einem Interessenverband - hier sei angenommen, es handelt sich um einem Zusammenschluß der Wirtschaftsprüfer des Landes - beobachtet werden. Die Regierung hat die Wahl zwischen zwei Handlungsalternativen x_1 (altes System belassen) und x_2 (neues System implementieren). Sie kann sich nicht vorab verbindlich auf die Wahl einer Handlungsalternative festlegen.

Die gesamtgesellschaftliche Wohlfahrt U_G, deren Maximierung sich die Regierung annahmegemäß verpflichtet fühlt, ist eine Funktion des Umweltzustandes y_1, y_2:

(26) $$U_G(x_i \mid y_i) > U_G(x_i \mid y_{j \neq i}), \qquad i, j \in \{1,2\}.$$

D.h., bei schlechter Qualität der internationalen Standards möchte die Regierung das eigene System belassen, sonst austauschen, oder allgemein: Die Wohlfahrt U_G ist immer dann größer, wenn die Politik zum Umweltzustand paßt.

Die Regierung kann den Umweltzustand zwar nicht beobachten, ihn aber mit einer bestimmten a priori-Wahrscheinlichkeit einschätzen. Dies kann daran liegen, daß die Regierung ungefähre Vorstellungen über die Eigenschaften eines Systems hat, diese jedoch nicht vollständig beobachten kann. Die Likelihood für y_2 sei λ, die für y_1 entsprechend $1-\lambda$.

Der Interessenverband hat, z.B. aufgrund restriktiver Prüfungsvorschriften, die mit einer Erhöhung des Auftragsvolumens einhergehen, unabhängig vom Umweltzustand eine Präferenz für das neue System. Bezeichnet U_I den Nutzen des Verbandes, so gilt:

(27) $$U_I(x_2) > U_I(x_1).$$

Der Interessenverband besitzt annahmegemäß private Informationen über y_1 und y_2. Er hat die Möglichkeit, der Regierung ein Signal z_i über den Umweltzustand zu senden. Das Signal verursacht - unabhängig von seinem Inhalt - stets fixe, exogen gegebene

bei *Wagenhofer* oder *Dye* die Signale stets glaubwürdig sind (z.B. durch die Bestätigung eines Abschlußprüfers; vgl. *Wagenhofer, Alfred,* Informationspolitik, 1990, S. 24). Das Unternehmen steht nur vor der Frage, ob veröffentlicht werden soll. In dieser Untersuchung hat die Lobby als Informationsträger auch die Möglichkeit, zu lügen, weshalb insbesondere die Anreize zur *wahrheitsgemäßen* Offenlegung der vorhandenen Information interessant sind.

748 Die Probleme der Messung von Qualität von Rechnungslegungsstandards werden hier ausgeblendet. Zu verschiedenen Konzepten zur Messung der Qualität von Information vgl. bspw. *Kuhner, Christoph,* Verfügungsrechte, 1998, S. 10-16. Hier sei angenommen, die Qualität sei objektiv meßbar.

Kosten in Höhe von $c > 0$. Er kann auch darauf verzichten, ein Signal zu senden (*nz*), und spart dabei die Kosten *c*.

Der Verband muß entscheiden, ob er ein Signal sendet. Die Regierung steht vor dem Problem, ob sie dem beobachteten Signal vertrauen kann oder nicht.

Setzt man $U_G(x_i \mid y_{j \neq i}) = 0$[749] sowie $U_I(x_1) = 0$,[750] ergibt sich folgende Auszahlungsmatrix:

		Qualität des neuen Systems	
		„schlecht"	„gut"
		y_1	y_2
altes System belassen	x_1	**$(G_1;0)$**	**$(0;0)$**
neues System einführen	x_2	**$(0;I_1)$**	**$(G_2;I_2)$**

Tabelle 8: Auszahlungsmatrix des Spiels.

G_i und I_i sind die Auszahlungen für Regierung und für den Interessenverband. Diese sind stets positiv.

Wenn die Regierung keine Informationen über die Qualität der Systeme hat, sieht sie sich folgenden erwarteten Auszahlungen gegenüber:

(28) $EU_G(x_1) = (1-\lambda)G_1$,

(29) $EU_G(x_2) = \lambda G_2$.

Zusätzlich sei angenommen, die Regierung sei konservativ in dem Sinne, daß sie, wenn sie keine zusätzlichen Informationen über den Zustand der Umwelt erhält, lieber an dem alten System festhält. Formal bedeutet das

(30) $EU_G(x_1 | nz) > EU_G(x_2 | nz) \Leftrightarrow$

(31) $\lambda < \dfrac{G_1}{G_1 + G_2} \equiv \alpha$.

749 Beliebige Normierung, die zum Ausdruck bringt, daß kein Nutzen besteht, wenn die Regierung die falsche Politik wählt.

750 Beliebige Normierung, die den mangelnden Nutzen für die Lobby bei Beibehaltung des alten Systems darstellt.

Alle angegebenen Parameter, bis auf die private Information y_1 und y_2, sind *common knowledge*, d.h. sie sind beiden Akteuren bekannt und diese Tatsache ist wiederum beiden Akteuren bekannt. Außerdem gilt die Annahme der individuellen Rationalität, d.h. die Spieler verstehen die Spielsituation, in der sie sich befinden, und können jede Information zu ihrem Vorteil verwenden.

Unmittelbar einsichtig ist, daß der Verband niemals einen Anreiz hat, z_1 zu signalisieren. Denn wenn die Regierung ohne Vorliegen eines Signals auf x_1 zurückfällt, so wird sie dies im Fall des Signals z_1 ebenfalls tun. Der Lobby entstehen Kosten, die sie sich bei dem ohnehin eintretenden Ergebnis x_1 sparen kann. Das Nichtsenden eines Signals kommt somit im Ergebnis dem Senden des Signals z_1 gleich, ist aber billiger.

Aus dieser Konstellation ergibt sich folgende extensive Spielform:

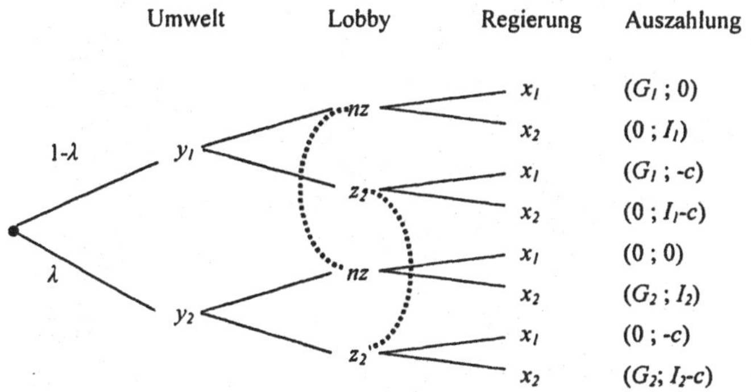

Abbildung 6: Extensive Form des Grundspiels in reinen Strategien.[751]

4.6.2.2 Modellergebnisse in reinen Strategien

Das dargestellte Signalspiel soll nun auf das Vorliegen sequentieller *Bayes-Nash*-Gleichgewichte untersucht werden.[752] Prominente Gleichgewichtskonzepte sind das *Separating*- bzw. Trenngleichgewicht, das *Pooling*-Gleichgewicht sowie Gleichgewichte in gemischten Strategien.[753]

Ein *Separating*-Gleichgewicht ist dadurch gekennzeichnet, daß die Lobby ein wahrheitsgemäßes Signal sendet und die Regierung diesem wahren Signal stets Glauben schenkt. Im *Pooling*-Gleichgewicht sendet die Lobby immer das gleiche Signal, ohne den Umweltzustand zu beachten. Die Regierung ignoriert entsprechend das Signal.

---

[751] Gleiche Informationsmengen sind mit Bögen gekennzeichnet.
[752] Vgl. *Potters, Jan/Winden, Frans van,* Models, 1996, S. 351.
[753] Vgl. *Kuhner, Christoph,* Credible, 2001, S. 9f.

Sei p die a posteriori-Wahrscheinlichkeit dafür, daß bei z_2 tatsächlich y_2 vorliegt. Die Regierung kann p mit Hilfe des *Bayes*-Theorems aufgrund ihrer Wahrscheinlichkeitseinschätzung unter dem Signal z_2 errechnen. Dazu benötigt sie die Wahrscheinlichkeiten für die Handlungen der Lobby. Sei ρ_i die Wahrscheinlichkeit, daß die Lobby im Umweltzustand y_i das Signal z_2 sendet ($i \in \{1;2\}$). Es gilt:

(32) $$p(y_2 \mid z_2) = \frac{p(z_2 \mid y_2)p(y_2)}{p(z_2 \mid y_1)p(y_1) + p(z_2 \mid y_2)p(y_2)}$$ und damit

(33) $$p = \frac{\lambda\rho_2}{(1-\lambda)\rho_1 + \lambda\rho_2}.$$

In reinen Strategien kann ρ_i nur den Wert 1 oder 0 annehmen. Dasselbe gilt damit auch für p.

Die Gleichgewichte sind in Abhängigkeit der Parameter G_1, G_2, I_1, I_2 und c zu ermitteln. Die Bedeutung der Auszahlungen an die Regierung ($G_{1,2}$) wurde bereits in Zusammenhang mit der Rückfallstrategie erläutert (Gleichungen (30) und (31)). Das Verhältnis von I_1, I_2 und c zueinander bedarf einer vertieften Darstellung. Der Größe nach geordnet, lassen sich die drei Parameter in sechs mögliche Reihungen mit folgenden Ergebnissen bringen:

(1) $c < I_2 < I_1$,

(2) $I_2 < c < I_1$,

(3) $I_2 < I_1 < c$,

(4) $I_1 < I_2 < c$,

(5) $I_1 < c < I_2$ und

(6) $c < I_1 < I_2$.

Den Permutationen (1) - (3) ist gemeinsam, daß - unabhängig von c - stets $I_2 < I_1$.

Behauptung 1: Es existiert kein *Separating*-Gleichgewicht für $I_2 < I_1$.

Begründung: Im *Separating*-Gleichgewicht muß die Lobby einen Anreiz haben, stets das wahre Signal zu senden, d.h. $\rho_1 = 0$ und $\rho_2 = 1$ (und damit $p = 1$). Es muß gelten:

(34) $$EU_I(z_2|y_2) \geq EU_I(nz|y_2)$$
$$I_2 - c \geq 0$$
$$I_2 \geq c,$$

(35) $$EU_I(nz|y_1) \geq EU_I(z_2|y_1)$$
$$0 \geq I_1 - c$$
$$c \geq I_1.$$

Damit müßte $I_2 \geq I_1$ sein, was gegen die Reihungen in (1) - (3) verstößt.

Diskussion: In den Fällen (1) - (3) laufen die Interessen von Regierung und Lobby gänzlich zuwider. Das „schlechte" System wird von der Lobby höher bewertet als das „gute". Denkbar ist dies, wenn das „schlechte" System der Lobby Manipulationsspielräume wie z.B. Wahlrechte eröffnet. Insgesamt ist dies ein weniger relevanter Fall. Der Verband hat demnach keinen Anreiz für das Senden eines Signals im „guten" Umweltzustand. Es besteht jedoch die Versuchung, im „schlechten" Zustand z_2 zu signalisieren. Die Regierung ist sich dessen bewußt. Sendet die Lobby nun z_2, so verrät sie den Zustand y_1 unfreiwillig. Es kommt zu keiner Weitergabe echter Informationen. Aus diesen Überlegungen folgt unmittelbar

Behauptung 2: Es existiert ein *Pooling*-Gleichgewicht für das Strategiebündel $(nz\,;x_1)$ unter $I_2 < I_1$.

Begründung: Die Lobby sendet nie ein Signal, also $\rho_1, \rho_2 = 0$. Damit muß gelten:

(36) $$EU_I(nz|y_1) \geq EU_I(z_2|y_1)$$
$$0 \geq -c,$$

(37) $$EU_I(nz|y_2) \geq EU_I(z_2|y_2)$$
$$0 \geq -c.$$

Beides ist offensichtlich erfüllt.

Für die Regierung ergibt sich die stete Wahl von x_1 unmittelbar aus der Rückfallstrategie gemäß (30).

Diskussion: Wenn die Regierung weiß, daß die Signale der Lobby keinen Informationswert haben, verhält sie sich entsprechend der bekannten a priori-Wahrscheinlichkeiten. Diese sind so gewählt, daß die Regierung stets x_1 wählt. Für die Lobby ist es am besten, nie ein Signal zu senden. Die entgegengesetzten Interessen führen in diesem Fall dazu, daß kein Lobbyismus stattfindet, die Regierung aber auch keine zusätzlichen Informationen erhält.

Konstellation (4) bedarf keiner näheren Betrachtung. Zwar hat die Lobby eine stärkere Präferenz für das „gute" als für das „schlechte" System, die Kosten für die Einflußnahme sind jedoch prohibitiv. Es kommt zu keiner Weitergabe von Information. Die Regierung entscheidet sich gemäß der Rückfallstrategie.

Permutationen (5) und (6) erfüllen zugleich die Bedingungen $I_1 < I_2$ sowie $c < I_2$.

Behauptung 3: Es existiert ein *Separating*-Gleichgewicht für $I_1 < c < I_2$.

Begründung: Für die Lobby gelten Bedingungen (34) und (35). Für die Regierung muß es sich lohnen, dem Signal der Lobby Glauben zu schenken:

(38) $$EU_G(x_2|z_2) \geq EU_G(x_1|z_2)$$
$$pG_2 \geq (1-p)G_1$$
$$G_2 \geq 0,$$

da $p = 1$ und

(39) $$EU_G(x_1|nz) \geq EU_G(x_2|nz)$$
$$G_1 \geq 0.$$

Alle Bedingungen (34), (35), (38) und (39) sind für $I_1 < c < I_2$ erfüllt.

Diskussion: Für $I_1 < c < I_2$ weisen die Interessen von Regierung und Lobby in dieselbe Richtung. Diese Konstellation ist denkbar, wenn z.B. ein Teil des erhöhten Nutzens durch das gestiegene Auftragsvolumen für die Wirtschaftsprüfer wieder vernichtet wird, weil das „schlechte" System zweideutige Regelungen enthält, die das Haftungsrisiko erhöhen. Das „schlechte" System bringt dem Verband zwar immer noch einen höheren Nutzen als die Beibehaltung des Status quo, aber er hat nie ein Interesse, beim Umweltzustand „schlechtes" System ein Signal zu senden, da die Kosten hierfür eine mögliche Auszahlung mehr als aufzehren. Die Regierung erhält entweder das wahre Signal oder kein Signal. Sie weiß das und wird stets eine optimale Entscheidung in bezug auf die gesellschaftliche Wohlfahrt treffen. Lobbying führt zu einer Erhöhung der Wohlfahrt, da bei Vorliegen von y_2 ohne Signal eine Auszahlung von 0 statt der erreichbaren G_2 erzielt wird.

Behauptung 4: Es gibt kein *Separating*-Gleichgewicht für $c < I_1 < I_2$.

Begründung: Es gelten die gleichen Bedingungen wie unter *Behauptung 3*. Bedingung (35) ist offensichtlich verletzt. Es liegt kein *Separating*-Gleichgewicht vor.

Interpretation: Dies ist der Fall mit der größten Nähe zur Realität. Die Kosten, die einem Interessenverband für Lobbyismus entstehen, werden regelmäßig unter dem erwarteten Nutzen der Wahl eines neuen Systems liegen. Das *Separating*-Gleichgewicht im Ausgangsfall, das zu einer wahrheitsgetreuen Weitergabe der Informationen geführt hat, ist damit obsolet. Da nun die Kosten für ein Signal unter y_l nicht prohibitiv sind, kann sich die Regierung nicht mehr auf die Korrektheit der Signale der Lobby verlassen. Damit kommt es erneut nicht zur Weitergabe von Informationen, was zu folgender Behauptung führt:

Behauptung 5: Es existiert ein *Pooling*-Gleichgewicht für das Strategiebündel $(nz\,;x_l)$ unter $c < I_l < I_2$.

Begründung: Es gelten die gleichen Bedingungen wie unter *Behauptung 2.*

Interpretation: Die Lobby hat unabhängig vom Umweltzustand stets den Anreiz, z_2 zu signalisieren. Die Regierung weiß das und kann die Glaubwürdigkeit des Signals nur aufgrund der Likelihood einschätzen. Sie fällt auf x_l zurück. Damit lohnt es sich für die Lobby nicht, irgendein mit Kosten verbundenes Signal zu übermitteln.

Durch die binäre Handlungsmöglichkeit der Lobby kommt es abermals nicht zu einer Weitergabe von Informationen. Ist es der Lobby allerdings gestattet, eine gemischte Strategie zu wählen, könnte es ihr gelingen, die Regierung von ihrer Glaubwürdigkeit zu überzeugen.

Zusammenfassend kann festgehalten werden, daß die Konstellationen (1) - (3) *nie* zu einer Weitergabe von Informationen führen. Unabhängig von *c* kann festgestellt werden, daß es durch die Gewichtung $I_2 < I_l$ unmöglich wird, glaubhafte Signale zu senden. Folgende Überlegung verdeutlicht dies: Fallen keine Kosten an, hat die Lobby immer einen Anreiz zu signalisieren. Allerdings hat sie im „schlechten" Zustand einen höheren Anreiz, die Regierung vom Gegenteil zu überzeugen, also zu lügen, als im „guten" Zustand die Wahrheit zu sagen. Aus Sicht der Regierung investiert die Lobby stets mehr in das falsche Signal als in das wahre, daher wird sie ohne Zusatzinformationen immer glauben, daß die Lobby ein falsches Signal schickt. Informationsaustausch kann demnach immer nur dann stattfinden, wenn $I_1 < I_2$. Ist hingegen $I_1 > I_2$, ist der Interessenkonflikt zwischen Regierung und Lobby unüberbrückbar.[754]

[754] Dies gilt sowohl für reine als auch für gemischte Strategien. Vgl. *Potters, Jan*, Lobbying, 1992, S. 44f.

Konstellation (4) ist wegen der hohen Kosten, die ein Signal der Lobby ausschließen, nicht interessant.

Im Fall (5) ist es der Lobby möglich, ihren Informationsvorsprung zum Wohle aller Akteure einzubringen und ein glaubhaftes Signal zu senden. Dies glückt, obwohl ein Interessenkonflikt vorliegt: Die Regierung möchte lieber den alten Zustand belassen, wenn sie sich nicht sicher ist, die Lobby hingegen profitiert immer vom neuen System, da $I_1, I_2 > 0$. Dieser Konflikt wird abgemildert, wenn $I_1 < c < I_2$, denn dann hat die Lobby nur im Umweltzustand y_2 einen Anreiz für ein Signal.

Im Fall (6) lassen sich noch keine eindeutigen Aussagen treffen. Zwar wurde festgestellt, daß es bei reinen Strategien nicht zu einem Informationsaustausch kommt. Ob dieses Ergebnis durch eine Kompromißlösung in Form des Spiels von gemischten Strategien auf beiden Seiten überwunden werden kann, muß noch untersucht werden.

Von allen sechs Möglichkeiten ist die letzte diejenige mit der größten Nähe zur Realität. Daß die Lobby ein neues System stets besser findet als die Beibehaltung des eingeführten Systems, ist nachvollziehbar. Daß sie aber dann, wenn sie vor die Wahl zwischen einem neuen „guten" und einem neuen „schlechten" System gestellt ist, lieber das „schlechte" wählt,[755] ist nur schwer denkbar. Kosten, die für das Senden eines Signals, also für die Tätigkeit eines Lobbyisten anfallen, werden zumeist unter dem Nutzen liegen, den die Lobby erwartet; sonst wird der Verband auf Dauer nicht bestehen.

4.6.2.3 Modellergebnisse in gemischten Strategien

In gemischten Strategien bestimmen die Spieler ihre Handlung nach einer Zufallsauswahl.[756] Diese ist in dem Beispiel dadurch gekennzeichnet, daß die Lobby mit einer endogen bestimmten Wahrscheinlichkeit ρ_1 unter y_1 das falsche Signal z_2 sendet. Mit der Wahrscheinlichkeit ρ_2 sendet sie das korrekte Signal z_2 unter y_2. Es gilt immer $\rho_2 = 1$, da die Lobby im günstigen Umweltzustand y_2 keinen Anreiz hat zu schweigen, da aufgrund der Rückfallstrategie der Regierung stets ein ungünstiges Ergebnis resultiert.

Die Regierung glaubt als Reaktion auf die gemischte Strategie der Lobby mit einer bestimmten Wahrscheinlichkeit σ_2 an das Signal z_2 und wählt entsprechend x_2 als Aktion.

Der Spielbaum kann nun um die Wahrscheinlichkeiten erweitert werden:

[755] Dies kommt durch $I_1 > I_2$ zum Ausdruck.
[756] Vgl. bspw. *Fudenberg, Drew/Tirole, Jean,* Game Theory, 1991, S. 5.

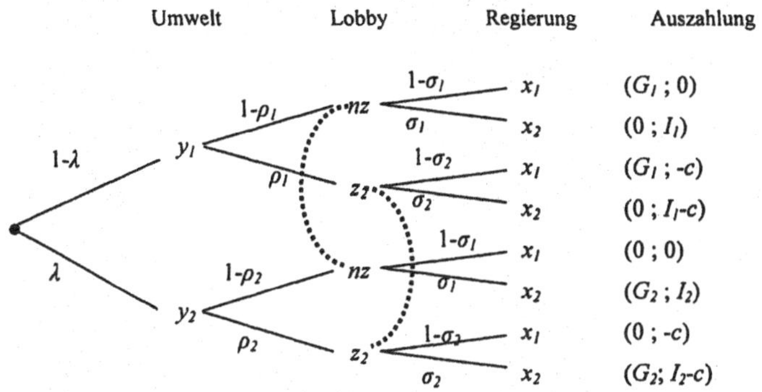

Abbildung 7: Extensive Form des Grundspiels in gemischten Strategien.[757]

Es sei $c < I_1 < I_2$.[758] Für das Kalkül des Interessenverbandes gilt, daß er den Wert für ρ_1 sucht, bei dem die Regierung indifferent zwischen einer steten Verneinung des Signals z_2 (sie wählt immer x_1) und einer steten Gutgläubigkeit (sie wählt immer x_2, wenn sie das Signal z_2 erhält) ist. Hinter dieser Überlegung steht folgender Zusammenhang: Da die Regierung gemäß ihrer Rückfallstrategie ohne weitere Signale stets vom Umweltzustand y_1 ausgeht, muß die Lobby handeln, um die Einschätzung über das Vorliegen von Zustand y_2 zu verbessern. Diese Einschätzung kann sie aber nur dann verbessern, wenn sie in den Augen der Regierung eher ein wahres Signal über das Vorliegen von y_2 sendet als ein falsches über das Vorliegen von y_1, also $\rho_2 > \rho_1$. Da $\rho_2 = 1$, kann die Lobby nicht $\rho_1 = 1$ spielen, und $\rho_1 = 0$ hat für sie außer im oben gezeigten Fall $I_1 < c < I_2$ keinen Nutzen, da Schweigen konkludent auf das Vorliegen von y_1 schließen läßt. Sie muß damit eine gemischte Strategie wählen, d.h. mit einer bestimmten Wahrscheinlichkeit lügen (ρ_1).

Wie hoch diese Wahrscheinlichkeit ist, hängt von der Einschätzung der Regierung über das Verhalten der Lobby ab. Es muß gelten, daß die Regierung bei Erhalt eines Signals z_2 indifferent zwischen ihren Handlungsalternativen x_1 und x_2 ist, also:

$$(40) \qquad EU_G(x_2|z_2) = EU_G(x_1|z_2).$$

Das Signal z_2 kann die Regierung entweder im Zustand y_1 aufgrund von ρ_1 oder im Zustand y_2 aufgrund von ρ_2 erhalten. Sie weiß aber zunächst nur, mit welcher a priori-Wahrscheinlichkeit sie sich in welchem Zustand befindet. Empfängt die Regierung nun z_2, dann sucht sie die Wahrscheinlichkeit dafür, daß tatsächlich y_2 herrscht.

---

757 Gleiche Informationsmengen sind mit Bögen gekennzeichnet.

758 Analog zu Konstellation (6), für die in reinen Strategien keine Gleichgewichte gefunden werden konnten.

Auch in gemischten Strategien erhält die Regierung die a posteriori-Wahrscheinlichkeit p für das Vorliegen von y_2 bei Eintreffen des Signals z_2 gemäß des *Bayes*-Theorems:

(41) $$p = \frac{\lambda \rho_2}{(1-\lambda)\rho_1 + \lambda \rho_2}.$$

Durch Einsetzen in (40) erhält man:

(42) $$(1-p)\cdot 0 + pG_2 = (1-p)G_1 + p \cdot 0$$

$$p = \frac{G_1}{G_1 + G_2} \equiv \alpha.$$

Da $\rho_2 = 1$:

(43) $$\rho_1 = \frac{\lambda(1-\alpha)}{\alpha(1-\lambda)}.$$

Für diesen Wert von ρ_1 ist die Regierung indifferent zwischen Vertrauen und Verneinen. Mit dieser Wahrscheinlichkeit muß die Lobby demnach bei y_1 das falsche Signal z_2 senden, um die Einschätzung der Regierung über den tatsächlichen Umweltzustand in ihrem Sinne zu beeinflussen.

Da $\rho_1, \rho_2 > 0$, bleibt für die Regierung die Unsicherheit über den tatsächlichen Zustand der Welt bestehen. Sie spielt daher ihrerseits eine gemischte Strategie,[759] denn stets der Lobby zu vertrauen (σ_2=1) birgt ebenso Nachteile,[760] wie stets zu mißtrauen (σ_2=0).[761] Sie überlegt, wann der Interessenverband indifferent ist zwischen einer steten Abgabe des Signals z_2 unter y_1 und permanentem Schweigen (*nz*).[762] Dann gilt:

(44) $$EU_I(z_2 | y_1) = EU_I(nz | y_1).$$

Durch Einsetzen erhält man:

(45) $$\sigma_2 I_1 + (1-\sigma_2)\cdot 0 - c = 0$$

$$\sigma_2 = \frac{c}{I_1}.$$

759 Diese induziert wiederum die gemischte Strategie der Lobby.
760 In diesem Fall wird $\rho_1 = 1$.
761 In diesem Fall wird $\rho_2 = 0$.
762 Permanentes Schweigen bedeutet faktisch, y_1 zu signalisieren.

Für diesen Wert von σ_2 ist die Lobby indifferent zwischen Signalisieren von z_2 unter y_1 und Schweigen (*nz*). Es ergibt sich ein Gleichgewicht in gemischten Strategien.

Interpretation: Je größer die Wahrscheinlichkeit λ, desto größer ist die Versuchung für den Interessenverband, unter y_1 ein falsches Signal zu senden. Dies resultiert daraus, daß die Regierung dem Signal eher Glauben schenkt, wenn sie weiß, daß die Wahrscheinlichkeit für das Vorliegen von y_2 hoch ist. Ist die Wahrscheinlichkeit für das Vorliegen von y_2 genau 50%, hängt ρ_1 lediglich von α ab (da $\rho_1 = (1-\alpha)/\alpha$), d.h. dann ist ausschließlich das Verhältnis der Auszahlungen für die Regierung relevant.

Ist $G_1 \gg G_2$, was als besonders konservative Ausprägung der Gesellschaft interpretiert werden kann, geht α gegen 1 und ρ_1 gegen 0. Dies könnte bedeuten, daß bei einem großen Anreiz für die Regierung, x_1 zu wählen, die Lobby sehr vorsichtig agieren muß, um nicht durch unglaubwürdiges Verhalten die Chance auf x_2 zu verlieren.

Ist hingegen $G_1 \ll G_2$, was als Fortschrittsorientierung interpretiert werden kann (die Regierung zieht einen sehr viel größeren Nutzen aus dem neuen, „guten" System als aus der Beibehaltung des alten Systems), so kann die Lobby leichter ein falsches Signal senden. Es ist allerdings zu beachten, daß bereits in der Grundannahme der Rückfallstrategie ein Hang zur Beibehaltung von x_1 verankert ist, der dem Verhalten der Lobby Grenzen setzt: Da $\lambda < \alpha$[763], wird ein höheres G_2, das ein niedriges α zur Folge hat, durch ein dann noch kleineres λ wieder aufgezehrt.

Gilt $G_1 = G_2$, also $\alpha = 0{,}5$ (der Regierung ist nur wichtig, das zum Umweltzustand passende System zu wählen, ansonsten sind beide Systeme gleich gut), so hängt ρ_1 lediglich von λ ab.

Für die Regierung gilt, daß sie dem Signal des Interessenverbandes um so eher traut, je teurer es ist. Ihr Vertrauen sinkt, je mehr die Lobby zu gewinnen hat. Für das Vertrauen der Regierung ist daher das Verhältnis von Kosten und Nutzen für die Lobby maßgeblich. Im Extremfall eines kostenlosen Signals wird die Regierung dem Signal nie vertrauen.

4.6.3 Erweiterungen des Modells

4.6.3.1 Beauftragung eines Intermediärs durch die Lobby

Das Modell wird nun dahingehend verändert, daß die Lobby einen externen Berater als Intermediär zwischen sich und der Regierung einschalten kann. Dieser Intermediär könnte bspw. ein Sachverständiger sein, der ein Gutachten über die zur Frage stehen-

763 Vgl. Gleichung (31) auf Seite 124.

den Standards abgibt. Die exogenen Kosten c fallen nun nicht für die Übermittlung des Signals, sondern für die Beauftragung des Intermediärs an. Kommt der Experte zu der Einschätzung, daß es sich bei dem vorliegenden System um ein „gutes" (y_2) handelt, so könnte die Glaubwürdigkeit der Lobby bei Abgabe des Signals z_2 steigen. Allerdings bleibt das Einschätzungsproblem für die Regierung bestehen, denn ein externer Experte kann mit der Lobby zusammenarbeiten. Diese Gefahr scheint um so größer, wenn der Experte - wie hier angenommen - von der Lobby bezahlt wird. Es stellt sich also die Frage, ob die Beauftragung eines Intermediärs durch die Lobby ein Signal ist, das ihre Glaubwürdigkeit erhöht.[764]

Das bekannte Modell wird um folgende Annahme erweitert: Sei π_i die Wahrscheinlichkeit, daß der Mittler im Umweltzustand y_i das Signal z_2 (es liegt der „gute" Umweltzustand vor) signalisiert ($0 \leq \pi_1 \leq \pi_2 \leq 1$).

π_i ist wie λ eine von der Umwelt vorgegebene, allgemein bekannte Größe. Damit ergibt sich die von außen wahrgenommene Verläßlichkeit des Intermediärs als π_2/π_1. Für den Extremfall $\pi_2 = 1$ und $\pi_1 = 0$ ist der Experte vollkommen zuverlässig.

Da die Lobby im untersuchten Fall den Experten beauftragt und dieser an sie berichtet, steht es ihr frei, die Tatsache, daß sie einen Gutachter eingeschaltet hat, sowie dessen Ergebnis der Regierung mitzuteilen. Damit wird ρ_i zur Wahrscheinlichkeit, daß die Lobby im Umweltzustand y_i einen Experten zu Kosten in Höhe von c konsultiert (k) oder nicht (nk).

Die Lobby wird, wenn sie rational handelt, das Gutachten nur offenlegen und ein Signal senden (z_2), wenn es ihren Interessen entspricht, wenn also das Vorliegen von y_2 bestätigt wird. Ansonsten wird sie analog zu oben nicht signalisieren (nz). Es ergibt sich folgender Spielbaum:

764 Vgl. zu den folgenden Ausführungen *Potters, Jan,* Lobbying, 1992, S. 52-54; *Potters, Jan/van Winden, Frans,* Information, 1992, S. 282f.

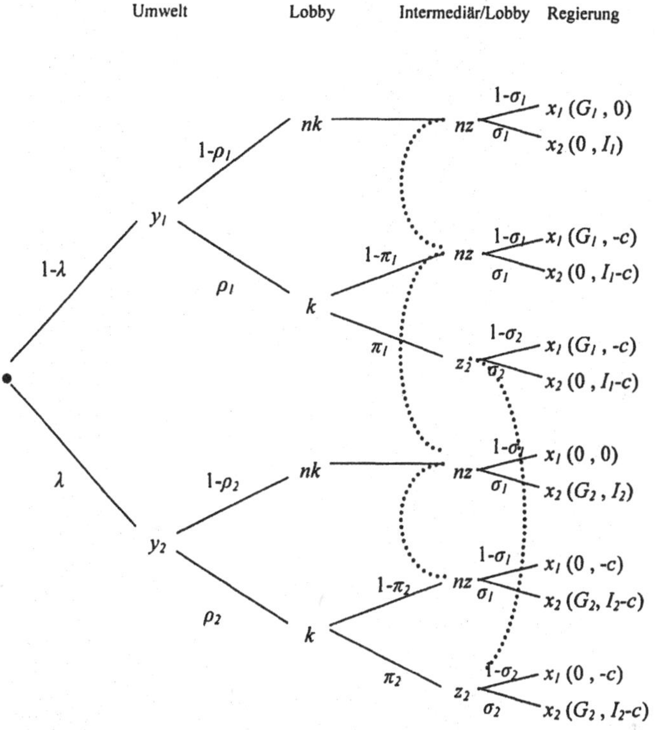

Abbildung 8: Extensive Form des Spiels bei Beauftragung des Intermediärs durch die Lobby.[765]

Beachtenswert ist, daß es trotz der Einführung des Intermediärs weiterhin nur zwei verschiedene Informationsmengen für die Regierung gibt, nämlich $\{nz\}$ und $\{z_2\}$ (in *Abbildung 8* symbolisiert durch die Bögen). Damit wird weiterhin die Wahrscheinlichkeit, daß sich die Regierung für eine Handlung entscheidet, anhand von $\sigma_{1,2}$ unterschieden.

Es werden nun die Gleichgewichte analog zum Grundfall untersucht.

Behauptung: Es existiert ein *Separating*-Gleichgewicht für $\pi_1 I_1 < c < \pi_2 I_2$, in dem die Lobby im „guten" Umweltzustand immer einen Experten einschaltet und im „schlechten" Zustand stets darauf verzichtet, und die Regierung immer an das entsprechende Signal der Lobby glaubt.

---

765 Gleiche Informationsmengen sind mit Bögen gekennzeichnet.

Begründung: Für die Lobby muß gelten:

(46) $$EU_I(k|y_2) \geq EU_I(nk|y_2)$$
$$\pi_2 I_2 - c \geq 0$$
$$\pi_2 I_2 \geq c.$$

(47) $$EU_I(nk|y_1) \geq EU_I(k|y_1)$$
$$0 \geq \pi_1 I_1 + (1-\pi_1)\cdot 0 - c$$
$$c \geq \pi_1 I_1.$$

Für die Regierung muß gelten:

(48) $$EU_G(x_2|z_2) \geq EU_G(x_1|z_2)$$
$$G_2 \geq 0.$$

(49) $$EU_G(x_1|nz) \geq EU_G(x_2|nz)$$
$$G_1 \geq 0.$$

Ein Vergleich mit den Modellannahmen zeigt, daß alle Bedingungen (46) - (49) erfüllt sind.

Interpretation: Die Interpretation erfolgt analog dem *Separating*-Gleichgewicht im Grundfall. Die Lobby beauftragt keinen Intermediär, wenn der erwartete Nutzen, den sie hieraus ziehen kann, kleiner ist als die Kosten. Interessant ist allerdings Bedingung (47). Sie deutet an, daß bei steigendem π_1, was c.p. eine größere Unzuverlässigkeit des Experten aus Sicht der Regierung bedeutet, auch die Kosten für den Experten steigen müssen, um das Gleichgewicht aufrecht zu erhalten. Denn sonst könnte es sich für die Lobby doch lohnen zu versuchen, die Regierung mit einem falschen Gutachten zu täuschen. Für den Fall $\pi_1 I_1 < c < \pi_2 I_2$ gilt dasselbe *Separating*-Gleichgewicht wie unter $I_1 < c < I_2$.

Das Gleichgewicht in gemischten Strategien für den Fall $c < \pi_1 I_1 < \pi_2 I_2$ ergibt sich analog zu den Überlegungen im Grundfall.[766]

Überlegung der Lobby zur Indifferenz der Regierung zwischen vertrauen und verwerfen:

(50) $$EU_G(x_2|z_2) = EU_G(x_1|z_2).$$

[766] Vgl. insbesondere die Ausführungen auf Seite 131f. sowie die Gleichungen (41) - (45).

(51) $$p = \frac{\lambda \rho_2 \pi_2}{(1-\lambda)\rho_1 \pi_1 + \lambda \rho_2 \pi_2} = \alpha.$$

(52) $$\rho_1 = \frac{\lambda(1-\alpha)}{\alpha(1-\lambda)} \cdot \frac{\pi_2}{\pi_1} \equiv \omega.$$

Überlegung der Regierung zur Indifferenz der Lobby zwischen konsultieren und nicht konsultieren:

(53) $$EU_l(k|y_1) = EU_l(nk|y_1).$$

(54) $$\pi_1\sigma_2 I_1 + \pi_1(1-\sigma_2)\cdot 0 + (1-\pi_1)\sigma_1 I_1 + (1-\pi_1)(1-\sigma_1)\cdot 0 - c = 0$$

Da aufgrund der Rückfallstrategie $\sigma_l = 0$, folgt

(55) $$\pi_1\sigma_2 I_1 - c = 0$$

$$\sigma_2 = \frac{c}{I_1\pi_1}.$$

Interpretation: Das neue Gleichgewicht hängt von der Glaubwürdigkeit des Intermediärs ab. Das erste, gegen die Intuition sprechende Ergebnis ist, daß der Anreiz für die Lobby steigt, einen Intermediär im „schlechten“ Umweltzustand einzuschalten, je vertrauenswürdiger dieser Intermediär ist. Zwar kann in diesem Fall die Lobby nur schwach darauf hoffen, daß der Intermediär ihre Version stützt. Geschieht dies doch, kann sie die Regierung allerdings mit hoher Wahrscheinlichkeit zur unvorteilhaften Handlung z_2 bringen. Da die Regierung die Glaubwürdigkeit des Intermediärs kennt, kann sie stets die Signale (bzw. die Nichtabgabe von Signalen) durch die Lobby besser einschätzen. Dies kommt auch durch die folgende Überlegung zum Ausdruck:

Für die Regierung gilt das Ergebnis, daß sie um so eher vertraut, je kleiner die Wahrscheinlichkeit für ein falsches Signal des Intermediärs ist. Dabei muß beachtet werden, daß für kleine π_l der Fall $\pi_l I_l < c$ eintreten kann und damit das bekannte *Separating*-Gleichgewicht erreicht wird. Außerdem wird sie einem teuren Gutachten eher vertrauen als einem weniger kostspieligen. Gibt die Lobby gar kein Geld für den Experten aus, so vertraut ihr die Regierung auch nicht.

Insgesamt vergrößert sich der Raum für die Weitergabe richtiger Informationen durch die Möglichkeit, einen Intermediär einzuschalten. Denn ist der Intermediär eher unzuverlässig, wird ihn die Lobby nicht einschalten und die Regierung wird vorsichtiger. Ist der Intermediär eher zuverlässig, was im Sinne der Regierung ist, sieht sich die Lobby gezwungen, diesen zu beauftragen, und für die Regierung gewinnt das Signal damit an Glaubwürdigkeit.

Diese Ergebnisse gelten nicht, falls $\omega > 1$, da sonst $\rho_l > 1$, was gegen die Annahmen verstößt.

Für $\omega \geq 1$ gilt folgendes:

(56) $$\frac{\lambda(1-\alpha)}{\alpha(1-\lambda)} \cdot \frac{\pi_2}{\pi_1} \geq 1 \Leftrightarrow$$
$$\frac{\lambda\pi_2}{\lambda\pi_2 + (1-\lambda)\pi_1} \geq \alpha.$$

Angenommen $\rho_1 = \rho_2 = 1$, dann gilt

(57) $p = \dfrac{\lambda\pi_2}{(1-\lambda)\pi_1 + \lambda\pi_2}$ und nach (34) und (56) demnach

(58) $$p \geq \frac{G_1}{G_1 + G_2} \Leftrightarrow$$
$$pG_2 \geq (1-p)G_1.$$

Dies ist die Bedingung, unter der die Regierung der Lobby vertraut, und damit gilt:

(59) $\sigma_2 = 1$.

Interpretation: Wenn die Zuverlässigkeit des Experten so groß ist, daß $\omega \geq 1$, kommt es zu einer ständigen Beauftragung durch die Lobby und einem unerschütterlichen Glauben der Regierung an das Signal. In diesem Fall kann es sich die Lobby nicht leisten, den Experten nicht zu beauftragen, da sie sonst ihr Gesicht verliert. Warum sollte sie einen Experten mit so hoher Reputation nicht engagieren? Wenn dieser engagiert wurde, so wird die Regierung stets an das Ergebnis glauben. Festzuhalten ist zudem, daß bei genügend hoher Reputation des Intermediärs die Entscheidung der Regierung unabhängig davon ist, welche Kosten für den Experten aufgebracht worden sind.[767]

4.6.3.2 Beauftragung eines Intermediärs durch die Regierung

Die letzte zu diskutierende Erweiterung des Modells besitzt die größte Nähe zur realen Ausgestaltung des DRSC. Gemäß § 342 Abs. 1 Satz 1 Nr. 2 HGB berät das DRSC das BMJ. Wie in den Abschnitten 3.4.1.2. und 4.2. bereits dargelegt wurde, liegt das Problem dieses Gesetzesauftrags weniger in der Kompetenz des Gremiums als vielmehr in

[767] Vgl. *Potters, Jan*, Lobbying, 1992, S. 54.

dessen möglicher Abhängigkeit. Diese Abhängigkeiten zu untersuchen und dabei zugleich die Aktivität einer Lobby zu berücksichtigen, ist Ziel dieses Abschnitts.

Das Modell trägt die bereits bekannte Struktur. Allerdings wird der Intermediär nicht von der Lobby beauftragt, sondern von der Regierung. Damit kann die Lobby auch nicht wie im oben besprochenen Fall die Signale des Intermediärs geheim halten. Kosten für den Intermediär fallen bei der Lobby demnach ebenfalls nicht an. Es wird vielmehr angenommen, daß der Intermediär seine Finanzierung selbst trägt[768], so daß auch keine Kosten für die Einbeziehung bei der Regierung entstehen. Aufgegriffen wird erneut die Annahme des Grundmodells, wonach die Lobby Kosten für das Senden eines Signals zu tragen hat.

Die Lobby hat die Möglichkeit, zu schweigen (*nz*) oder z_2 (der „gute" Zustand y_2 liegt vor) zu signalisieren. Die Regierung empfängt das entsprechende Signal und läßt sich nun von dem Intermediär beraten. Der Intermediär äußert seine eigene Meinung s_i über das Vorliegen von Umweltzustand y_i. Wie oben kann auch hier der Intermediär von der Wahrheit abweichen, weil er eigene Interessen verfolgt.[769] Sei π_i analog zum vorhergehenden Abschnitt die Wahrscheinlichkeit, daß der Mittler im Umweltzustand y_i das Signal s_2 signalisiert mit $0 \leq \pi_1 \leq \pi_2 \leq 1$. Da nun aus Sicht der Regierung vier verschiedene Informationsmengen vorliegen - $\{nz;s_1\}$, $\{nz;s_2\}$, $\{z_2,s_1\}$ und $\{z_2,s_2\}$ -, müssen auch vier verschiedene Handlungswahrscheinlichkeiten der Regierung unterschieden werden. Diese seien σ_{ij} mit $i = 1$ für *nz* und $i = 2$ für z_2 sowie $j=1$ für s_1 und $j=2$ für s_2.

Die extensive Form dieses Spiels zeigt folgender Spielbaum:

[768] Diese Annahme ist gleichbedeutend mit dem Fall, daß der Intermediär dauerhaft von der Regierung getragen wird, so daß keine zusätzlichen Kosten für eine Beauftragung anfallen. Die Kosten für den Intermediär sind dann zu vernachlässigen.

[769] Die Möglichkeit einer Abweichung, die auf einer Fehleinschätzung der Qualität des neuen Systems beruhen könnte, wird hier aufgrund der mehrfach erwähnten Fachkompetenz im DSR vernachlässigt.

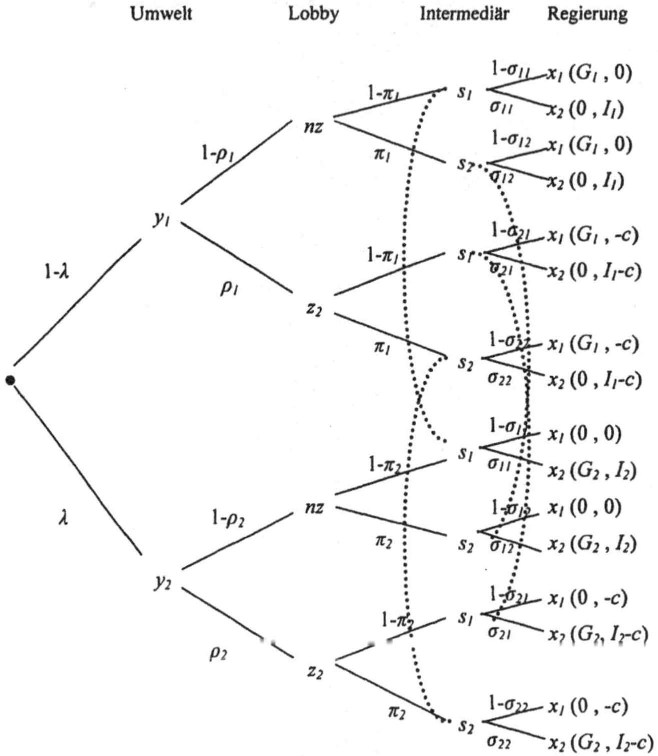

Abbildung 9: Extensive Form des Spiels bei Beauftragung des Intermediärs durch die Regierung.[770]

Das Modell weist folgende Parallelen zur Ausgestaltung des DSR auf:

(1) Das DSR hat eine explizite Beratungsfunktion der Regierung[771] bei Gesetzgebungsvorhaben zu Rechnungslegungsvorschriften (§ 342 Abs. 1 Satz 1 Nr. 2 HGB). Diese Beratung könnte sich auf die hier vereinfachend postulierte Frage der Übernahme eines neuen Rechnungslegungssystems erstrecken.

(2) Bei der Regierung fallen keine Kosten für die Inanspruchnahme des DSR an. Dies ist in § 6 des Standardisierungsvertrags festgeschrieben.

[770] Gleiche Informationsmengen sind mit Bögen gekennzeichnet.
[771] In Form des BMJ.

Für den Fall $c < \pi_l I_l < \pi_2 I_2$ soll untersucht werden, unter welchen Bedingungen sich die Regierung ganz auf den Intermediär verlassen kann und sie die Lobby ignoriert. Es gilt:

(60) $$\sigma_{i1} = 0$$
$$\sigma_{i2} = 1.$$

Es wird erwartet, daß in diesem Fall die Lobby ihre Tätigkeit völlig einstellt, da ihr ausschließlich Kosten entstehen, ohne daß sie etwas bewirken kann, oder formal:

(61) $$EU_l(z_2|y_2) \geq EU_l(nz|y_2)$$
$$\sigma_{22}I_2\pi_2 + (1-\pi_2)\cdot\sigma_{21}I_2 - c \geq \sigma_{12}I_2\pi_2 + (1-\pi_2)\cdot\sigma_{11}I_2$$
$$I_2\pi_2 - c \geq I_2\pi_2$$
$$0 \geq c,$$

(62) $$EU_l(z_2|y_1) \geq EU_l(nz|y_1)$$
$$\sigma_{22}I_1\pi_1 + (1-\pi_1)\cdot\sigma_{21}I_1 - c \geq \sigma_{12}I_1\pi_1 + (1-\pi_1)\cdot\sigma_{11}I_1$$
$$I_1\pi_1 - c \geq I_1\pi_1$$
$$0 \geq c.$$

Sowohl (61) als auch (62) sind nur erfüllt, wenn keine Kosten anfallen. Es resultiert das plausible Ergebnis, daß sich der Interessenverband allenfalls einschaltet, wenn keine Kosten entstehen. Annahmegemäß gilt damit:

(63) $$\rho_l = 0.$$

Zu klären bleibt, unter welchen Bedingungen die vorab getroffene Annahme (60), daß die Regierung nur dem Intermediär vertraut, aufrecht zu erhalten ist. Wenn die Lobby nicht signalisiert, verbleiben die Informationsmengen $\{nz;s_2\}$ und $\{nz;s_1\}$. Für die Regierung muß eine Politikwahl gemäß der Aussage des Intermediärs optimal sein, und damit:

(64) $$EU_G(x_2|\{nz;s_2\}) \geq EU_G(x_1|\{nz;s_2\}) \text{ und}$$

(65) $$EU_G(x_1|\{nz;s_1\}) \geq EU_G(x_2|\{nz;s_1\}).$$

Die a posteriori-Wahrscheinlichkeit für das Vorliegen von y_2 bei $\{nz;s_2\}$ ist

(66) $$p = \frac{\lambda\pi_2}{\lambda\pi_2 + (1-\lambda)\pi_1}.$$

Für Bedingung (64) gilt:

(67) $pG_2 \geq (1-p)G_1 \Leftrightarrow p \geq \frac{G_1}{G_1+G_2}$ und mit (31)

(68) $p \geq \alpha$

Einsetzen von (66) in (68) ergibt

(69) $$\frac{\lambda\pi_2}{\lambda\pi_2+(1-\lambda)\pi_1} \geq \alpha \Leftrightarrow \frac{\pi_2}{\pi_1} \geq \frac{\alpha(1-\lambda)}{\lambda(1-\alpha)} \Leftrightarrow \frac{\pi_2}{\pi_1} \geq \frac{(1-\lambda)G_1}{\lambda G_2}.$$

Die a posteriori-Wahrscheinlichkeit für das Vorliegen von y_2 bei $\{nz;s_1\}$ ist

(70) $$p=\frac{\lambda(1-\pi_2)}{\lambda(1-\pi_2)+(1-\lambda)(1-\pi_1)}.$$

Für Bedingung (65) gilt:

(71) $(1-p)G_1 \geq pG_2 \Leftrightarrow p \leq \frac{G_1}{G_1+G_2}$.

Demnach erhält man für Bedingung (65) analog zu (64)

(72) $$\frac{\lambda(1-\pi_2)}{\lambda(1-\pi_2)+(1-\lambda)(1-\pi_1)} \leq \alpha \Leftrightarrow \frac{1-\pi_2}{1-\pi_1} \leq \frac{\alpha(1-\lambda)}{\lambda(1-\alpha)} \Leftrightarrow \frac{1-\pi_2}{1-\pi_1} \leq \frac{(1-\lambda)G_1}{\lambda G_2}.$$

Aus (69) und (72) folgt unmittelbar, daß $\pi_1<\pi_2$, was annahmegemäß erfüllt ist.

Diskussion: Der Ausgangspunkt der Argumentationskette ist die Annahme, daß die Regierung stets dem Intermediär vertraut. Hierfür muß eine gewisse Glaubwürdigkeit des Mittlers gegeben sein. Sie kommt in dem Quotienten π_2/π_1 zum Ausdruck und muß größer sein als das Verhältnis des Nutzens von altem und neuem System gewichtet mit der Wahrscheinlichkeit für das Vorliegen des „schlechten“ bzw. „guten“ Umweltzustandes. Das bedeutet, daß der Intermediär um so weniger glaubwürdig sein darf, je höher die Wahrscheinlichkeit für das Vorliegen des „guten“ Systems ist oder je höher der Nutzen ist, den die Regierung aus dem „guten“ System zieht.

Analog zum Grundfall ergibt sich, daß bei einer eher konservativen Regierung ($G_1 \gg G_2$) der Intermediär sehr glaubwürdig sein muß, um die Regierung zu überzeugen; ist die Regierung fortschrittsorientiert ($G_1 \gg G_2$), genügt schon eine geringe Glaubwürdigkeit des beratenden Gremiums, damit die Regierung das Risiko der falschen Entscheidung auf sich nimmt.

Interessant ist der Fall, in dem die Regierung den Systemen neutral gegenübersteht, also nur die zum Umweltzustand passende Entscheidung zählt ($G_1 = G_2$). Dann muß die Glaubwürdigkeit des Vermittlers das Verhältnis der Wahrscheinlichkeiten für die Umweltzustände mindestens ausgleichen, da sonst die Regierung entsprechend ihres a priori-Wissens handelt.[772]

Sind die Bedingungen für die Glaubwürdigkeit gegeben, wie sie im Spiel zum Ausdruck kommen, gelangt man zu einem wünschenswerten Ergebnis: Die Lobby wird von einer eigenen Aktivität abgeschreckt. Sie kann nichts mehr gegen den Intermediär ausrichten. Zwar kann damit der Interessenverband nicht mehr die unter bestimmten Bedingungen positive Funktion des Informationsvermittlers wahrnehmen, an seine Stelle tritt jedoch das Beratergremium. Alle oben[773] in Zusammenhang mit Lobbying besprochenen gesellschaftlichen Probleme entfallen. Allerdings könnte die Lobby in Anbetracht ihrer Machtlosigkeit auf eine neue Strategie setzen. Nicht mehr die Regierung, sondern der Intermediär selbst könnte zur Zielscheibe von Lobbyismus werden. Diesem Problem gelten die folgenden Überlegungen.

4.6.3.3 Überlegungen zur Glaubwürdigkeit des Intermediärs

Wie gezeigt wurde, hängt das Gleichgewichtsergebnis von der Glaubwürdigkeit des Intermediärs ab. Diese kann als Quotient aus π_2 und π_1 gemessen werden. Das Abweichen des Intermediärs vom wahrheitsgetreuen Bericht kann seine Ursache bspw. darin haben, daß der Intermediär einen Anreiz besitzt, mit dem Interessenverband zusammenzuarbeiten. Dies könnte der Fall sein, wenn der Intermediär eine private Kommission ist, die ihrerseits wieder mit Vertretern der Lobby besetzt ist.

Für den zu untersuchenden Fall des DSR wird in einigen Publikationen kritisiert, daß die Interessengruppe der Wirtschaftsprüfer ein starkes Gewicht innerhalb des Gremiums hat.[774] Besteht die außenstehende Interessengruppe bspw. aus einem Zusammenschluß der Wirtschaftsprüfer und sind diese auch im Gremium vertreten, so steigt die Wahrscheinlichkeit π_1, daß das Gremium im Falle y_1 das falsche Signal s_2 sendet, weil es versucht, die Interessen der Lobby der Wirtschaftsprüfer zu stärken.

Die Glaubwürdigkeit des Rates könnte also von seiner Besetzung abhängen. Besteht die Lobby, wie hier erläutert, aus dem Verband der Wirtschaftsprüfer eines Landes und sind die Wirtschaftsprüfer dieses Verbandes auch Mitglieder im Rat, so könnte man den prozentualen Anteil der Wirtschaftsprüfer im Rat als Indikator für die Glaubwürdigkeit heranziehen.

---

772 Dies ist z.B. immer dann gegeben, wenn $\lambda \geq 0{,}5$, da annahmegemäß $\pi_2 > \pi_1$.

773 Vgl. Abschnitt 4.5.

774 Vgl. bspw. *Schwab, Martin*, Standardisierungsvertrag, 1999, S. 734.

Allerdings muß die fragliche Gruppe auch innerhalb des Gremiums über Macht verfügen, um ihre Ansichten und damit die der Interessengruppe durchzusetzen. Es existieren Konzepte, eine solche Durchsetzungsmacht abzubilden. Sie werden in Kapitel 5 dargestellt und diskutiert.

4.6.4 Modellkritik

Anhand des vorgestellten Modells konnten einige interessante Ergebnisse abgeleitet werden. Allerdings unterliegen diese den Einschränkungen, wie sie in spieltheoretischen Überlegungen zu realen Sachverhalten stets anzutreffen sind.[775] Hier treffen insbesondere folgende Vorbehalte zu:

(1) Es handelt sich um ein einperiodiges Modell. Die Lobby kann keine Reputation über mehrere Spiele hinweg aufbauen, d.h. im Umkehrschluß, sie wird nicht bestraft, wenn sie lügt. Das Ergebnis könnte sich durch die Einführung mehrerer Perioden ändern, da die Lobby einen Anreiz haben könnte, die Wahrheit zu sagen, auch wenn ihr das kurzfristig Nachteile einbringt.[776]

(2) Der Wettbewerb mehrerer Interessenverbände untereinander wird vernachlässigt.[777] Durch die Betrachtung eines einzelnen Interessenverbandes verengt sich das Blickfeld. Die Regierung könnte den Rat mehrerer Verbände einholen und ihr Urteil auf der Zusammenschau der Meinungen gründen. Weniger stark ist der Einwand, daß auch nur ein Intermediär betrachtet wird. Die Experten stehen nicht im Wettbewerb zueinander.[778] Wenn mehrere Experten zu einem Thema Stellung beziehen sollen, werden diese in einer Kommission zusammengefaßt, so wie dies auch beim DSR geschieht. Diese Kommission spricht dann idealer Weise mit einer Stimme.

(3) Der Aktionsraum der Interessengruppe und der Regierung wird aus einer eingeengten Perspektive betrachtet.[779] Die Lobby hat nur die Handlungsmöglichkeiten, ein Signal zu senden oder zu schweigen. Andere für Interessenverbände typische Handlungsalternativen wie Wahlaufrufe, Spenden etc. werden ausgeblendet. Dieselbe Kritik gilt für den Aktionsraum der Regierung. Auch diese ist beschränkt auf zwei Handlungsalternativen. In der Realität sind Politikentscheidungen komplexer. Bezogen auf die Rechnungslegung wird i.d.R. nicht ein einziges Rechnungslegungssystem zur Wahl gestellt, sondern jede einzelne Regelung kritisch beleuchtet.

---

[775] Vgl. den Überblick bei *Wiese, Harald,* Spieltheorie, 2000, S. 321-325.
[776] Vgl. *Potters, Jan,* Lobbying, 1992, S. 66.
[777] Vgl. *Becker, Gary S.*, Influence, 1983; *Becker, Gary S.*, Groups, 1985.
[778] Hier ist nicht der Wettbewerb um Aufträge gemeint, sondern der um die Durchsetzung der eigenen Auffassung.
[779] Vgl. *Potters, Jan,* Lobbying, 1992, S. 66.

Modelltheoretischen Überlegungen ist immanent, daß sie Abstriche bei der Abbildung realer Sachverhalte machen. Die Komplexität politischer Prozesse ist in vollem Umfang nicht abbildbar. Es gelingt aber, einzelne Teilaspekte zu beleuchten und damit die Orientierung der einzelnen Akteure in ihrem Interaktionszusammenhang zu verbessern. Stellt man den spieltheoretischen Ansatz neben viele Ausarbeitungen der klassischen Politikwissenschaft, muß man die Aussage *Wieses* stützen: „Spieltheorie ist formale Analyse und als solche rein verbalem, nicht modellgestütztem Räsonnieren überlegen."[780]

4.7 Zwischenergebnis

Es wurde gezeigt, wie unterschiedlich sich Lobbyismus auf die Regulierung der Rechnungslegung auswirkt. Ausgangspunkt der Diskussion war die Überlegung am Ende von Kapitel 3, daß Unabhängigkeit von beträchtlicher Bedeutung für die Akzeptanz des DSR als privatem Regulierer ist. Die Unabhängigkeit ist gefährdet, da viele Akteure Anreize haben, den Regulierer entsprechend ihrer Präferenzen zu beeinflussen. Diese Gefahr darf nicht unterschätzt werden; sie bildet zugleich den Startpunkt für die Überlegungen im nächsten Kapitel.

Allerdings wurde auch gezeigt, daß der Zustand nach der Einführung des privaten Gremiums nicht für sich alleine gesehen werden darf. Auch zuvor wurde Rechnungslegung reguliert; dies war Aufgabe des Gesetzgebers. Wie gezeigt wurde, unterliegt auch der Gesetzgeber den Einflüssen von Interessenverbänden. Es konnte dargelegt werden, wie im Zusammenspiel von Regierung und Regulierer der Verbandseinfluß zurückgedrängt werden kann. Allerdings gilt hierfür, daß der Regulierer das Vertrauen der Regierung benötigt. Ob er dieses besitzt, hängt maßgeblich von seiner Besetzung ab.

Thum stellt für das DIN fest: „Weitaus interessanter ... ist die Frage, ob innerhalb der Komitees die betroffenen Gruppen adäquat berücksichtigt werden oder ob Verzerrungen zugunsten einer Gruppe entstehen."[781] Diese Frage läßt sich auch auf die Regulierungsgremien der Rechnungslegung übertragen. Im folgenden werden Konzepte vorgestellt, mit deren Hilfe die Zusammensetzungen auf „Verzerrungen" hin überprüft werden können.

---

780 *Wiese, Harald,* Spieltheorie, 2000, S. 321.
781 *Thum, Marcel,* Netzwerkeffekte, 1995, S. 165.

5 Die Machtverteilung in Regulierungsgremien der Rechnungslegung

5.1 Die Messung von Macht in kooperativen n-Personen-Spielen

5.1.1 Grundlegende Lösungskonzepte

5.1.1.1 Transferierbarer Nutzen

Grundlegend für die hier zu besprechenden Lösungskonzepte ist die Idee des übertragbaren Nutzens.[782] Sie ist hinlänglich bekannt und soll hier nur kurz angerissen werden. In allen folgenden Überlegungen wird davon ausgegangen, daß ein Gut existiert, das linear transferierbar (beliebig oft teilbar) ist und bei jedem Spieler denselben Nutzen stiftet. D.h. die Nutzenfunktionen sind so gewählt, daß die Rate des Nutzentransfers für alle Spieler 1:1 ist. Das bedeutet, daß der Gesamtnutzen, den eine Gemeinschaft von Spielern erhält, beliebig zwischen den Spielern aufzuteilen ist.[783] Daher interessiert nur der Gesamtnutzen, den eine mögliche Koalition erhält. Was nun hierauf aufbauend die charakteristische Funktion eines Spiels ist, zeigt sich im nächsten Unterabschnitt.

5.1.1.2 Spiele in Koalitionsform

Zunächst sei festgehalten, was Koalition bedeutet. Eine Koalition S ist jede nicht-leere Teilmenge von N, mit $N = \{1, 2, \ldots, n\}$ als Menge aller n Spieler i eines n-Personen-Spiels. N nennt man große Koalition.

Der Wert, den eine Koalition in einem Spiel mit übertragbarem Nutzen erlangen kann, sei $v(S)$. Dieser Wert ist durch die Funktion v bestimmt, die auf der Potenzmenge von N (entsprechend der Menge aller Teilmengen) definiert ist und jeder Koalition S eine reelle Zahl zuordnet.[784] So entspricht $v(S)$ dem Nutzen, den die Mitglieder von S erhalten können, unabhängig vom Verhalten der Spieler außerhalb von S.

$v(S)$ ist die charakteristische Funktion des Spiels Γ, wenn gilt:

(73) $v(\emptyset) = 0$ und

(74) $v(S \cup T) \geq v(S) + v(T)$ für alle $S, T \subset N$ und $S \cap T = \emptyset$.

(73) sagt aus, daß der Wert des Spiels bei Nichtexistenz einer Koalition 0 ist. (74) beinhaltet die Bedingung der Superadditivität: Sind S und T zwei disjunkte Koalitionen,

---

[782] Es existiert auch eine kooperative Spieltheorie für Spiele ohne übertragbaren Nutzen. Diese sollen hier aber nicht betrachtet werden.

[783] Vgl. *Owen, Guillermo,* Game Theory, 1995, S. 213.

[784] Vgl. *Holler, Manfred J./Illing, Gerhard,* Spieltheorie, 2000, S. 265.

so erhalten sie bei Zusammenschluß zu einer Koalition mindestens genauso viel, wie wenn sie getrennte Koalitionen bleiben. Spiele, die (74) nicht erfüllen, heißen uneigentliche Spiele und sollen hier nicht weiter betrachtet werden. Da die charakteristische Funktion auf der Potenzmenge von N definiert ist, beschreiben immer $2^n - 1$ Gleichungen die charakteristische Funktion.

Die Lösung eines Koalitionsspieles ist nur dann interessant, wenn die Spieler durch eine Koalitionsbildung auch mehr Wert für sich erreichen können. Ist dies der Fall, so nennt man das Spiel wesentlich und es gilt:

(75) $$v(N) > \sum_{i \in N} v(\{i\}).$$

Hier interessieren nur wesentliche Spiele.

5.1.1.3 Imputation und Dominanz

Spiele in Koalitionsform werden u.a. untersucht, um eine Nutzenverteilung an alle Spieler zu errechnen, die aus dem Spiel resultiert. Um zu Lösungskonzepten zu gelangen, muß man also die Auszahlungsvektoren $x = (x_1, \ldots, x_n)$ näher betrachten. Ein Auszahlungsvektor mißt jedem Spieler seine Auszahlung bei (engl.: *to impute*).[785] Es interessieren diejenigen Vektoren, die pareto-optimal (effizient) sowie individuell rational sind. Erfüllt ein Vektor diese beiden Bedingungen, so nennt man ihn Imputation des Spiels Γ. Für eine Imputation gilt damit[786]

(76) $$\sum_{i \in N} x_i = v(N) \text{ und}$$

(77) $$x_i \geq v(\{i\}).$$

Dabei steht (76) für die Effizienz: Keiner der Spieler i kann sich verbessern, ohne einen anderen schlechter zu stellen. (77) drückt die individuelle Rationalität aus, denn ein Spieler erhält mindestens so viel, wie er alleine ohne Kooperation erhalten würde.

Beispiel: Ein Spiel Γ mit n=3 sei durch folgende $v(S)$ charakterisiert:

(78) $$v(\{1,2,3\}) = 300\,;\; v(\{1,2,\}) = 0\,;\; v(\{2,3\}) = 0\,;\; v(\{1,3\}) = 0\,;\; v(\{i\}) = 0.$$ [787]

---

[785] Vgl. *Weber, Robert,* Form, 1994, S. 1294.
[786] Vgl. *Owen, Guillermo,* Game Theory, 1995, S. 214f.
[787] Man beachte, daß es hier $2^n - 1 = 7$ Gleichungen gibt, die das Spiel charakterisieren, wie oben beschrieben.

Das Spiel ist so charakterisiert, daß nur die Koalition aus allen Spielern (große Koalition) eine Auszahlung erhält, beliebige Zweierkoalitionen oder einzelne Spieler erhalten hingegen nichts. Ein Auszahlungsvektor $u = (150;50;100)$ ist eine Imputation des Spiels Γ, während die Vektoren $t = (150;0;100)$ bzw. $w = (150;-50;200)$ keine Imputationen sind; t ist nicht pareto-optimal, w nicht individuell rational für Spieler 2.

Imputationen können danach geordnet werden, ob eine Imputation eine oder mehrere andere Imputationen dominiert. Dies ist dann der Fall, wenn es (a) eine Koalition S gibt, die imstande ist, einen bestimmten Auszahlungsvektor x zu realisieren, und (b) jedes Mitglied der Koalition bei der Wahl von x eine höhere Auszahlung erhält als bei der Wahl eines alternativen Vektors y.

Dies ist der Fall, wenn[788]

(79) $\sum_{i \in S} x_i \leq v(S)$ [entspricht (a)] und

(80) $x_i > y_i \forall i \in S$ [entspricht (b)].

Da von transferierbarem Nutzen und erlaubten Seitenzahlungen ausgegangen wird, kann die letzte Bedingung abgeschwächt werden. Es ist ausreichend, daß jedes Mitglied der Koalition mindestens dieselbe Auszahlung bei x und y erhält und nur bei mindestens einem Mitglied eine höhere Auszahlung fällig ist.

Zur Erläuterung von (79) wird nochmals das Beispiel herangezogen. Angenommen, Spieler 1 und 2 bilden eine Koalition und einigen sich darauf, Spieler 3 auszubooten und sich die Auszahlung des Spiels zu teilen. Es gilt also x=(150;150;0). Die Summe ihrer Auszahlungen ist 300, $v(S)$ = 0 (siehe Beispiel), 300 > 0 und damit ist dieses Ergebnis für beide Spieler nicht realisierbar. Genau dadurch war das Spiel aber charakterisiert: Nur wenn alle drei sich zusammenschließen, resultiert eine Auszahlung. Eine heuristische Erklärung hierfür könnte sein, daß jedem Spieler in Γ ein Vetorecht zusteht. Folgende Abgrenzung ist zu beachten: Der Auszahlungsvektor x ist gemäß (76) und (77) eine Imputation des Spiels Γ. Er ist auch ein mögliches Ergebnis des Spiels. Er wird allerdings nicht aufgrund einer Zweierkoalition realisiert, sondern nur, wenn auch Spieler 3 zustimmt, d.h. Mitglied der Koalition ist. Dies ist der Fall, wenn Spieler 3 darauf verzichtet, sein Veto einzulegen.[789]

Es wird deutlich, daß ein Spiel unendlich viele dominierte und nicht-dominierte Imputationen haben kann. Um herauszufinden, für welche Imputation sich die Spieler entscheiden, muß man nach Kriterien suchen, die Einfluß auf diese Entscheidung ha-

[788] Vgl. *Owen, Guillermo,* Game Theory, 1995, S. 215f.
[789] Über die Gründe eines solchen Verzichts ist damit nichts gesagt.

ben können. Denkbar ist, daß bei zwei gegebenen Vektoren *x* und *y* sich einige Spieler für *x* entscheiden, weil sie dort eine höhere Auszahlung erhalten. Da es sich um Imputationen handelt, muß es aber auch Spieler geben, die *y* bevorzugen. Welche Spieler sich durchsetzen können und ob es stabile Gleichgewichte mit eindeutigen Lösungen gibt, wird anhand unterschiedlicher Lösungskonzeptionen untersucht.

Bei den Lösungskonzepten in der kooperativen Spieltheorie kann danach unterschieden werden, ob das Ergebnis eine Teilmenge mehrerer möglicher Lösungen ist oder ob es sich um ein eindeutiges, als Funktion darstellbares Ergebnis handelt. Im ersten Fall spricht man von Mengenansätzen,[790] im zweiten Fall von Wertansätzen. Die im Folgenden dargestellten Lösungskonzepte gehören zu der Klasse der Wertansätze.

5.1.2 Der Shapley-Wert

5.1.2.1 Axiomatik

Vielfach wird versucht, eine Theorie zu finden, mit deren Hilfe es gelingt, den Ausgang von Koalitionsspielen durch eine erwartete eindeutige Allokation der Auszahlungen zu beschreiben. Ein bekanntes Lösungskonzept stammt von *Lloyd Shapley*.[791] Zunächst wird festgestellt, welche Eigenschaften eine Lösung haben sollte, und diese durch drei Axiome charakterisiert.

Die erste Eigenschaft ist Effizienz bzw. Gruppenrationalität, eine Form der Pareto-Optimalität. Damit kann Axiom 1 formuliert werden. Zuvor ist die Eigenschaft des *Trägers* für eine Koalition zu definieren. Eine Teilmenge *T* von Spielern in einem Spiel ist dann ein Träger des Spiels, wenn gilt:

(81) $$v(S) = v(S \cap T).$$

Dies bedeutet, daß ein Spieler, der nicht Mitglied in *T* ist, nichts zum Spiel beitragen kann. Jeder Spieler, der nicht Mitglied eines Trägers ist, wird auch *Dummy*-Spieler genannt. Das Axiom der Effizienz verlangt nun, daß die Spieler in einem Träger ihren gesamten Wert ausschließlich unter sich verteilen und nichts den *Dummy*-Spielern abgeben. Damit gilt für die Auszahlung ϕ_i, die jeder Spieler erhält:

(82) $$\sum_{i \in S} \phi_i(v) = v(T).$$

Als zweites Axiom gilt Anonymität. Es ist unerheblich, welchen Namen ein Spieler trägt, d.h. welches *i* ihm zugewiesen wird. Es zählt nur die Rolle, die ein Spieler in

[790] Zu dieser Klasse gehört der Kern (vgl. Abschnitt 2.2.3.2.2).
[791] Vgl. *Shapley, Lloyd*, Value, 1953.

einem Spiel innehat. Ändern die Spieler ihre Reihenfolge, so ändert sich auch die Reihenfolge der Auszahlungen ϕ_i. Für alle Permutationen der Spieler π und $i \in N$ gilt:

(83) $\phi_{\pi(i)}(\pi v) = \phi_i(v)$.

Die dritte Eigenschaft, die *Shapley* postuliert, ist die der Additivität. Diese hat sich als zu eng in Bezug auf bestimmte Spiele erwiesen[792] und wird durch die mit ihr verwandte Linearität ersetzt.[793] Sei p die Wahrscheinlichkeit, daß morgen ein bestimmtes Ereignis eintritt, und 1-p seine Gegenwahrscheinlichkeit (mit $0 \leq p \leq 1$). Tritt das Ereignis ein, spielen die Spieler das Spiel v, tritt es hingegen nicht ein, spielen sie das Spiel w. Wenn die Spieler bereits heute über die zu spielenden Strategien verhandeln, so ist das Spiel, mit dem sie sich befassen, $pv + (1-p)w$. Ihre erwartete Auszahlung ist $\phi(pv + (1-p)w)$. Spielen sie dagegen morgen, so spielen sie entweder v oder w und ihre erwartete Auszahlung ist $p\phi(v) + (1-p)\phi(w)$. Gilt die Linearität, so ist es unerheblich, ob die Spieler vor oder nach Auflösung der Unsicherheit spielen.[794] Somit ergibt sich Axiom 3:

(84) $\phi_i(pv + (1-p)w) = p\phi_i(v) + (1-p)\phi_i(w) \forall i \in N$.

Shapley hat gezeigt, daß es genau eine Funktion gibt, die alle drei oben genannten Axiome (82) - (84) erfüllt.[795] Sie erzeugt den sogenannten Shapley-Wert $\phi_i(v)$:

(85) $\phi_i(v) = \sum_{S \subseteq N} \frac{(s-1)!(n-s)!}{n!} \left[v(S) - v(S \setminus \{i\})\right] \forall i \in N$.[796]

Man beachte folgende interessante Eigenschaft von $\phi(v)$:

(86) $\sum_{S \subseteq N} \frac{(s-1)!(n-s)!}{n!} = 1$,

da der Zähler gleich der Anzahl der Permutationen in N ist.

(87) $v(S) - v(S \setminus \{i\}) \geq v(\{i\})$.

---

792 Vgl. *Holler, Manfred J./Illing, Gerhard,* Spieltheorie, 1996, S. 293.

793 Vgl. *Myerson, Roger B.*, Theory, 1991, S. 437f.

794 Vgl. hierzu ausführlich *Myerson, Roger B.*, Theory, 1991, S. 437f.

795 Vgl. *Shapley, Lloyd,* Value, 1953, S. 309-312. Zum Beweis vgl. auch *Aumann, Robert,* Lectures, 1989, S. 30.

796 Der Beweis des Theorems ist dargestellt bei *Myerson, Roger B.*, Theory, 1991, S. 439f.; s ist die Anzahl der Spieler in Koalition S.

Dies folgt aus der in (74) beschriebenen Superadditivität. Aus (85) - (87) folgt

(88) $\phi_i(v) \geq v(\{i\})$.

Dies entspricht (77), und damit ist $\phi(v)$ eine Imputation.

5.1.2.2 Interpretation und Weiterentwicklung

Eine heuristische Interpretation des Shapley-Wertes bietet sich an:[797] Für ein Spiel wollen sich alle Mitspieler (d.h. die große Koalition) in einem Raum treffen. Jedoch ist die Tür zu dem Raum so schmal, daß immer nur ein Spieler den Raum betreten kann. Die Spieler kommen in zufälliger Reihenfolge an der Tür an, bilden eine Schlange und warten, bis sie eintreten können. Es gibt $n!$ verschiedene Möglichkeiten der Reihung der Spieler in der Schlange. Für jede Zusammensetzung von Spielern S ohne Spieler i gibt es $(s-1)!(n-s)!$ mögliche Anordnungen, so daß S die Zusammensetzung von Spielern ist, die vor i in der Schlange stehen. Also ist $\frac{(s-1)!(n-s)!}{n!}$ die Wahrscheinlichkeit, daß i die Koalition S in dem Raum vorfindet, wenn er diesen betritt. Findet er aber die Koalition S vor ihm im Raum, dann ist $v(S)-v(S \setminus \{i\})$ der Grenzbeitrag, den er der Koalition bringt.[798] Damit ist der Shapley-Wert der erwartete Grenzbeitrag, den ein Spieler i einer Koalition bei Eintritt einbringt. Diese Interpretation ist auf beliebige Auszahlungsvektoren anwendbar.[799]

Eine typische Form des Koalitionsspiels ist das Abstimmungsspiel. Die Abstimmung bringt entweder das Ergebnis 1 oder das Ergebnis 0, je nachdem, ob die Koalition gewinnt oder verliert. Das bedeutet, das Spiel wird normiert. Wendet man den Shapley-Wert auf ein solches Spiel an, so gilt:

(89) $\sum_{i=1}^{n} \phi_i = 1$.

Man erhält für jeden Spieler einen Indexwert $0 \leq \phi_i \leq 1$. Dieser Indexwert drückt die Wahrscheinlichkeit aus, daß ein Spieler genau dann den Raum betritt, wenn nur noch seine Stimme den bereits versammelten Spielern zum Gewinn der Abstimmung fehlt. D.h. der Spieler ist entscheidend (*pivotal*) für die Abstimmung. Man kann den Shapley-Wert daher auch als Machtindex des einzelnen Spielers verstehen. *Shapley* hat sei-

[797] Vgl. *Myerson, Roger B.*, Theory, 1991, S. 438f. Eine ähnliche Interpretation findet sich bei *Owen, Guillermo*, Game Theory, 1995, S. 265f.

[798] Vgl. *Gardner, Roy*, Games, 1995, S. 457.

[799] Der Shapley-Wert wird zum Beispiel auf die Beurteilung von Monopolen angewandt (vgl. *Gardner, Roy*, Monopolies, 1977) oder als Allokationsmechanismus für die Zuordnung von Gemeinkosten (vgl. *Nett, Lorenz*, Allokationsmechanismus, 1998).

nen Wert erstmals zusammen mit *Martin Shubik* auf diese Abstimmungsspiele angewandt.[800] Man bezeichnet den Shapley-Wert in dieser Form auch als Shapley-Shubik-Index.

Es muß noch bestimmt werden, wann eine Gruppe S die Abstimmung gewinnt, d.h. es muß eine Mehrheitsregel festgelegt werden. Hätte jeder Spieler die gleiche Anzahl Stimmen, d. h. dasselbe Gewicht in einer Abstimmung, wäre das Ergebnis trivial. Jeder Spieler hätte dann denselben Machtindex von $1{:}n$, unabhängig von der Mehrheitsregel. Allerdings sind ein wichtiger Teil einfacher Abstimmungsspiele gewichtete Spiele. Wenn ρ_i' das Gewicht eines Spielers i abbildet und q das Quorum ist, bei dessen Erreichen eine Abstimmung gewonnen wird, dann gilt[801]

(90) $$v(S)=1 \Leftrightarrow \sum_{i\in S} \rho_i' \geq q\,.$$

Das relative Gewicht ρ_i, das einem Spieler i zukommt, ist

(91) $$\rho_i = \frac{\rho_i'}{\sum_{i=1}^{n} \rho_i'}.$$

5.1.2.3 Plausibilität

Aufgrund der oben dargestellten Eigenschaften kann man den Shapley-Shubik-Index als Maß für die a priori-Abstimmungsstärke in gewichteten Abstimmungsspielen verwenden.[802] Wie bereits oben erwähnt, gehen keine Werturteile oder Einstellungen der Spieler in die Berechnung ein, da alle möglichen Permutationen betrachtet werden. Allein auf die quantitativen Größen wird abgestellt. Aber genau diese rein quantitativen Werte haben Einfluß auf eine mögliche Verhandlung und Kompromißfindung in einem Gremium. Denn diejenigen Parteien mit der höheren Abstimmungsmacht haben auch die größere Verhandlungsmacht, um ihre (politischen) qualitativen Vorstellungen durchzusetzen. Dennoch wird der Shapley-Shubik-Index kritisiert, da in der Regel in einer Abstimmung nicht sequentiell gestimmt wird. Die Abstimmungsreihenfolge ist unerheblich. Der obige Ideengang muß interpretiert werden. Eine Abstimmung in jenem Sinne darf nicht als formaler Vorgang verstanden werden. Sie ist vielmehr als (sichtbare) Deklaration der Unterstützungserklärung für die Empfehlung anzusehen. Die zufällig festgelegte Reihenfolge ist Ausdruck des Unterstützungsgrades eines einzelnen Teilnehmers für die Empfehlung. Der stärkste Unterstützer wählt zuerst usw.[803]

---

[800] Vgl. *Shapley, Lloyd/Shubik, Martin*, Power, 1954.
[801] Vgl. *Levinsky, René/Silarszky, Peter*, Formation, 1998, S. 5.
[802] Vgl. *Holler, Manfred J./Illing, Gerhard*, Spieltheorie, 2000, S. 301.
[803] Vgl. *Shapley, Lloyd/Shubik, Martin*, Power, 1954, S. 788.

Der Shapley-Shubik-Index ist monoton in der Größe der Stimmgewichte. D.h., daß Spieler mit einem größeren Gewicht ρ_i stets auch einen größeren (oder gleich großen) Wert für ϕ_i haben als die Spieler mit kleinerem Gewicht.[804] Dies stützt die Plausibilität des Indexes, da es keine Partei in einem Gremium gibt, die mit weniger Stimmen mehr Macht als eine andere Partei hält.

Der Index ist nicht monoton in der Veränderung der Stimmgewichte. D.h., die Indexwerte eines Spielers *i* können gleich bleiben oder sinken, obwohl dessen nominales Gewicht steigt und umgekehrt.[805] Der Index hängt nicht nur vom Gewicht des Spielers *i*, sondern auch von der Gewichtsverteilung ab. Dieses Phänomen wird auch als *Paradox of Redistribution* bezeichnet.[806] Es spricht für die Plausibilität des Indexes. Die Macht einer Partei in einem Gremium steht nicht für sich, sondern immer im Zusammenhang mit den anderen Parteien. Es ist einsichtig, daß eine Partei an relativer Macht verliert, wenn eine andere zu ihr aufschließt, selbst wenn sie ihren Stimmenanteil halten kann.

Weitere Paradoxa, die für den Index bestehen, sind das *Paradox of Size* und das *Paradox of New Members*.[807] Das *Paradox of Size* besagt, daß bei Zerlegung einer Partei in ihre Mitglieder die Summe der Machtindizes der Mitglieder größer sein kann als der Machtindex der Partei. Der üblichen Annahme, daß die Gruppe stärker ist als die Summe ihrer Mitglieder, widerspricht dies zwar.[808] Dennoch läßt sich die Überlegung plausibilisieren: Spaltet sich eine Teilgruppe aus einer bestehenden Gruppe ab, so ist denkbar, daß sowohl die eine als auch die andere eine gewinnende Koalition mit den unverändert gebliebenen, übrigen Gruppen bilden kann. Dies kann die Macht der aufgespaltenen Gruppe erhöhen. Auch das *Paradox of New Members*, das im Grunde besagt, daß es bei einem Beitritt eines neuen Mitgliedes in die Gemeinschaft der Spieler zu einer Erhöhung der Macht bereits vertretener Spieler - bei entsprechender Anpassung der Mehrheitsregel - kommen kann, ist plausibel. Durch den Beitritt eines neuen Spielers ergeben sich auch neue Koalitionsmöglichkeiten, die je nach Mehrheitsregel alte Spieler besser stellen können.

Das letzte hier beschriebene Paradoxon in Zusammenhang mit dem Machtindex wird *Paradox of Quarreling Members* genannt. Sind zwei Parteien in einem Gremium verfeindet, so daß sie nie miteinander koalieren, so erhöhen sie damit sowohl ihre individuelle Stärke als auch die Summe ihrer a priori-Abstimmungsstärke.[809] „Inwieweit derartige Überlegungen Ausgangspunkt für das Auseinanderbrechen von Koalitionen

---

804 Vgl. *Holler, Manfred J./Illing, Gerhard*, Spieltheorie, 2000, S. 302.
805 Vgl. *Holler, Manfred J./Illing, Gerhard*, Spieltheorie, 2000, S. 302.
806 Vgl. bspw. *Schotter, A.*, Redistribution, 1982.
807 Vgl. zu beiden *Brams, Steven J.*, Politics, 1975.
808 Vgl. *Brams, Steven J.*, Politics, 1975, S. 178.
809 Vgl. *Brams, Steven J.*, Politics, 1975, S. 181; *Holler, Manfred J./Illing, Gerhard*, Spieltheorie, 2000, S. 304f.

sind, kann nur gemutmaßt werden, aber eine gewisse Plausibilität kann man diesem Ergebnis nicht absprechen. Mitglieder eines Abstimmungsgremiums könnten, unabhängig von ideologischen Betrachtungen, in einen Konflikt zueinander geraten, nur um dadurch ihre individuelle a priori-Abstimmungsstärke zu erhöhen."[810]

5.1.3 Der Banzhaf-Index

5.1.3.1 Axiomatik

Beim zweiten hier zu untersuchenden Index ist nicht die Anzahl der Permutationen und die Wahrscheinlichkeit, daß *i* zur gewinnenden Koalition gehört, maßgeblich. Es wird vielmehr darauf abgestellt, ob ein Spieler *i* die Möglichkeit hat, einer Koalition abtrünnig zu werden und sie dabei zu stürzen.[811] *John F. Banzhaf* entwickelte den Index 1965 in Zusammenhang mit einem Gerichtsgutachten über Abstimmungen in Bezirken des US-Bundesstaates New York. Mehrstimmrechte sollten eingeführt werden, um Repräsentanten entsprechend des Bevölkerungsanteils, den sie vertraten, zu gewichten.[812] Sein Ergebnis: „...weighted voting does not allocate voting power among legislators in proportion to the population each represents *because voting power is not proportional to the number of votes a legislator may cast.*"[813]

Angenommen, Spieler *i* gehört einer gewinnenden Koalition an, also $i \in S$. Durch seinen Austritt aus der Koalition wird diese zur verlierenden Koalition, also

(92) $$v(S) = 1 \text{ und } v(S \setminus \{i\}) = 0 .$$

Man spricht hier davon, daß *i* für *S* einen *Swing* verursachen kann; *i* ist ein kritisches Mitglied für *S*. Summiert man die Anzahl möglicher *Swings* für *i* auf und teilt man diese durch die Anzahl der Koalitionskombinationen, denen *i* angehört, so erhält man den nicht normalisierten Banzhaf-Index β_i'.

(93) $$\beta_i' = \frac{\sum_{S \subseteq N} v(S) - v(s \setminus \{i\})}{2^{n-1}} .$$

Im Unterschied zum Shapley-Wert verstößt der nicht normalisierte Banzhaf-Index gegen das Axiom der Effizienz, d.h. die Summe der Werte, die durch den Banzhaf-Index verteilt werden, kann ungleich dem gesamten zu verteilenden *Payoff* sein.[814]

---

810 *Holler, Manfred J./Illing, Gerhard*, 2000, S. 305, m.w.N.
811 Vgl. *Newman, D. Paul*, Power FASB, 1981, S. 250.
812 Vgl. *Banzhaf, John F.*, Weighted, 1965.
813 *Banzhaf, John, F.*, Weighted, 1965, S. 318 (Hervorhebungen im Original).
814 Vgl. *Brink, René van den/Laan, Gerard van der*, Axiomatizations, 1998, S. 567.

Aus diesem Grund und um die Vergleichbarkeit zu anderen Indizes herzustellen, wird der Banzhaf-Index normalisiert, was allerdings seine Eigenschaften zum Teil verändert.[815] Der normalisierte Index β_i lautet

$$(94) \qquad \beta_i = \frac{\sum_{S \subseteq N} v(S) - v(s \setminus \{i\})}{\sum_{i=1}^{n} \sum_{S \subseteq N} v(S) - v(s \setminus \{i\})} = \frac{\beta_i'}{\sum_{i=1}^{n} \beta_i'}.$$

Die Axiome der Anonymität und Linearität sind für den normalisierten Banzhaf-Index erfüllt.[816]

5.1.3.2 Eigenschaften

Die Kritik am Shapley-Shubik-Index, dieser bilde nicht den realen Abstimmungsvorgang ab,[817] führte zur Entwicklung des Banzhaf-Indexes. Es sollte ein die tatsächlichen Gegebenheiten bei Abstimmungen besser berücksichtigender Index gefunden werden. Der Banzhaf-Index berücksichtigt die Bildung von Koalitionen und mißt die Macht, die einem Spieler aufgrund seiner Stellung in einer Koalition zukommt. Dabei stellt er nicht auf die Permutationen von *N*, sondern auf die Kombinationen möglicher Koalitionen ab. Dies erscheint plausibler als die Vorgehensweise bei *Shapley/Shubik*.[818]

Allerdings zeigt ein Blick auf die Eigenschaften beider Indizes, daß diese sich kaum unterscheiden. Nahezu alle beim Shapley-Shubik-Index angeführten Paradoxa gelten auch für den Banzhaf-Index. Dies betrifft das *Paradox of Redistribution*, das *Paradox of Size* und das *Paradox of New Members*. Das *Paradox of Quarreling Members* gilt nur für den Shapley-Shubik-Index und den normalisierten Banzhaf-Index. Der nicht normalisierte Banzhaf-Index weist diese Eigenheit nicht auf.[819] Allerdings ist festzustellen, daß die aufgrund der Indizes ermittelten Werte sich bei Zugrundelegen desselben Sachverhaltes oft erheblich unterscheiden. Daher muß überprüft werden, welcher Index für welche Anwendung geeignet ist.

5.1.3.3 Anwendung

Die wichtigsten Eigenschaften der Indizes wurden dargestellt und auf ihre Plausibilität hin überprüft. Es stellt sich nun die Frage, welchen Index man für welche Art der Abstimmungsspiele verwenden soll. Eine eindeutige Antwort auf diese Frage läßt sich

---

815 Vgl. *Holler, Manfred J./Illing, Gerhard,* Spieltheorie, 1996, S. 306 sowie den nächsten Abschnitt.
816 Vgl. *Brink, René van den/Laan, Gerard van der,* Axiomatizations, 1998, S. 569 m.w.N.
817 Vgl. Abschnitt 5.1.2.3.
818 Vgl. *Holler, Manfred J./Illing, Gerhard,* Spieltheorie, 1996, S. 305.
819 Vgl. *Holler, Manfred J./Illing, Gerhard,* Spieltheorie, 1996, S. 307 m.w.N.

nicht finden. Es gibt aber mehrere Ansätze, unter denen man die alternative Eignung von ϕ_i und β_i überprüfen kann.

Zum einen wird eine Orientierung an unterschiedlichen historischen Machtkonstellationen vorgeschlagen.[820] In Zeiten Großer Koalitionen ist danach der Shapley-Shubik-Index anzuwenden. Bei Koalitionen, die aufgrund knapper Mehrheiten auf die Einzelstimmen stärker angewiesen sind, ist der Banzhaf-Index maßgeblich.[821] Auf die Annahmen, die zu diesen Aussagen führen, soll nicht näher eingegangen werden. M.E. ist dieses Kriterium zur Unterscheidung der Indizes nicht geeignet. Es geht bei den Indizes darum, a priori-Abstimmungsstärken unterschiedlicher Spieler zu messen. Dabei ist die Möglichkeit, einer Koalition beizutreten, entscheidend. Es dürfen nicht bereits vorab Annahmen über die Art der Koalitionsbildung getroffen werden.

Besser geeignet ist ein anderes Kriterium zur Überprüfung der Indizes auf ihre Tauglichkeit: der Rückgriff auf die unterschiedlichen Wahrscheinlichkeitsmodelle, die beide Indizes bestimmen.[822] Angenommen, ein Gremium mit n Mitgliedern muß über eine Folge von Gesetzen entscheiden. Dabei wird jedes Gesetz von einem Wahrscheinlichkeitsvektor $(p_1,\dots, p_n)$ mit $0 \le p_i \le 1$ repräsentiert; p_i ist als Wahrscheinlichkeit zu interpretieren, daß der i-te Spieler dem Gesetz zustimmt. Die p_i entspringen einer stetigen Gleichverteilung zwischen 0 und 1. Nun können zwei Annahmen getroffen werden:

(1) *Unabhängigkeit*, d.h. die p_i stammen unabhängig voneinander aus der Gleichverteilung [0;1]. Dies bedeutet, daß der Erwartungswert für alle $p_i = ½$ ist.

(2) *Homogenität*, d.h. die p_i werden so gewählt, daß $p_i = p \ \forall \ i$. Die Annahme der Homogenität ist so zu interpretieren, daß die Spieler alle auf gleiche Werte oder einheitliche Vorstellungen zurückgreifen, mit denen sie die Eignung eines Gesetzes prüfen. Einige Gesetze wären dann in hohem Maße akzeptabel ($p \rightarrow 1$), einige weitgehend inakzeptabel ($p \rightarrow 0$). Manche wären umstritten ($p \approx ½$).[823]

Die Wahrscheinlichkeit, daß Spieler i einen Einfluß auf den Ausgang der Abstimmung hat, kann nun je nach Annahme durch folgende zwei Behauptungen dargestellt werden:

(1) Unter der Annahme der *Unabhängigkeit* gibt der absolute Banzhaf-Index β_i' die Wahrscheinlichkeit wieder, daß Spieler i durch sein Abstimmungsverhalten den Ausgang der Wahl entscheidet.

---

820 Vgl. *Brams, Steven J.*, Politics, 1975, S. 170.
821 Vgl. *Brams, Steven J.*, Politics, 1975, S. 170.
822 Vgl. hierzu und zu den folgenden Ausführungen *Straffin, Philip D.*, Homogeneity, 1977 sowie *Newman, D. Paul*, Power FASB, 1981, S. 251.
823 Vgl. *Straffin, Philip D.*, Homogeneity, 1977, S. 112.

(2) Unter der Annahme der *Homogenität* gibt der Shapley-Shubik-Index ϕ_i die Wahrscheinlichkeit wieder, daß Spieler *i* durch sein Abstimmungsverhalten den Ausgang der Wahl entscheidet.[824]

Aufgrund dieser Interpretation der beiden bewiesenen Behauptungen kommt *Straffin* zu dem Schluß, daß der Banzhaf-Index immer dann anzuwenden ist, wenn alle Spieler vollkommen unabhängig von den anderen abstimmen und ihr Abstimmungsverhalten keinen Rückschluß auf das der anderen zuläßt. Der Shapley-Shubik-Index ist dann das richtige Maß, wenn die Spieler einheitlichen Standards bzw. Werten unterliegen, mit denen sie Gesetzesvorhaben würdigen.[825]

Beide Indizes wurden vor allem in der politikwissenschaftlichen Literatur auf unterschiedliche Institutionen und Wahlen angewandt, so zum Beispiel auf verschiedene Parlamente,[826] den UN-Sicherheitsrat,[827] Verfassungsänderungen in Kanada[828] oder auf den Ministerrat der EU[829] bei Erweiterung der EU um die osteuropäischen Staaten[830]. Im Bereich der Wirtschaftswissenschaften fanden sie Anwendung auf die Messung von Abstimmungsmacht von Anteilseignern großer Aktiengesellschaften in Großbritannien[831] oder auf die Machtverteilung in APB, FASB und SEC beim Standardisierungsprozeß für Rechnungslegungsstandards.[832]

Damit ist noch nicht geklärt, welcher Index für die Beurteilung von Machtverhältnissen in verschiedenen Gremien der richtige ist. Sowohl Behauptung (1) als auch Behauptung (2) sind für das Abstimmungsverhalten denkbar. M.E. ist ein stärkeres Gewicht auf den Shapley-Shubik-Index zu legen, da die Mitglieder der meisten nationalen Gremien weitgehend einheitliche Wertvorstellungen haben dürften. Eine interessante Fragestellung, die sich daran anschließt, ist, wie unterschiedliche Wertvorstellungen in internationalen Gremien (UN-Sicherheitsrat, Europäisches Parlament, IASB) die Indizes beeinflussen.

Für die folgende Untersuchung nationaler Standardsetter im Bereich der Rechnungslegung hätte damit der Shapley-Shubik-Index eine größere Bedeutung. In der Untersuchung werden aber beide Indizes dargestellt. In den gegebenen Machtkonstellationen zeigen sich keine erheblichen Unterschiede, so daß eine eindeutige Festlegung nicht erforderlich ist. *Newman* kommt gar zu dem Ergebnis, daß „...the similarity of a priori

---

824 Für die Beweise vgl. ausführlich *Straffin, Philip D.*, Homogeneity, 1977, S. 112f.
825 Vgl. *Straffin, Philip D.*, Homogeneity, 1977, S. 113.
826 Vgl. *Holler, Manfred J.*, Party, 1982; *König, Thomas/Bräuninger, Thomas*, Choice, 1997.
827 Vgl. *Laakso, Markku*, Council, 1977.
828 Vgl. *Straffin, Philip D.*, Homogeneity, 1977.
829 Vgl. *Hosli, Madeleine O.*, Power, 1999.
830 Vgl. *Levinsky, René/Silarszky, Peter*, Formation, 1998.
831 Vgl. *Leech, Dennis*, Relationship, 1988.
832 Vgl. *Newman, D. Paul*, Power FASB, 1981; *Newman, D. Paul*, Power SEC, 1981; *Selto, Frank H./Grove, Hugh D.*, Indices, 1982; *Selto, Frank H./Grove, Hugh D.*, Predictive, 1983.

power indices based on such different assumptions should provide some confidence in their reasonableness."[833]

5.2 Die Machtverteilung in verschiedenen Standardsettern im Vergleich

5.2.1 FASB

5.2.1.1 Die Machtverteilung im FASB ohne Berücksichtigung der SEC

Erstmals hat *Newman* die oben beschriebenen Machtindizes zur Beurteilung von Abstimmungsstärken auf Rechnungslegungsgremien angewandt.[834] Er untersuchte die Machtverteilung in beiden Gremien aufgrund der Annahme, daß die Mitglieder mit demselben Beschäftigungshintergrund auch dieselben Präferenzen bei der Abstimmung haben, also als Block abstimmen.[835] Zur Illustration einer möglichen a priori-Abstimmungsstärke für bestimmte Konstellationen scheint diese Annahme gut geeignet. Ob das unterstellte Abstimmungsverhalten auch empirisch nachweisbar ist, wurde an jener Stelle nicht untersucht.[836]

Newmans Methode wird hier erneut aufgenommen und auf das FASB 2002 angewendet. Das Gremium besteht aus 7 Mitgliedern. Das Quorum beträgt 5.[837] Die Mitglieder werden nach ihrer früheren Beschäftigung in Blöcke eingeteilt.

Name	**Zuordnung**
Edmund L. Jenkins (Vorsitzender)	Big Five (AA)
G. Michael Crooch	Big Five (AA)
John M. Foster	Industry (Compaq)
Gary S. Schieneman	Other (Financial Analyst - Merrill Lynch)
Katherine Schipper	Academic (Duke University)
Edward W. Trott	Big Five (KPMG)
John K. Wulff	Industry (Union Carbide)

Tabelle 9: Zuordnung der Mitglieder des FASB 2002 zu den Abstimmungsblöcken von Newman.

833 *Newman, D. Paul*, Power FASB, 1981, S. 252.
834 Vgl. *Newman, D. Paul*, Power FASB, 1981, S. 252.
835 Vgl. *Newman, D. Paul*, Power FASB, 1981, S. 252.
836 Vgl. hierzu ausführlich *Selto, Frank H./Grove, Hugh D.*, Predictive, 1983.
837 Vgl. zur aktuellen Mehrheitsregel *Miller, Paul B./Redding, Rodney J./ Bahnson, Paul R.*, FASB, 1998, S. 76. Für einen Überblick über Aufbau und Funktionsweise des FASB vgl. auch *Pellens, Bernhard*, Rechnungslegung, 2001, S. 102-113.

Zugehörigkeit	ρ'_i	ρ_i	ϕ_i	β_i	ϕ_i	β_i
Big-Five	3	42,8%	58,3%	50,0%	50,0%	50,0%
Industry	2	28,6%	25,0%	30,0%	16,7%	16,7%
Academic	1	14,3%	8,3%	10,0%	16,7%	16,7%
Other	1	14,3%	8,3%	10,0%	16,7%	16,7%
Gesamt	7	100%	100%*	100%	100%*	100%*
Quorum			5		4	

* Rundungsdifferenz

Tabelle 10: A priori-Abstimmungsstärke im FASB 2002 bei Blockabstimmung nach vorangehender Beschäftigung.

Zunächst ist festzustellen, daß der Block der *Big Five* WP-Gesellschaften verglichen mit seinem relativen Sitzanteil ein Übergewicht an Macht besitzt.[838] Die Industrie liegt nahe an ihrem relativen Anteil, die beiden kleinen Gruppen fallen etwas ab. Interessant ist eine alternative Berechnung mit dem Quorum von 4 Stimmen, das zwischen 1980 und 1990 gegolten hat. Es war unter dem Gesichtspunkt der Flexibilisierung abgesenkt worden und wurde später wieder angehoben.[839] Demnach würden bei einer erneuten Absenkung die großen WP-Gesellschaften gemessen mit dem Shapley-Shubik-Index an Macht verlieren, Hauptverlierer wäre jedoch die Industrie, die auf das Niveau der kleinen Mitglieder abfallen würde. Zu überprüfen wäre, wann und warum das Quorum wieder auf 5 Stimmen angehoben wurde und ob dabei die Erkenntnisse von *Newman* und Berechnungen von Machtindizes eine Rolle gespielt haben.[840]

[838] Die These der Dominanz der Wirtschaftsprüfer als „*Preparer*" im FASB wurde jüngst problematisiert; vgl. *Day, Robert,* Regulation, 2001, S. 87. In Zusammenhang mit der Überrepräsentation der Wirtschaftsprüfer bei gleichzeitiger Unterrepräsentation von Informationsnutzern existiert die These, daß die Wirtschaftsprüfer aufgrund ihrer Neutralität auch die Interessen der Nutzer vertreten. Dies würde eine ähnliche Wahrnehmung und Beurteilung zu regulierender Sachverhalte voraussetzen. Für die Frage der *decission usefulness* konnte eine solche Übereinstimmung in einer empirischen Untersuchung nicht bestätigt werden. Vgl. *Harding, Noel/McKinnon, Jill,* Involvment, 1997.

[839] Die Senkung des Quorums ging auf die Vorstellung zurück, das FASB würde flexibler und effizienter in seiner Arbeit. Vgl. *Kirk, Donald J.,* Requirements, 1990, S. 109.

[840] Gesichert ist, daß die Überlegung, dem Block der WP-Gesellschaften im FASB keine zu große Macht zu geben, bei der ursprünglichen Festlegung des Quorums auf 5 Stimmen eine Rolle gespielt hat. Vgl. *Kirk, Donald J.,* Requirements, 1990, S. 109.

5.2.1.1 Auswirkungen des Vetorechts der SEC auf die Machtverteilung

Die SEC spielt eine wichtige Rolle bei der Entstehung und Verlautbarung von SFAS.[841] Neben der Einflußnahme auf die Verabschiedung, die bis zur Verhinderung von Standards führen kann,[842] hat sie die Möglichkeit, auf die Behandlung bestimmter Themen hinzuwirken.[843] Man kann davon sprechen, daß die SEC ein Vetorecht bei der Verabschiedung von SFAS hat.[844] Es stellt sich die Frage, wie dieses Vetorecht der SEC die Machtverteilung im Abstimmungsgremium beeinflußt.[845]

Das Vetorecht ist nicht gleichbedeutend mit der Position des Diktators. Während der Diktator seinen Willen gegen alle Spieler durchsetzen kann, kann ein Spieler mit Vetorecht lediglich die Durchsetzung des Willens der übrigen Spieler verhindern. Übertragen auf das FASB und die SEC bedeutet das, daß die SEC vom FASB verabschiedete Standards verhindern, diese aber nicht selbst erlassen kann. Diese Überlegung wird nun auf die Anwendung der Machtindizes übertragen.

Um die Vetomacht in einem Gremium zu besitzen, darf es keine gewinnende Koalition ohne den Vetospieler v geben, also

$$(95) \qquad \sum_{i \in S \setminus \{v\}} \rho_i' < q .$$

Es wird untersucht, wie sich die Macht in einem Ausgangsgremium verändert, wenn ein Spieler, der selbst nicht Mitglied des Gremiums ist, ein Vetorecht hat. Die Stimmgewichte im Ausgangsgremium müssen so verändert werden, daß das Vetorecht nachgebaut wird. Hierzu gelten folgende Überlegungen:

---

841 „The two bodies [SEC und FASB - JH] have been in almost daily contact, in writing and orally, on all phases of the development of each standard." *Zeff, Stephen A.*, Perspective, 1995, S. 56. Zur Abhängigkeit des FASB von der SEC vergleiche auch *Böckem, Hanne*, Rechnungslegungsstandards, 2000, S. 1188; *Hütten, Christoph/Brakensiek, Sonja*, Bremsen, 2000, S. 872. Kritisch hierzu *Schildbach, Thomas*, Wirklichkeit II, 1999, S. 413f.

842 Die SEC verhinderte bspw. das Inkrafttreten von SFAS 19 (Oil and Gas Industry) durch die Herausgabe von ASR 253 (Adoption of Requirement for Financial Accounting and Reporting Practices for Oil and Gas Producing Activities), welcher SFAS 19 in wesentlichen Teilen widersprach. Vgl. *Benjamin, Wahjudi P./McEnroe, John E.*, Overruling, 1983, S. 235f. Zu weiteren Spannungen zwischen SEC und APB bzw. FASB vgl. *Zeff, Stephen A.*, Perspective, 1995, S. 57-60.

843 Vgl. *Burton, John C.*, Oyster, 1982, S. 44. Zum Verhältnis von SEC, Berufsstand und FASB aus Sicht der SEC vgl. *Sack, Robert J.*, SEC, 1987.

844 Vgl. *Newman, D. Paul*, Power SEC, 1981, S. 135. Ähnlich auch *Davidson, Sidney/Andreson, George D.*, Development, 1987, S. 122f. Es wird auch argumentiert, das Veto-Recht der SEC müsse aus verfassungsrechtlichen Gründen bestehen. Eine vollständige Delegation sei nicht statthaft. Vgl. *Melumad, Nahum D./Shibano, Toshiyuki*, Delegation, 1994, S. 7 m.w.N.

845 Bei dieser Frage wird der Entscheidungsprozeß innerhalb der SEC ausgeblendet. Die Handlungen der SEC zur Untermauerung der eigenen Legitimität werden bspw. untersucht bei *Bealing, William E. Jr./Dirsmith, Mark W./Fogarty, Timothy*, Actions, 1996.

Für den Shapley-Shubik-Index gilt, daß die zufällig gezogene Reihenfolge der Spieler gesucht wird, in der Spieler *i* durch seine Stimme die Abstimmung entscheidet, d.h. pivotal ist. Spieler *i* kann nur dann die Abstimmung entscheiden, wenn der Vetospieler bereits zur Koalition gehört, da gegen den Vetospieler keine Entscheidung getroffen werden kann. Umgekehrt gilt, daß der Vetospieler nur dann eine Abstimmung beeinflussen kann, wenn die Spieler des Ausgangsgremiums sich bereits mit der nach dem ursprünglichen Quorum erforderlichen Anzahl der Stimmen für einen Abstimmungsgegenstand entschieden haben.

Ähnliche Überlegungen treffen auf den Banzhaf-Index zu. Ein Spieler ohne Vetomacht kann nur dann einen *Swing* verursachen, wenn der Vetospieler bereits Mitglied der Koalition ist. Der Vetospieler verursacht nur dann einen *Swing*, wenn sich bereits eine erfolgreiche Koalition des Ausgangsgremiums gebildet hat.

Diese Spielsituation läßt sich erreichen, indem man dem Ausgangsgremium mehr als die Hälfte der ursprünglichen Stimmen als Stimmgewicht des Vetospielers hinzufügt und zugleich das Ausgangsquorum um die Anzahl dieser Stimmen erhöht. Nun können die Gruppen des Ausgangsgremiums genau dieselben Abstimmungsblöcke bilden wie im Ursprungszustand, nur jeweils unter Einschluß der Vetomacht. Genau dies soll nachgebildet werden.

Übertragen auf das FASB und die SEC bedeutet das folgendes: Da das FASB 7 Mitglieder hat, muß es virtuell um 4 Vetostimmen der SEC aufgestockt werden. Das ursprüngliche Spiel mit 7 FASB-Mitgliedern und einem Quorum 5 Stimmen wird nun zu einem Spiel mit 7 FASB-Mitgliedern und einem fixen Wahlblock mit 4 Stimmen als Repräsentant des SEC-Vetos bei einem Quorum von 9 Stimmen. Analog zu oben kann das alternative Quorum von 4 Stimmen hier durch 8 Stimmen repräsentiert werden.

Übertragen auf das FASB 2002 unter Zulassung der Koalitionsbildung ergibt sich folgendes Bild:[846]

[846] Der relative Stimmenanteil wird in dieser Tabelle unterdrückt, da es sich um ein rein virtuelles Gremium zur Berechnung der Indizes handelt und er daher keinen Aussagegehalt hat.

Zugehörigkeit	p'_i	ϕ_i	β_i	ϕ_i	β_i
SEC	4	38,3%	33,3%	50,0%	40,0%
Big-Five	3	38,3%	33,3%	25,0%	30,0%
Industry	2	13,3%	20,0%	8,3%	10,0%
Academic	1	5,0%	6,7%	8,3%	10,0%
Other	1	5,0%	6,7%	8,3%	10,0%
Gesamt	11	100%*	100%	100%*	100%
Quorum		9		8	

* Rundungsdifferenz

Tabelle 11: A priori-Abstimmungsstärke im FASB 2002 bei Blockabstimmung nach vorangehender Beschäftigung und SEC als Vetospieler.

Das Übergewicht der *Big Five* WP-Gesellschaften wird erneut deutlich. Sie haben beim geltenden Quorum einen gleich großen Machtanteil wie die SEC. Ein Absenken des Quorums würde zu einer signifikanten Erhöhung der Macht der SEC auf Kosten von WP-Gesellschaften und Industrie führen. Erneut stellt sich die interessante Frage nach den Motiven der Bestimmung des Quorums.

5.2.2 IASB

In Abschnitt 3.4.1.3 wurde die Vorherrschaft der angelsächsischen Rechnungslegungstradition im IASB kritisiert. Es liegt nahe, das Argument des Übergewichtes anhand der hier verwendeten Machtindizes zu erhärten. Während die Verteilung der Mitglieder des IASB auf die verschiedenen Interessengruppen genau festgelegt ist,[847] soll eine Auswahl explizit nicht nach regionalen sondern ausschließlich nach fachlichen Kriterien erfolgen.[848] Unter dem Vorwand des fachlichen Niveaus wird hier der Möglichkeit, nationale Interessen durchzusetzen, das Tor geöffnet.

Im Jahr 2001 waren alle 14 Positionen im IASB besetzt.[849] Die Einteilung der Mitglieder nach deren Herkunftsland ergibt folgendes Bild:

[847] „To achieve a balance of perspectives and experience, a minimum of five members of the Board shall have a background as practising auditors, a minimum of three a background in the preparation of financial statements, a minimum of three a background as users of financial statements, and at least one an academic background..." Par. 26 Constitution IASB.

[848] Vgl. Par. 25 Constitution IASB.

[849] Davon 12 von Vollzeitmitgliedern und 2 von Teilzeitmitgliedern. Die Teilzeitmitglieder besitzen volles Stimmrecht im IASB, so daß eine weitere Unterscheidung hier nicht geboten erscheint. Vgl. auch Par. 21 Constitution IASB.

Staat	**Namen**	**Anzahl**
USA	*Barth, Cope, Herz, Jones*[850], *Leisenring*	5
Großbritannien	*Tweedie, Whittington*	2
Australien	*McGregor*	1
Deutschland	*Bruns*	1
Frankreich	*Gélard*	1
Japan	*Yamada*	1
Kanada	*O'Malley*	1
Schweiz	*Schmid*	1
Südafrika	*Garnett*	1

Tabelle 12: Zuordnung der Mitglieder des IASB nach staatlicher Herkunft.

IFRS werden verabschiedet, wenn mindestens 8 Mitglieder des IASB zustimmen.[851] Alternativ werden die Stimmgewichte bei einem 2/3-Quorum (10 Stimmen) berechnet. Damit ergibt sich folgende Abstimmungsstärke für die Repräsentanten der verschiedenen Staaten:

Stimmblock	ρ'_i	ρ_i	ϕ_i	β_i	ϕ_i	β_i
USA	5	35,7%	48,6%	53,4%	50,0%	31,4%
Großbritannien	2	14,3%	11,1%	8,8%	12,5%	17,2%
Australien	1	7,1%	5,8%	5,4%	5,4%	7,4%
Deutschland	1	7,1%	5,8%	5,4%	5,4%	7,4%
Frankreich	1	7,1%	5,8%	5,4%	5,4%	7,4%
Japan	1	7,1%	5,8%	5,4%	5,4%	7,4%
Kanada	1	7,1%	5,8%	5,4%	5,4%	7,4%
Schweiz	1	7,1%	5,8%	5,4%	5,4%	7,4%
Südafrika	1	7,1%	5,8%	5,4%	5,4%	7,4%
Summe	14	100%*	100%*	100%	100%*	100%*
Quorum			8		10	

* Rundungsdifferenz

Tabelle 13: A priori-Abstimmungsstärke bei Blockabstimmung nach Länderherkunft.

[850] *Thomas E. Jones* stammt aus Großbritannien. Aufgrund seiner früheren Tätigkeit als Trustee der FAF und als Mitglied der EITF wird er hier der US-amerikanischen Tradition zugeordnet.

[851] Vgl. Par. 35 Constitution IASB.

Es zeigt sich, daß die kleinen Länder meist einen kleineren Machtanteil haben als nach ihrem prozentualen Anteil.[852] Das Übergewicht der USA ist nicht nur nach der relativen Mitgliederzahl sondern auch nach den Machtindizes erheblich.

Geht man davon aus, daß sich die Commonwealth-Länder und die kontinentaleuropäischen Länder zu Blöcken zusammenfinden, ergibt sich folgendes Bild:

Stimmblock	ρ'_i	ρ_i	ϕ_i	β_i	ϕ_i	β_i	ϕ_i	β_i
USA	5	35,7%	33,3%	33,3%	50,0%	50,0%	41,6%	33,3%
Commonwealth	5	35,7%	33,3%	33,3%	50,0%	50,0%	41,6%	33,3%
Kontinentaleuropa	3	21,4%	33,3%	33,3%	0,0%	0,0%	8,3%	16,7%
Japan	1	7,1%	0,0%	0,0%	0,0%	0,0%	8,3%	16,7%
Summe	14	100%*	100%*	100%*	100%	100%	100% *	100%
Quorum			8		10		11	

* Rundungsdifferenz

Tabelle 14: A priori-Abstimmungsstärke bei Blockabstimmung nach vier Länderblökken.

Es zeigt sich, daß in diesem Fall Japan nur dann aus der *Dummy*-Position kommt, wenn das Quorum auf 3/4 (11 Stimmen) erhöht wird. Allerdings verliert der Block Kontinentaleuropa in diesem Fall erheblich an Einfluß verglichen mit seinem relativen Stimmenanteil. Eine 2/3-Mehrheit als Quorum ist in jedem Fall abzulehnen, da dann die USA und Commonwealth die Macht unter sich aufteilen.

Da Japan in der deutschen Rechnungslegungstradition steht,[853] ist eine Blockbildung mit Kontinentaleuropa wahrscheinlich. Die Gewichtung verändert sich unter dieser Annahme:

[852] Ausnahme: Quorum von 10 gemessen mit dem Banzhaf-Index.

[853] Vgl. *Sigloch, Jochen,* Valet, 2000, S. 168; siehe auch die Einteilung bei *Salter/Doupnik,* in der Japan zur „Romano-Germanic Family" gezählt wird (vgl. *Salter, Stephen B./Doupnik, Timothy S.,* Systems, 1992, S. 9).

Stimmblock	ρ'_i	ρ_i	ϕ_i	β_i	ϕ_i	β_i	ϕ_i	β_i
USA	5	35,7%	33,3%	33,3%	50,0%	50,0%	50,0%	50,0%
Commonwealth	5	35,7%	33,3%	33,3%	50,0%	50,0%	50,0%	50,0%
Kontinentaleuropa und Japan	4	28,6%	33,3%	33,3%	0,0%	0,0%	0,0%	0,0%
Summe	14	100%	100%*	100%*	100%	100%	100%	100%
Quorum			8		10		11	

* Rundungsdifferenz

Tabelle 15: A priori-Abstimmungsstärke bei Blockabstimmung nach drei Länderblöcken.

Unter dieser Gewichtung ist das in der Satzung des IASB vorgesehene Quorum zu begrüßen. Ähnlich der Interessenzusammenlegung von Kontinentaleuropa und Japan ist aber auch eine Zusammenarbeit der Vertreter der angelsächsischen Rechnungslegungstradition zu erwarten.

Stimmblock	ρ'_i	ρ_i	ϕ_i	β_i	ϕ_i	β_i	ϕ_i	β_i
Angelsächsisch	10	71,4%	100,0%	100,0%	80,0%	78,9%	60,0%	47,8%
Deutschland	1	7,1%	0,0%	0,0%	5,0%	5,3%	10,0%	13,0%
Frankreich	1	7,1%	0,0%	0,0%	5,0%	5,3%	10,0%	13,0%
Japan	1	7,1%	0,0%	0,0%	5,0%	5,3%	10,0%	13,0%
Schweiz	1	7,1%	0,0%	0,0%	5,0%	5,3%	10,0%	13,0%
Summe	14	100%*	100%	100%	100%	100%*	100%	100%*
Quorum			8 und 10		11		12	

* Rundungsdifferenz

Tabelle 16: A priori-Abstimmungsstärke bei Blockabstimmung nach fünf Länderblöcken.

Nimmt man alle Länder mit angelsächsischer Rechnungslegungstradition zusammen,[854] so erhalten diese sowohl bei einem Quorum von 8 als auch bei einem Quorum von 10 Stimmen einen Machtindex von 1 und die restlichen Teilnehmer werden zu *Dummy*-Mitgliedern.[855] Nur eine Erhöhung des Quorums auf 3/4 (11 Stimmen) oder höher kann den übrigen Teilnehmern Einfluß in begrenztem Maße sichern. Um unter

[854] Neben USA und Großbritannien sind dies Australien und Kanada und Südafrika (zur Einordnung dieser Staaten bei der „Common Law Family" vgl. *Salter, Stephen B./Doupnik, Timothy S.*, Systems, 1992, S. 9).

[855] Ein Spieler mit einem Machtindex von 1 wird auch als Diktator bezeichnet; vgl. *Gardner, Roy,* Games, 1995, S. 458.

dieser Annahme den kleinen Ländern überhaupt Gewicht zu verleihen, müßte das Quorum auf mehr als 10 Stimmen angehoben werden. Dasselbe gilt auch bei Blockbildung der verbliebenen Staaten. Sie können durch einen Zusammenschluß dem angelsächsischen Block Macht entziehen. Dieser fällt bei einem Quorum von 11 bzw. 12 Stimmen von 80% bzw. 78,9% auf 50% zurück.

Stimmblock	ρ'_i	ρ_i	ϕ_i	β_i	ϕ_i	β_i
Angelsächsisch	10	71,4%	100,0%	100,0%	50,0%	50,0%
Kontinentaleuropa und Japan	4	28,6%	0,0%	0,0%	50,0%	50,0%
Summe	14	100%	100%	100%	100%	100%
Quorum			8 und 10		11 und 12	

Tabelle 17: A priori-Abstimmungsstärke bei Blockabstimmung nach zwei Länderblöcken.

Deutlich erkennbar wird in diesem Zusammenhang das Problem, eindeutige Empfehlungen für ein bestimmtes Quorum auszusprechen. Diese Empfehlungen sind von den Grundannahmen über eine Blockbildung abhängig. Legt man drei Abstimmungsblöcke wie in *Tabelle 15* zugrunde, wird die Empfehlung der Beibehaltung des Quorums von 8 Stimmen gegeben. Hält man hingegen die Blockbildung aller angelsächsisch geprägter Nationen für eher wahrscheinlich, so spricht man sich für eine Anhebung des Quorums auf mindestens 3/4 der Stimmen aus. Die starke Ausrichtung des Rahmenwerkes der IAS/IFRS an dem der US-GAAP[856] läßt die zweite These als zutreffend erscheinen. Damit sollte das IASB seine Satzung überdenken und das Quorum zur Annahme eines Standards von 8 auf 11 anheben. Ob dies gegen den Willen des dominanten Blockes möglich ist, bleibt jedoch fraglich.

5.2.3 DSR

5.2.3.1 Die Machtverteilung im DSR ohne Berücksichtigung des BMJ

Innerhalb des DRSC hat der Deutsche Standardisierungsrat (DSR) die in § 342 Abs. 1 HGB übertragenen Aufgaben übernommen.[857] Der DSR wiederum hat zu seiner Unterstützung Arbeitsgruppen gebildet. Aufgrund der erst kurzen Existenz des DRSC ist die Datenlage zu verabschiedeten Standards, Abstimmungsverhalten der Mitglieder, Verhandlungsprozeß, Lobbyismus etc. noch nicht sehr umfangreich. Um so interessanter erscheint daher die Untersuchung der Ausgestaltung und Besetzung des DSR und seiner Arbeitsgruppen mit Hilfe der oben bestimmten Machtindizes. Insbesondere

[856] Vgl. *Kleekämper, Heinz,* Pferd, 2000, S. 472.
[857] Vgl. § 9 der Satzung des DRSC.

ist zu untersuchen, ob es ähnlich starke Gruppen und Einflußbereiche beim DSR gibt, wie sie für das FASB festgestellt wurden.

Entsprechend dem Vorbild des FASB besteht der DSR aus 7 Mitgliedern, die für 4 Jahre (im Gründungsjahr 3-5 Jahre) vom Verwaltungsrat des DRSC gewählt werden.[858] Anders als beim FASB lassen die Mitglieder des DSR ihre berufliche Tätigkeit während der Mitgliedschaft beim DSR nicht ruhen, was die Annahme der Bildung von Abstimmungsblöcken entsprechend der Tätigkeit der Mitglieder, die hier analog zu *Newman*[859] getroffen werden soll, plausibel erscheinen läßt. Die Mitglieder des DSR sollen entsprechend ihrer Funktion in Gruppen eingeteilt werden, um die Macht der verschiedenen Gruppen bei angenommener einheitlicher Abstimmung zu berechnen.

Folgende Gruppen sind im DSR und seinen Arbeitsgruppen vertreten:

(1) Wirtschaftsprüfung,

(2) Industrie,

(3) Akademiker,

(4) Finanzanalyse,

(5) Banken,

(6) Versicherungen.

Die dem DSR 2001 angehörenden Personen lassen sich wie folgt zuordnen[860]:

Name	Zuordnung
Hans Havermann (Präsident)	Wirtschaftsprüfung
Karl-Hermann Baumann (Vizepräsident)	Industrie
Hans-Joachim Böcking	Akademiker
Heidrun Haase	Finanzanalyse
Rudolf Niehus	Wirtschaftsprüfung
Eberhard Scheffler	Wirtschaftsprüfung
Frank Trömel	Industrie

Tabelle 18: Zuordnung der Mitglieder des DSR 2001 zu den Abstimmungsblöcken nach Beschäftigung.

858 Vgl. ebd.
859 Vgl. *Newman, D. Paul,* Power FASB, 1981.
860 Die aktuellen Besetzungen des DSR und seiner Arbeitsgruppen lassen sich der Internetseite des DRSC entnehmen; vgl. http://www.drsc.de.

Nach § 5 Abs. 1 seiner Geschäftsordnung entscheidet der DSR bei der Verabschiedung von Standards mit der Mehrheit der Stimmen von zwei Dritteln der Mitglieder. Damit liegt das Quorum bei 5 Stimmen. Eine Berechnung des Shapley-Shubik- sowie des Banzhaf-Indexes für die hier aufgestellte Einteilung ergibt das in *Tabelle 19* dargestellte Bild.

Es zeigt sich, daß der Stimmblock der Wirtschaftsprüfer nach beiden Indizes stärker ist, als dies sein nominaler Stimmenanteil vermuten ließe. Dies geht vor allem auf Kosten der kleinen Gruppen Finanzanalyse und Akademiker. Wie beim FASB ist auch hier eine Mehrheit von 5 Stimmen zur Annahme eines Standards vorgesehen. Bei der Untersuchung des FASB traf die Aussage zu, daß große und mächtige Gruppen innerhalb eines Gremiums in ihrer Macht beschränkt werden, wenn das Quorum erhöht wird. Eine Erhöhung des Quorums von 4 auf 5 beschränkte die Macht der *Big Eight* bzw. *Big Five* WP-Gesellschaften. Daß diese Aussage aber nicht immer zutrifft, wurde in Kapitel 5.1.2 und Kapitel 5.1.3 gezeigt. Um die Zweckmäßigkeit des 2/3-Erfordernisses beim DSR zu überprüfen, sind die Machtindizes für ein alternatives Quorum von 4 Stimmen zu berechnen.

Stimmblock	ρ'_i	ρ_i	ϕ_i	β_i	ϕ_i	β_i
Wirtschaftsprüfung	3	42,9%	58,3%	50,0%	50,0%	50,0%
Industrie	2	28,6%	25,0%	30,0%	16,7%	16,7%
Finanzanalyse	1	14,3%	8,3%	10,0%	16,7%	16,7%
Akademiker	1	14,3%	8,3%	10,0%	16,7%	16,7%
Summe	7	100%*	100%*	100%	100%*	100%*
Quorum			5		4	

* Rundungsdifferenz

Tabelle 19: A priori-Abstimmungsstärke bei Blockabstimmung im DSR.

Betrachtet man zunächst den Shapley-Shubik-Index, so erkennt man, daß bei Absenkung des Quorums die stärkste Gruppe innerhalb des Gremiums an Macht verliert und bei dieser der Wert für den Machtindex näher an das relative Gewicht ρ_i rückt. Dasselbe gilt für die beiden kleinen Gruppen. Allerdings geht diese Entwicklung auf Kosten der mittleren Gruppe der Industrie, die deutlich an Macht verliert und nur noch dieselbe Stärke wie die kleinen Gruppen besitzt. Die Machtposition der großen Gruppe bleibt bei Verwendung des Banzhaf-Indexes unberührt, während die der mittleren Gruppe wieder deutlich einbricht.

Eindeutige Aussagen für oder gegen ein bestimmtes Quorum sind daher nicht zu treffen. Geht man allerdings davon aus, daß das DRSC im DSR eine Machtverteilung entsprechend der nominalen Stimmgewichtung gewollt hat, so ist unter dem Aspekt der Machtbegrenzung der großen Gruppe für eine Absenkung des Quorums von 5 auf 4 Stimmen zu plädieren. Möchte man hingegen bewußt die mittlere Gruppe als zweitstärkste Kraft stützen, so ist das Quorum von 5 Stimmen beizubehalten. M. E. entspricht es dem Sinn und Zweck des DSR, eine möglichst breite Verankerung der Standards bei allen an der Rechnungslegung interessierten Gruppen zu erreichen. Daher ist unter der gegebenen Konstellation ein Quorum von 4 Stimmen zu bevorzugen. Es beschneidet die ohnehin schon große Macht der Gruppe der Wirtschaftsprüfer und stärkt die kleinen Gruppen. Es schafft eine a priori-Verhandlungsposition für alle Parteien, die einen breiteren Konsens herbeiführen kann. Daß dieses Ergebnis gegen die Intuition spricht, macht es nicht weniger reizvoll.

5.2.3.2 Der Einfluß der Bekanntmachungsregelung des § 342 Abs. 2 HGB auf die Machtverteilung im DSR

Ähnlich wie die SEC beim FASB hat das BMJ starken Einfluß auf die Standardsetzung des DSR. Da den vom DSR verabschiedeten Standards keine Bindungswirkung zukommt,[861] ist das Gremium auf die Zustimmung des BMJ in Form der Bekanntmachung der Standards gemäß § 342 Abs. 2 HGB angewiesen. Damit fällt dem BMJ ein Vetorecht gegen die vom DSR verabschiedeten Standards zu. Dieses Vetorecht hat Auswirkungen auf die Verhandlungspositionen aller Teilnehmer, da sich die Mitglieder im DSR bewußt sind, daß das BMJ nicht jede Ansicht des Gremiums trägt.[862]

Das Vetorecht soll nun analog zum Fall von SEC und FASB[863] analysiert werden. Hierzu werden dem DSR 4 Blockstimmen des BMJ hinzugefügt und das Quorum von 5 auf 9 für die satzungsmäßig vorgeschriebene Mehrheit angehoben. Zudem wird untersucht, wie sich eine Absenkung des Quorums auf 4 Stimmen (d.h. 8 Stimmen im Vetofall) auswirkt.

---

861 Vgl. Abschnitt 3.5.1.2.

862 Ein Beispiel hierfür ist der Anhang des DRS 4, Empfehlungen de lege ferenda, der nicht vom BMJ bekanntgemacht wurde. Neben dem Vetorecht des BMJ könnte ein Vetorecht eines starken Mitglieds des DSR, bspw. des Präsidenten, stehen. Dieser hat zwar laut Satzung dasselbe Stimmgewicht wie die anderen Mitglieder, ihm könnte aber aufgrund einer besonders prominenten Stellung oder qua Autorität ein de facto-Vetorecht zuwachsen. Dieses de facto-Veto könnte ebenfalls mit Hilfe der Machtindizes untersucht werden. Da sich die Machtposition bestimmter Mitglieder im DSR nicht extern beobachten läßt, soll eine Untersuchung, die sich nur auf Vermutungen stützen könnte, hier unterbleiben.

863 Vgl. Abschnitt 5.2.1.1.

Stimmblock	ρ'_i	ϕ_i	β_i	ϕ_i	β_i
BMJ	4	38,3%	33,3%	50,0%	40,0%
Wirtschaftsprüfung	3	38,3%	33,3%	25,0%	30,0%
Industrie	2	13,3%	20,0%	8,3%	10,0%
Finanzanalyse	1	5,0%	6,7%	8,3%	10,0%
Akademiker	1	5,0%	6,7%	8,3%	10,0%
Summe	11	100%*	100%	100%*	100%
Quorum		9		8	

* Rundungsdifferenz

Tabelle 20: Stimmgewichtung im DSR mit Vetorecht des BMJ.

Unter dem Aspekt der hohen Macht der großen Gruppe der WP-Gesellschaften im DSR wurde das 2/3-Quorum gegenüber dem einfachen Mehrheitsquorum kritisiert.[864] Die Berücksichtigung des BMJ zeichnet ein anderes Bild. Der DSR sichert sich durch die Festlegung des höheren Quorums selbst eine bessere Machtposition gegenüber dem BMJ.[865] Der gesamte Machtanteil des DSR liegt laut aktueller Satzungslage bei 61,7% nach *Shapley/Shubik* und bei 66,7% nach *Banzhaf*. Eine Änderung des Quorums von 5 auf 4 hätte eine Stärkung des BMJ und einen Abfall der Macht des DSR auf 50% nach *Shapley/Shubik* und auf 60% nach *Banzhaf* zur Folge.

5.2.3.3 Die Machtverteilung in den Arbeitsgruppen

5.2.3.3.1 AG Konzernrechnungslegung

Gemäß § 12 Abs. 1 der Geschäftsordnung des Standardisierungsrates sollen die Entwürfe für Standards von Arbeitsgruppen entwickelt werden. Den Arbeitsgruppen kommt damit ein großes Gewicht innerhalb des DSR zu, denn die Standardentwürfe bilden Grundlage und Ausgangspunkt für die Standards[866] und können durch ihre Festlegung den Prozeß bereits in eine bestimmte Richtung lenken. Die vier Arbeitsgruppen mit mindestens acht Mitgliedern werden im Folgenden einzelnen untersucht.

Im Gegensatz zum DSR, der die endgültigen Fassungen der Standards nur mit 2/3-Mehrheit beschließen kann, verabschieden die Arbeitsgruppen die Standardentwürfe mit einfacher Mehrheit.[867] Die AG Konzernrechnungslegung besteht aus neun Mitgliedern, deren Namen und Zuordnung *Tabelle 21* zu entnehmen sind. *Tabelle 22* zeigt

[864] Vgl. Abschnitt 5.2.3.1.
[865] Ein ähnliches Ergebnis zeigte die Untersuchung des FASB in Abschnitt 5.2.1.1.
[866] Vgl. § 10 GO DSR.
[867] Vgl. § 12 Abs. 3 GO DSR.

die unterschiedlichen Machtindizes für die gegebene Mehrheitsregel (q = 5) und für eine 2/3-Mehrheitsregel (q = 6).

Name	**Zuordnung**
Hans-Georg Bruns (Vorsitzender)	Industrie
Claus-Peter Weber (stellv. Vorsitzender)	Wirtschaftsprüfung
Jörg Baetge	Akademiker
Michael Gewehr	Wirtschaftsprüfung
Hans-Dieter Klein	Banken
Martin Künnemann	Wirtschaftsprüfung
Bernhard Pellens	Akademiker
Thomas Seeberg	Industrie
Peter Urban	Industrie

Tabelle 21: AG Konzernrechnungslegung.

Stimmblock	ρ_i'	ρ_i	ϕ_i	β_i	ϕ_i	β_i
Wirtschaftsprüfung	3	33,3%	33,3%	33,3%	33,3%	33,3%
Industrie	3	33,3%	33,3%	33,3%	33,3%	33,3%
Akademiker	2	22,2%	33,3%	33,3%	16,7%	16,7%
Banken	1	11,1%	0,0%	0,0%	16,7%	16,7%
Summe	9	100%*	100%*	100%*	100%	100%
Quorum			5		6	

* Rundungsdifferenz

Tabelle 22: A priori-Abstimmungsstärke bei Blockabstimmung in der AG Konzernrechnungslegung.

In der von der GO DSR vorgegebenen Konstellation tritt ein unerwünschtes Ergebnis auf. Eine Gruppe, nämlich die der Banken, wird zur *Dummy*-Gruppe ohne jegliche Abstimmungsmacht. Es kann nicht Sinn einer nach nominalen Anteilen austarierten Konstellation sein, daß sich die Gewichte bei Abstimmungen so verschieben, daß eine Gruppe keinen Einfluß mehr hat. Sieht man vom Rederecht ab, das auch den nach § 6 GO DSR kooptierten Mitgliedern zusteht, hätte man auf die Aufnahme eines Vertreters der Banken in dieses Gremium verzichten können. An den Abstimmungsgewichten hätte sich weder nach *Shapley/Shubik* noch nach *Banzhaf* etwas geändert. Daß dies bei einer Mehrheitsregel, die sechs Stimmen zur Annahme eines Entwurfes erfordert, nicht der Fall wäre, ergibt sich ebenfalls aus *Tabelle 22*. Für die AG Konzernrechnungslegung ist deshalb die eindeutige Empfehlung auszusprechen, die Mehrheitsregel entsprechend zu verändern.

5.2.3.3.2 AG Banken

Ein ähnliches Bild ergab sich bei der AG Banken bis Ende 2000. Hier wurden unter der gegebenen Mehrheitsregel zwei Gruppen zu *Dummy*-Wählern. Die fünf Vertreter der Banken konnten hier jeden Entwurf ohne Einbindung der Vertreter der Wirtschaftsprüfung oder der Akademiker durchsetzen.

Name	**Zuordnung**
Wolfgang Sprißler (Vorsitzender)	Banken
Michael Göttgens (stellv. Vorsitzender)	Wirtschaftsprüfung
Yvette Bellavite-Hövermann	Banken
Hartmut Bieg	Akademiker
Dieter Hein	Banken
Gerhard Knoke	Banken
Georg Kütter	Wirtschaftsprüfung
Edgar Löw	Banken
Reinhard Prahl	Wirtschaftsprüfung

Tabelle 23: AG Banken bis Ende 2000.

Stimmblock	ρ_i'	ρ_i	ϕ_i	β_i	ϕ_i	β_i
Banken	5	55,5%	100%	100%	66,7%	60,0%
Wirtschaftsprüfung	3	33,3%	0	0	16,7%	20,0%
Akademiker	1	11,1%	0	0	16,7%	20,0%
Summe	9	100%*	100%	100%	100%*	100%
Quorum			5		6	

* Rundungsdifferenz

Tabelle 24: A priori-Abstimmungsstärke bei Blockabstimmung in der AG Banken bis Ende 2000.

Auch hier ließ sich die Forderung auf Änderung des Quorums von 5 auf 6 Stimmen stellen. Dies hätte zwar eine übermäßig starke Aufwertung des Vertreters der Akademiker in dieser Arbeitsgemeinschaft zur Folge gehabt. Die ohnehin starke Vertretung der Banken hätte auf diesem Wege etwas beschränkt werden können. Zumindest eine andere Gruppe müßten die Banken von ihrem Standpunkt überzeugen, um diesen auch durchzusetzen, was bei der angegebenen Verteilung nicht notwendig war. Die Banken konnten, überspitzt ausgedrückt, in dieser Arbeitsgemeinschaft Entwürfe nach ihrem Gutdünken festsetzen.

Das DRSC ging nicht den Weg über eine Veränderung des Quorums, um die Vormachtstellung der Banken zu brechen; vielmehr wurde die im Sommer 2001 frei werdende Position von *Edgar Löw*, der aufgrund eines Wechsels von der Deutschen Bank zu Arthur Andersen ausschied, nicht mehr neu besetzt. Damit verloren die Banken einen Vertreter; es ergaben sich neue Stimmgewichte:

Stimmblock	ρ_i‘	ρ_i	ϕ_i	β_i	ϕ_i	β_i
Banken	4	50,0%	66,7%	60,0%	50,0%	50,0%
Wirtschaftsprüfung	3	37,5%	16,7%	20,0%	50,0%	50,0%
Akademiker	1	12,5%	16,7%	20,0%	0,0%	0,0%
Summe	8	100%	100%*	100%	100%	100%
Quorum			5		6	

* Rundungsdifferenz

Tabelle 25: A priori-Abstimmungsstärke bei Blockabstimmung in der AG Banken ab 2001.

Wirtschaftsprüfer und Akademiker sind nun nicht mehr *Dummy*-Wähler. Dennoch haben die Wirtschaftsprüfer relativ zu ihrem Anteil wenig Gewicht. Dies könnte nur durch eine Änderung des Quorums behoben werden, was zugleich den Vertreter der Akademiker machtlos werden lassen würde. Insofern ist das Quorum in diesem Fall beizubehalten.

5.2.3.3.3 AG Versicherungen

Bei der AG Versicherungen ist das Übergewicht der betroffenen Branche nicht so eklatant wie bei der AG Banken. Die acht Mitglieder sind folgendermaßen zuzuordnen:

Name	**Zuordnung**
Helmut Perlet (Vorsitzender)	Versicherungen
Gerd Geib (stellv. Vorsitzender)	Wirtschaftsprüfung
Norbert Barth	Banken
Dieter Farny	Akademiker
Alfred Graßl	Wirtschaftsprüfung
Elke König	Versicherungen
Lothar Meyer	Versicherungen
Hubert Graf von Treuberg	Wirtschaftsprüfung

Tabelle 26: AG Versicherungen.

Die Abstimmungsstärke ergibt sich folgendermaßen:

Stimmblock	ρ_i'	ρ_i	ϕ_i	β_i	ϕ_i	β_i
Wirtschaftsprüfung	3	37,5%	33,3%	33,3%	50,0%	50,0%
Versicherungen	3	37,5%	33,3%	33,3%	50,0%	50,0%
Akademiker	1	12,5%	16,7%	16,7%	0	0
Banken	1	12,5%	16,7%	16,7%	0	0
Summe	8	100%	100%	100%	100%	100%
Quorum			5		6	

Tabelle 27: A priori-Abstimmungsstärke bei Blockabstimmung in der AG Versicherungen.

Hier läßt sich die Feststellung für die beiden ersten Arbeitsgemeinschaften nicht wiederholen. Das Quorum von 5 Stimmen sorgt bei dieser Sitzverteilung dafür, daß alle Blöcke gleichmäßig und vergleichbar ihrer nominalen Sitzverteilung mit Abstimmungsmacht ausgestattet sind. Eine Anhebung des Quorums auf 6 Stimmen hätte eine *Dummy*-Lösung zur Folge.

5.2.3.3.4 AG Fair Value

Als letzte der Arbeitsgruppen mit mindestens 8 Mitgliedern wird die AG Fair Value untersucht. Folgende Zuordnung wird getroffen:

Name	**Zuordnung**
Hans-Jürgen Kirsch (Vorsitzender)	Akademiker
Winfried Gail	Wirtschaftsprüfung
Gerhard Holterhus	Banken
Susanne Kanngießer	Versicherungen
Wieland Knye	Industrie
Martin Künnemann	Wirtschaftsprüfung
Thomas Naumann	Banken
Michael Rademacher	Industrie

Tabelle 28: AG Fair Value.

Damit ergibt sich die folgende Abstimmungsstärke:

Stimmblock	ρ_i'	ρ_i	ϕ_i	β_i	ϕ_i	β_i
Wirtschaftsprüfung	2	25,0%	26,7%	25,0%	23,3%	22,2%
Banken	2	25,0%	26,7%	25,0%	23,3%	22,2%
Industrie	2	25,0%	26,7%	25,0%	23,3%	22,2%
Akademiker	1	12,5%	10,0%	12,5%	15,0%	16,7%
Versicherungen	1	12,5%	10,0%	12,5%	15,0%	16,7%
Summe	8	100%	100%*	100%	100%*	100%
Quorum			5		6	

* Rundungsdifferenz

Tabelle 29: A priori-Abstimmungsstärke bei Blockabstimmung in der AG Fair Value.

In dieser Arbeitsgruppe sind die Unterschiede zwischen der relativen Anzahl der Stimmen und der Abstimmungsstärke von allen bisher untersuchten Arbeitsgruppen am geringsten. Bei einem Quorum von 5 Stimmen wird mit dem Banzhaf-Index überhaupt kein Unterschied gemessen. Zieht man erneut das Kriterium der Sitzverteilung als vom Regulierer gewollte Machtverteilung heran, so sollte das Quorum von 5 Stimmen beibehalten werden.

5.2.3.3.5 Weitere Arbeitsgruppen

Neben den vier behandelten Arbeitsgruppen bestehen derzeit[868] 11 weitere. Sie alle haben weniger als 7 Mitglieder. In den Arbeitsgruppen *Fair Value HGB* und *Pensionsverpflichtungen* mit 3 bzw. 4 Mitgliedern gibt es keine Stimmhäufung bei einer Gruppe. Damit sind trivialerweise alle Mitglieder mit demselben Stimmgewicht von 1/3 bzw. 1/4 ausgestattet.

Die Arbeitsgruppen

(1) Bilanzierungs- und Bewertungsmethoden,

(2) *operating and financial review*,

(3) *reporting financial performance* und

(4) revenue recognition

haben jeweils 6 Mitglieder. Damit liegt das Quorum laut Satzung bei 4 Stimmen, die qualifizierte Mehrheit ist bei 5 Stimmen erreicht. Die Verteilung der Mitglieder auf die Interessengruppen zeigt *Tabelle 30*.

---

[868] Stand: März 2002.

	(1)	(2)	(3)	(4)
Akademiker	1	1	1	1
Banken	1	1	1	-
Industrie	1	2	2	3
Wirtschaftsprüfung	3	2	2	2
Summe	6	6	6	6

Tabelle 30: Mitgliederverteilung.

Aufgrund der gleichen Verteilung können die Arbeitsgruppen (2) und (3) zusammengefaßt werden, so daß sich folgende Bild ergibt:

AG	(1)					(2) und (3)					(4)				
	ρ_i %	ϕ_i %	β_i %	ϕ_i %	β_i %	ρ_i %	ϕ_i %	β_i %	ϕ_i %	β_i %	ρ_i %	ϕ_i %	β_i %	ϕ_i %	β_i %
AKA	16,7	8,3	10,0	16,7	20,0	16,7	16,7	16,7	8,3	12,5	16,7	16,7	20,0	0,0	0,0
BAN	16,7	8,3	10,0	16,7	20,0	16,7	16,7	16,7	8,3	12,5	-	-	-	-	-
IND	16,7	8,3	10,0	16,7	20,0	33,3	33,3	33,3	41,7	37,5	50,0	66,7	60,0	50,0	50,0
WP	50,0	75,0	70,0	50,0	40,0	33,3	33,3	33,3	41,7	37,5	33,3	16,7	20,0	50,0	50,0
Σ		100*	100	100*	100	100	100	100	100	100	100	100*	100	100	100
Q		4		5			4		5			4		5	

* Rundungsdifferenz

Tabelle 31: A priori-Abstimmungsstärke bei Blockabstimmung.

Zieht man erneut die Nähe der Machtverteilung zur Sitzverteilung als Beurteilungskriterium heran, so läßt sich für die erste AG die Empfehlung abgeben, das Quorum von 4 auf 5 Stimmen zu erhöhen. In AG (2) und (3) hingegen ist eine Machtverteilung entsprechend der relativen Stimmenanzahl bei einem Quorum von 4 Stimmen gegeben. In der vierten AG sollte zur Vermeidung eines *Dummy*-Spielers das Quorum von 4 Stimmen erhalten bleiben.

Arbeitsgruppen mit je 5 Mitgliedern (3 Stimmen als einfache, 4 Stimmen als qualifizierte Mehrheit) sind:

(5) *Framework*,

(6) Immaterielle Vermögenswerte,

(7) Latente Steuern,

(8) *Stock Options* und

(9) Währungsumrechnung.

	(5)	(6)	(7)	(8)	(9)
Akademiker	1	1	1	1	1
Versicherungen	-	-	1	-	1
Industrie	2	2	2	3	1
Wirtschaftsprüfung	2	2	1	1	2
Summe	5	5	5	5	5

Tabelle 32: Mitgliederverteilung in den fünf kleinen AG.

AG	(5) und (6)					(7)				
	ρ_i %	ϕ_i %	β_i %	ϕ_i %	β_i %	ρ_i %	ϕ_i %	β_i %	ϕ_i %	β_i %
AKA	20,0	33,3	33,3	0,0	0,0	20,0	16,7	16,7	16,7	20,0
VER	-	-	-	-	-	20,0	16,7	16,7	16,7	20,0
IND	40,0	33,3	33,3	50,0	50,0	40,0	50,0	50,0	50,0	40,0
WP	40,0	33,3	33,3	50,0	50,0	20,0	16,7	16,7	16,7	20,0
Σ	100	100*	100*	100	100	100	100*	100*	100*	100
Q		3		4			3		4	

* Rundungsdifferenz

Tabelle 33: A priori-Abstimmungsstärke bei Blockabstimmung in drei kleinen AG.

AG	(8)					(9)				
	ρ_i %	ϕ_i %	β_i %	ϕ_i %	β_i %	ρ_i %	ϕ_i %	β_i %	ϕ_i %	β_i %
AKA	20,0	0,0	0,0	16,7	20,0	20,0	16,7	16,7	16,7	20,0
VER	-	-	-	-	-	20,0	16,7	16,7	16,7	20,0
IND	60,0	100	100	66,7	60,0	20,0	16,7	16,7	16,7	20,0
WP	20,0	0,0	0,0	16,7	20,0	40,0	50,0	50,0	50,0	40,0
Σ	100	100	100	100	100	100	100*	100*	100*	100
Q		3		4			3		4	

* Rundungsdifferenz

Tabelle 34: A priori-Abstimmungsstärke bei Blockabstimmung in der AG Stock Options und Währungsumrechnung.

Abschließend läßt sich keine einheitliche Empfehlung für die Arbeitsgemeinschaften mit 5 Mitgliedern aussprechen. Es kann aber ausgesagt werden, daß bei den Arbeitsgruppen mit einem dominierenden Mitglied (8) der 2/3-Regelung der Vorzug zu geben ist (nicht verwirklicht), während bei zwei gleich großen und einem kleinen Mitglied ((5) und (6)) die Macht gleichmäßiger durch das 50%-Quorum verteilt ist. Bei mehreren kleinen und einem großen Spieler ((7) und (9)) hat die Änderung der Mehrheitsregel keinen Einfluß auf die Machtverteilung.

5.2.4 Kritik an der Anwendung der Machtindizes auf die Regulierungsgremien der Rechnungslegung

Die Anwendung von Machtindizes auf den hier erörterten Sachverhalt der Regulierung der Rechnungslegung ist nicht unproblematisch. Die Indizes bilden keine individuellen Präferenzen oder Verhandlungen zwischen einzelnen Abstimmenden ab.[869] Auch der konkrete politische Prozeß, der zu Abstimmungen führt, kann nicht dargestellt werden. Hierzu gehört zum Beispiel die wichtige Frage, wer das Recht hat, Themen auf die Tagesordnung bestimmter Gremien zu setzen oder wer Termine zu deren Umsetzung festlegt. Abstrahiert wird auch von der Durchsetzung einmal getroffener Entscheidungen. Die Indizes geben lediglich eine rein statistische, auf möglichen Anordnungen der Spieler im Abstimmungsprozeß beruhende Berechnung wieder.

Mit Blick auf die Ergebnisse von *Newman*[870] merkt *Ronen* u.a. die fehlende Berücksichtigung der impliziten Macht der SEC innerhalb des Standardisierungsprozesses kritisch an.[871] Außerdem hätten die Indizes keinen Vorhersagewert für das konkrete Abstimmungsverhalten der Spieler.[872] Die Normierung der Gesamtmacht auf den Wert 1 sei zudem schädlich, da immer eine Gruppe auf Kosten einer anderen an Macht gewinne, die Relation zur Macht anderer, außerhalb des Regulierungsprozesses stehender, gesellschaftlicher Gruppen aber nicht berücksichtigt werde.[873] Ein weiterer Kritikpunkt zielt auf die mangelnde Nachbildung des politischen Prozesses: Bei der Bildung der Indizes wird angenommen, daß alle Teilnehmer, auch der Veto-Spieler SEC (bzw. BMJ) die Möglichkeit haben, gleichzeitig abzustimmen. Dies ist in der Realität nicht der Fall, da stets erst ein Standard verabschiedet und danach über das Veto entschieden wird.[874]

Die Kritik an der mangelnden Berücksichtigung der außerhalb des Prozesses stehenden Gruppen geht fehl. Es ist genau die Eingrenzung eines Spiels auf seine Spieler, die eine Darstellung erst möglich macht. In gesellschaftlichen Zusammenhängen ist es nie möglich, alle potentiellen Spieler zu integrieren. Gibt es weitere identifizierbare Einflußgruppen außerhalb eines Abstimmungsgremiums, so müssen diese in einem weiteren Schritt einbezogen werden. Mit welchen Methoden dies geschieht, muß offen bleiben. Die Machtindizes sind aber ein Instrument, die Gruppen innerhalb und nicht außerhalb eines Gremiums zu untersuchen.

---

869 Vgl. *Brams, Steven J.*, Politics, S. 197.
870 Vgl. *Newman, D. Paul*, Power SEC, 1981.
871 „The SEC retained sufficient influence over the standard-setting process that gives it still much more than mere veto power.“ *Ronen, Joshua*, Discussion, 1981, S. 158.
872 Vgl. *Ronen, Joshua*, Discussion, 1981, S. 161.
873 Vgl. *Ronen, Joshua*, Discussion, 1981, S. 163.
874 Vgl. *Sprouse, Robert T.*, Discussion, 1981, S. 166.

Alle weiteren Argumente sind bedenkenswert, treffen aber nicht den Kern der Sache. Wie bereits bei der Diskussion der Indizes erwähnt wurde, können individuelle Präferenzen und informelle Absprachen und Einflußmöglichkeiten nicht durch die Indizes abgebildet werden. „It would be foolish to expect to be able to catch all the subtle shades and nuances of custom and procedure that are to be found in most real decision-making bodies."[875] Jedoch fließt bei jeder Form der Absprache und informellen Einflußnahme, deren Grundlage individuelle Präferenzen sind, die Ausgangsposition der Akteure in deren Verhalten ein. Ein Spieler (eine Partei, ein Interessenverband), der in einem Gremium eine Mehrheit in Höhe des Quorums besitzt, wird im Zweifel gar keine informellen Absprachen treffen, da er allein seine Positionen durchsetzen kann. Ein kleiner Spieler mit wenig Abstimmungsmacht hingegen wird sich bei solchen Absprachen eher kompromißbereit zeigen, um wenigstens seine Minimalposition durchzusetzen.[876] Ein *Dummy*-Spieler wird von den anderen Gruppen nicht beachtet. Zur Erklärung des Verhaltens können die Machtindizes einen Beitrag leisten. Interessant sind die Indizes auch unter dem hier ausführlich diskutierten Aspekt des Lobbyismus. Für Interessengruppen ist es lohnend, ihre Aktivitäten auf Gruppen mit hoher Abstimmungsmacht zu konzentrieren. Ein *Dummy*-Mitglied kann ignoriert werden.[877]

Hier schließt auch die Kritik an dem nächsten Argument an. Die Indizes haben in der Tat keinen Vorhersagewert für das Verhalten eines konkreten Spielers, sie aber deswegen für aussagelos zu halten, ist wegen der oben genannten Zusammenhänge zu kurz gegriffen.

Die geforderte exakte Nachbildung der Abstimmungsprozedur in ihrer zeitlichen Abfolge ist nicht notwendig, da mit den Indizes die a priori-Abstimmungsmacht gemessen wird und der konkrete Ablauf der Abstimmung hierauf keinen Einfluß hat.[878]

Im Ergebnis ist festzuhalten, daß die Indizes einen Rahmen für die Überprüfung der Struktur eines bestimmten Abstimmungsmodus zimmern, innerhalb dessen mögliche Veränderungen und Erweiterungen diskutiert werden können.[879] Sogar der Kritiker *Ronen* konzediert: „They might be used to evaluate one aspect of the structure of a voting mechanism."[880] Nicht mehr und nicht weniger soll mit den Machtindizes geleistet werden.

---

[875] *Shapley, Lloyd/Shubik, Martin,* Power, 1954, S. 791.

[876] Dies ist ein rationales Verhalten, welches häufig kleinen Spielern im politischen Prozeß vorgeworfen wird. Vgl. z.B. die Kompromißbereitschaft der FDP in der Regierung Kohl sowie jüngst das Verhalten von Bündnis90/Die Grünen bei der sogenannten Antiterror-Gesetzgebung und den Afghanistaneinsätzen der Bundeswehr.

[877] Vgl. *Selto, Frank H./Grove, Hugh D.*, Indices, 1982, S. 687.

[878] Vgl. *Newman, D. Paul,* Reply, 1981, S. 172.

[879] Vgl. *Newman, D. Paul,* Power SEC, 1981, S. 151.

[880] *Ronen, Joshua,* Discussion, 1981, S. 162.

6 THESENFÖRMIGE ZUSAMMENFASSUNG

(1) Mit der Einführung des § 342 HGB und der Anerkennung des DRSC als maßgeblichen privaten Standardisierer in der Rechnungslegung wurden in Deutschland gesetzgeberische Traditionen verlassen. Dieser Neuanfang wirft zahlreiche Probleme auf. Zum einen ist die Frage zu beantworten, ob Rechnungslegung überhaupt reguliert werden muß, zum zweiten die Frage, ob die Übertragung originärer Gesetzgebungskompetenzen auf ein privates Gremium mit dem Grundgesetz vereinbar ist. Dies kann nur dann der Fall sein, wenn ausreichende Maßnahmen zum Schutz des Interessenausgleichs aller an der Rechnungslegung Beteiligter vorhanden sind. Haben bspw. Lobbyisten die Möglichkeit, Partikularinteressen durchzusetzen, ist die Akzeptanz des eingeschlagenen Weges in Gefahr.

(2) Veröffentlichungen existieren sowohl zur Frage der Regulierung der Rechnungslegung und zur Übertragung von Kompetenzen auf einen privaten Standardsetter als auch zum DRSC selbst. Neu an dieser Ausarbeitung ist zum einen die Darstellung eines Alternativenvergleichs zwischen staatlicher und privater Regulierung am konkreten Beispiel des DRSC, zum anderen erfolgte bisher noch keine Untersuchung des Gremiums mit einem spieltheoretischen Instrumentarium. Begreift man Lobbyismus als dem Standardisierungsprozeß zwar immanent, aber schädlich, kann man mit spieltheoretischen Überlegungen Ausgestaltungen untersuchen, die den Einfluß von Interessengruppen zurückdrängen. Zudem ist es möglich festzustellen, welche Interessengruppen eine wichtige Rolle im Standardisierungsprozeß spielen.

(3) Regulierung im Bereich der Rechnungslegung ist kein Selbstzweck. Es können Gründe identifiziert werden, die das Phänomen, daß in allen industrialisierten Staaten der Erde Unternehmenspublizität in der einen oder anderen Form reguliert ist, erklären. Die Gründe liegen in einem möglichen Versagen sowohl des Marktes für Informationen als auch des Marktes für Rechnungslegungssysteme. Demnach muß zwischen der Regulierung des Publizitätszwangs und der Regulierung des zur Publizität herangezogenen Rechnungslegungssystems unterschieden werden.

(4) Ein wichtiger Grund, der zu einem Vorteil der Regulierung des Marktes für Rechnungslegungssysteme gegenüber einer reinen Marktlösung führt, ist das Vorliegen externer Effekte in Form von Netzwerkeffekten. Netzwerkeffekte entstehen, weil eine weite Verbreitung einheitlicher Rechnungslegungsstandards zu einer Kostensenkung bei den Rechnungslegern und den Adressaten führt. Diese liegen in Skaleneffekten vor allem durch Zugriff auf einheitlich ausgebildetes Personal, in der besseren Vergleichbarkeit der Informationen, in Lerneffekten oder in sinkenden Kosten für Komplementärprodukte wie Prüfungsleistungen. Es kann gezeigt werden, daß diese Netzwerkeffekt bei einer

reinen Marktlösung von den Akteuren nicht ausreichend berücksichtigt werden und es deshalb zu Marktversagen kommen kann.

(5) Ob asymmetrische Informationsverteilungen zu Marktversagen führen, ist strittig. Zum einen gilt die Überlegung, daß die Transaktionskosten, die durch asymmetrische Informationen entstehen, vollständig internalisiert werden können; ein Marktversagen wird dann abgewendet. Andererseits kann ausgehend von Gerechtigkeitsüberlegungen gezeigt werden, daß die Umverteilung von Informationen kein Nullsummenspiel ist und es deshalb selbst bei Internalisierung der Transaktionskosten zu Marktversagen kommt. Häufig sind die Anreizstrukturen so, daß eine Marktlösung scheitert.

(6) Der Staat kann sich verschiedener Formen der Regulierung bedienen. Hierzu gehört die Regulierung durch den Gesetzgeber als originärem Regulierungsorgan. Abgeleitete Regulierungsmacht kommt der Regierung und ihren Bürokraten zu. Der Staat kann Regulierungsmacht aber auch an private Gremien delegieren; dieser Weg wurde mit § 342 HGB und der Anerkennung des DRSC als Rechnungslegungsgremium gewählt. Das DRSC hat gesetzliche Aufgaben, deren Erfüllung der DSR übernommen hat. Daneben bestehen Aufgaben, die dem DSR aus der Vereinheitlichung der Rechnungslegung innerhalb der Europäischen Union erwachsen. Alle Aufgaben des DSR sind problembehaftet.

(7) Bei der Aufgabe, Empfehlungen zur Anwendung der Grundsätze über die Konzernrechnungslegung zu entwickeln, der sogenannten Standardisierungsaufgabe, lassen sich die Problembereiche Verfassungsmäßigkeit, Interessenausgleich und Gefährdung der Maßgeblichkeit identifizieren. Versteht man die vom DSR erarbeiteten Standards als Normen mit GoB-Charakter, werden die verfassungsrechtlichen Grenzen wegen der zugrundeliegenden politischen Wertungen schnell erreicht. Mit einem weicheren Verständnis der Standards als Konkretisierung einer Rechtsvermutung kann dieses Problem umgangen werden. Zugleich wird damit die faktische Bindungswirkung der Normen anerkannt. Mit der Vermutungsregelung ist es dem Gesetzgeber gelungen, private Standardsetzung mit hohem Gewicht zu etablieren, ohne seine eigene Souveränität oder die der Gerichte anzugreifen.

(8) Das Problem des Interessenausgleichs besteht für alle Bereiche der Regulierung, ob staatlich oder privat. Die demokratische Legitimation des Gesetzgebers soll den Interessenausgleich ermöglichen. Wenn er durch private Institutionen ebenfalls gewährleistet werden soll, sind an die private Institution hohe Anforderungen zu stellen. Der Ausgleich muß durch eine ausgewogene, alle Interessen berücksichtigende Besetzung und durch ein hohes Maß an Unabhängigkeit der Akteure ermöglicht werden.

(9) Die verabschiedeten und bekanntgemachten Standards des DSR entfalten Rückwirkungen auf den Einzelabschluß. Damit ist der Maßgeblichkeitsgrundsatz in Gefahr. Allerdings birgt diese Feststellung kein Argumentationspotential gegen das DRSC. Die Maßgeblichkeit ist selbst starker Kritik und Erosion ausgesetzt. Eher wahrscheinlich ist, daß die Standardisierung durch das DRSC das Maßgeblichkeitsprinzip zu Fall bringt als umgekehrt die Maßgeblichkeit das DRSC.

(10) Die institutionelle Ausgestaltung des DRSC ist unter dem Aspekt der Unabhängigkeit des DSR zu kritisieren. Dies liegt an der mangelnden Sicherung der Mitglieder des Rates vor direktem und indirektem Druck. Während an vielen Stellen der Sekundärnormen des DRSC wie Standardisierungsvertrag, Satzung oder Geschäftsordnung die Unabhängigkeit des DSR betont wird, ist sie de facto nicht erkennbar gewährleistet. Direkter Druck könnte entstehen, weil die Mitglieder ehrenamtlich tätig sind und den Einflüssen ihrer Arbeitgeber unterliegen. Dieses Problem wird dadurch abgeschwächt, daß bislang in der Mehrzahl pensionierte Mitglieder berufen werden. Festgeschrieben ist diese Vorgehensweise jedoch nicht. Die Tatsache, daß es keine Regeln zur Abberufung bzw. Wiederwahl der Mitglieder gibt, könnte indirekten Druck erzeugen. Auch die Art der Finanzierung der Arbeit des DSR ermöglicht Einflußnahme, da die wichtigste Finanzquelle Spenden sind und keine Bestimmungen über den Umgang mit Spenden existieren.

(11) Der Standardisierungsprozeß im DSR ist klar geregelt. Der Prozeß ist offen, d.h. alle interessierten Gruppen können daran teilnehmen. Er ist nicht in allen Belangen transparent. Zu kritisieren ist, daß Mitglieder im DSR und seinen Arbeitsgruppen keine Abstimmungsgründe verlautbaren können. Zudem haben überstimmte Mitglieder im DSR keine Möglichkeit, ihr Minderheitenvotum zu artikulieren. Der Prozeß, der zur Veröffentlichung eines Standards durch das BMJ führt, ist undurchsichtig. Der Ablauf des Verfahrens ist nicht schriftlich fixiert. Es werden Bundesministerien eingeschaltet, die bereits beim Verfahren innerhalb des DSR zu Wort gekommen sind. Hier kann es zu einer doppelten Einflußnahme kommen. Nach welchen Kriterien die Bundesjustizministerin über die Veröffentlichung entscheidet, ist unklar.

(12) Die Unabhängigkeit des Standardisierers ist eine wichtige Voraussetzung zur Anerkennung der Standards. In demokratischen politischen Systemen besteht die Gefahr, daß gut organisierte Interessenverbände die Politik oder andere Regulierungsgremien zu einer Umverteilung der Wohlfahrt von der nicht organisierten Masse der Bürger hin zum organisierten Interessenverband durch regulierende Eingriffe bewegen. Sie nehmen den Staat für ihre Interessen gefangen. Damit ist die Unabhängigkeit des Standardisierers in Gefahr. Einflußnahme von Interessengruppen wird weitgehend negativ gesehen, da im Rahmen des durch Lobbyismus zum Ausdruck kommenden rentensuchenden Verhaltens ge-

samtgesellschaftliche Wohlfahrt verloren geht. Da es für den Staat jedoch zu kostspielig ist, sich Expertenwissen in jedem denkbaren Bereich der politischen Gestaltung anzueignen, muß er auf externen Rat zurückgreifen und wird dadurch anfällig für eine Gefangennahme. Daher kommt es für Politiker zu einem ständigen Abwägungsproblem bei der unverzichtbaren Beratung durch Interessengruppen. Sie müssen unterscheiden, ob es sich um neutralen Expertenrat oder um interessengeleitete Überredungskunst handelt.

(13) Zahlreiche Akteure haben einen Anreiz, im Bereich der Regulierung der Rechnungslegung ihre Interessen zu verfolgen und Lobbyismus zu betreiben. Hierzu gehören Unternehmensmanager, Anteilseigner, Banken, Wirtschaftsprüfer, Finanzanalysten, Arbeitnehmer und Hochschullehrer. Wird die Regulierung der Rechnungslegung als nachvertragliche Ergänzung unvollständiger Verträge verstanden, nehmen die Gruppen dann Einfluß, wenn sie sich von der Gestaltung Vorteile für ihre Vertragsposition erhoffen. Der größte Anreiz zur Einflußnahme liegt bei Wirtschaftsprüfern und Managern.

(14) Empirische Untersuchungen zur Einflußnahme von Interessengruppen auf die Regulierung der Rechnungslegung sind vor allem in den USA zahlreich. Ihre Aussagen sind jedoch sehr unterschiedlich und widersprechen sich teilweise. Dies liegt an einem Strauß von Problemen in Zusammenhang mit dem Untersuchungsdesign. So werden fast ausschließlich schriftliche Stellungnahmen ausgewertet und deren Aussagewert auf ein einfaches Pro oder Contra reduziert. Informelle Einflußnahme und Verzerrungen durch Mitarbeiter, die die Stellungnahmen sichten, werden ebensowenig beachtet wie die Frage, wie einzelne Themen auf die Agenda des Regulierers gelangen. Insgesamt tragen empirische Untersuchungen wenig zu einer Erklärung von Lobbyaktivitäten im politischen Prozeß der Regulierung der Rechnungslegung bei.

(15) In einer spieltheoretischen Modellierung gelingt es, grundlegendes Verhalten beim Lobbyismus zu identifizieren. Dazu wird untersucht, welche Anreize die Akteure im Rahmen eines Signalspiels besitzen. In einem Grundmodell agiert eine Lobby, auf deren Information über einen Umweltzustand die Regierung angewiesen ist, die zugleich aber eigene Ziele verfolgt. Die Frage, ob die Regierung der Lobby dennoch vertrauen kann, wird unter verschiedenen Parameterkonstellationen untersucht. Es können Voraussetzungen identifiziert werden, unter denen die Lobby wahrheitsgemäß Informationen weitergibt. Diese Voraussetzungen sind jedoch so restriktiv, daß es in den meisten Fällen zu keiner Weitergabe oder gar zu Falschinformation kommt.

(16) Die Lobby kann versuchen, durch Beauftragung eines Intermediärs - z.B. eines Experten oder einer Kommission - ihre Glaubwürdigkeit zu erhöhen. Aber auch hier mißtraut die Regierung. Trotzdem kann gezeigt werden, daß sich die Anreize zur Weitergabe wahrheitsgemäßer Information in diesem Fall vergrößern.

Die größte Gemeinsamkeit mit der hier untersuchten Konstellation des privaten Standardsetters DSR ergibt sich durch folgende Modifikation: Die Regierung bestellt selbst den Intermediär. Mit dessen Hilfe versucht sie, den Wahrheitsgehalt der Information zu überprüfen oder das Verhalten der Lobby zu beeinflussen. Im Idealfall kann so Lobbyismus vollständig zurückgedrängt werden.

(17) Die Weitergabe und Befolgung von Information hängt maßgeblich von der Glaubwürdigkeit dieses Intermediärs ab. Diese Glaubwürdigkeit, die im Modell exogen gegeben ist, muß in der Realität konkretisiert werden, d.h. es müssen Anhaltspunkte für ihre Messung gefunden werden. Für den Fall, daß es sich bei dem Intermediär um eine Kommission handelt, kann die Glaubwürdigkeit anhand von Mehrheitskonstellationen innerhalb der Kommission, die Rückschlüsse auf die Beeinflussung durch unterschiedliche Interessengruppen zulassen, gewürdigt werden.

(18) Die kooperative Spieltheorie stellt ein Instrumentarium zur Verfügung, mit dessen Hilfe Machtkonstellationen innerhalb von Abstimmungsgremien untersucht werden können. Bekannte Indizes zur Messung von Macht sind der Shapley-Shubik-Index und der Banzhaf-Index. Beide ähneln sich in ihrer Axiomatik, können jedoch zu unterschiedlichen Ergebnissen führen. Für die Anwendung der Indizes gilt, daß der Shapley-Shubik-Index eher geeignet ist, Abstimmungsmacht in nationalen Gremien zu beschreiben, während sich der Banzhaf-Index für heterogen zusammengesetzte, i.d.R. internationale Gremien eignet.

(19) Sowohl für FASB als auch für das IASB lassen sich Abhängigkeitsüberlegungen anstellen und mit Hilfe der Indizes überprüfen. Im ersten Fall betrifft dies die Einflußnahme seitens der Gruppe der großen WP-Gesellschaften. Deren vergleichsweise starke Position im FASB kann bestätigt werden. Im zweiten Fall beziehen sie sich nicht auf die Vertretung bestimmter Berufsgruppen, sondern auf die Gewichtung der verschiedenen Staaten mit unterschiedlichen Rechnungslegungstraditionen. Abhängig von den zugrundegelegten Länderblöcken, können Empfehlungen für bestimmte Quoren gegeben werden. Insgesamt ist eine deutliche Übermacht der angelsächsischen Rechnungslegungstradition, die über die relative Sitzmehrheit hinausgeht, festzustellen.

(20) Die Machtverteilung zwischen verschiedenen Interessenvertretern kann im DSR und seinen Arbeitsgruppen gemessen werden; es zeigt sich, daß die Mitglieder, die einen Hintergrund als Wirtschaftsprüfer haben, ein deutliches Übergewicht im DSR besitzen. Dies gilt sowohl bei Abstimmung mit einfacher Mehrheit als auch mit 2/3-Mehrheit. Das BMJ sichert sich durch die Vetomöglichkeit, die die Bekanntmachungsregel eröffnet, ebenfalls großen Einfluß. Aufgrund des Erfordernisses, DRS mit einer qualifizierten Mehrheit zu verabschieden, behält der DSR insgesamt mehr als 50% der Macht. Bei einer Senkung des Erforder-

nisses auf die einfache Mehrheit kämen dem BMJ gemessen mit dem Shapley-Shubik-Index 50% des Einflusses zu.

(21) Der Gesetzgebungspatriotismus ist nicht tot. Es konnte gezeigt werden, daß sowohl die Möglichkeit des Rückgriffs auf die Fachkunde eines privaten Standardsetters als auch die konkrete Ausgestaltung des DSR neue Möglichkeiten einer effizienten Standardisierungsarbeit eröffnen. Allerdings sind wesentliche Ergebnisse, z.B. zur Verfassungsmäßigkeit der Standards oder zur Zurückdrängung des Einflusses von Lobbyisten, davon abhängig, daß die Regierung ein Mitspracherecht im Prozeß behält.

LITERATURVERZEICHNIS

Achleitner, Ann-Kristin [Normierung]: Die Normierung der Rechnungslegung, Zürich 1995.

Adams, Michael [Rechte]: Rechte und Normen als Standards, in: Homo oeconomicus, 11. Jg. (1994), S. 501-552.

Ainsworth, Scott [Regulating]: Regulating Lobbyists and Interest Group Influence, in: JoP, Vol. 55 (1993), S. 41-56.

Aivazian, Varouj A./Callen, Jeffrey L. [Core]: Core Theory and Uniformity in Accounting: Rationalizing the Accounting Rulemaker, in: JAPP, Vol. 2 (1983), S. 225-237.

Akerlof, George A. [Lemons]: The Market for "Lemons": Quality Uncertainty and the Market Mechanism, in: QJE, Vol. 84 (1970), S. 488-500.

Armstrong, Marshall S. [Politics]: The politics of establishing accounting standards, in: JoA, Vol. 143, No. 2 (1977), S. 76-79.

Atkinson, Anthony B./Stiglitz, Joseph E. [Lectures]: Lectures on Public Economics, New York et al. 1980.

Aumann, Robert [Lectures]: Lectures on Game Theory, Boulder et al. 1989.

Baetge, Jörg/Krumnow, Jürgen/Noelle, Jennifer [DRSC]: Das "Deutsche Rechnungslegungs Standards Committee" (DRSC), in: DB, 54. Jg. (2001), S. 769-774.

Baetge, Jörg/Roß, Heinz-Peter [Presentation]: Was bedeutet "fair presentation"?, in: *Ballwieser, Wolfgang* (Hrsg.): US-amerikanische Rechnungslegung, 4. Auflage, Stuttgart 2000, S. 29-47.

Baetge, Jörg/Thiele, Stefan/Plock, Marcus [Restrukturierung]: Die Restrukturierung des International Accounting Standards Committee - Das IASC auf dem Weg zum globalen Standardsetter?, in: DB, 53. Jg. (2000), S. 1033-1038.

Bagehot, Walter [Game]: The Only Game in Town, in: FAJ, o. Vol., March-April (1971), S. 12-14 und 22.

Baker, Richard E. [Crossroads]: Accounting Rule-Making - Still at the Crossroads, in: BH, Vol. 19 (1976), S. 65-75.

Ballwieser, Wolfgang [Begründbarkeit]: Zur Begründbarkeit informationsorientierter Jahresabschlußverbesserungen, in: zfbf, 34. Jg. (1982), S. 772-793.

Ballwieser, Wolfgang [Informationsökonomie]: Ergebnisse der Informationsökonomie zur Informationsfunktion der Rechnungslegung, in: *Stöppler, Siegmar* (Hrsg.): Information und Produktion, Festschrift für Waldemar Wittmann, Stuttgart 1985, S. 21-40.

Ballwieser, Wolfgang [Maßgeblichkeitsprinzip]: Ist das Maßgeblichkeitsprinzip überholt?, in: BFuP, 42. Jg. (1990), S. 477-498.

Ballwieser, Wolfgang [Theorie]: Das Rechnungswesen im Lichte ökonomischer Theorie, in: *Ordelheide, Dieter/Rudolph, Bernd/Büsselmann, Elke* (Hrsg.): Betriebswirtschaftslehre und ökonomische Theorie, Stuttgart 1991, S. 97-124.

Ballwieser, Wolfgang [Entwicklung]: Die Entwicklung der Theorie der Rechnungslegung in den USA, in: *Wagner, Franz W.* (Hrsg.): Ökonomische Analyse des Bilanzrechts - Entwicklungslinien und Perspektiven, Düsseldorf, Frankfurt am Main 1993, S. 107-138.

Ballwieser, Wolfgang [Unabhängigkeit]: Zur Frage der Rechtsform-, Konzern- und Branchenunabhängigkeit der Grundsätze ordnungsmäßiger Buchführung, in: *Förschle, Gerhart/ Kaiser, Klaus/Moxter, Adolf* (Hrsg.): Rechenschaftslegung im Wandel, Festschrift für Wolfgang Dieter Budde, München 1995, S. 43-66.

Ballwieser, Wolfgang [Überblick]: Ein Überblick über Ansätze zur ökonomischen Analyse des Bilanzrechts, in: BFuP, 48. Jg. (1996), S. 503-527.

Ballwieser, Wolfgang [Grenzen]: Grenzen des Vergleichs von Rechnungslegungssystemen - dargestellt anhand von HGB, US-GAAP und IAS, in: *Forster, Karl-Heinz* et al. (Hrsg.): Aktien- und Bilanzrecht, Festschrift für Bruno Kropff, Düsseldorf 1997, S. 371-391.

Ballwieser, Wolfgang [B 105]: Grundsätze ordnungsmäßiger Buchführung, in: *Castan, Edgar* et al. (Hrsg.): Beck'sches Handbuch der Rechnungslegung, München 1999.

Ballwieser, Wolfgang [Rechnungslegungsgremium]: HGB-Konzernabschlußbefreiung und privates Rechnungslegungsgremium, in: *Küting, Karlheinz/Langenbucher, Günther* (Hrsg.): Internationale Rechnungslegung: Festschrift für Claus-Peter Weber, Stuttgart 1999, S. 433-449.

Ballwieser, Wolfgang [Anforderungen]: Anforderungen des Kapitalmarkts an Bilanzansatz- und Bilanzbewertungsregeln, in: KOR, 1. Jg. (2001), S. 160-164.

Ballwieser, Wolfgang [§ 238]: Kommentierung zu § 238 HGB, in: *Schmidt, Karsten* (Hrsg.): Münchener Kommentar zum Handelsgesetzbuch, Band 4, München 2001, S. 6-14.

Ballwieser, Wolfgang [Wettbewerb]: Konzernrechnungslegung und Wettbewerb, in: DBW, 61. Jg. (2001), S. 640-657.

Banzhaf, John F. [Weighted]: Weighted Voting Doesn't Work: A Mathematical Analysis, in: RULR, Vol. 19 (1965), S. 317-341.

Bartsch, Michael [DIN]: Das DIN Deutsches Institut für Normung e.V. als marktbeherrschendes Unternehmen i.S.v. § 22 GWB, Münster 1987.

Baruch, Lev/Penman, Stephen H. [Disclosure]: Voluntary Forecast Disclosure, Nondisclosure, and Stock Prices, in: JAR, Vol. 28 (1990), S. 49-76.

Bauer, Jörg [Rechtfertigung]: Zur Rechtfertigung von Wahlrechten in der Bilanz, in: BB, 36. Jg. (1981), S. 766-772.

Bealing, William E. Jr./Dirsmith, Mark W./Fogarty, Timothy [Actions]: Early Regulatory Actions by the SEC: An Institutional Theory Perspective on the Dramaturgy of Political Exchange, in: AOS, Vol. 21 (1996), S. 317-338.

Becker, Gary S. [Influence]: A Theory of Competition Among Pressure Groups for Political Influence, in: QJE, Vol. 48 (1983), S. 371-400.

Becker, Gary S. [Groups]: Public Policies, Pressure Groups, And Dead Weight Costs, in: JoPE, Vol. 28 (1985), S. 329-347.

Beisse, Heinrich [Bilanzrecht]: Zum Verhältnis von Bilanzrecht und Betriebswirtschaftslehre, in: StuW, 61. Jg. (1984), S. 1-14.

Beisse, Heinrich [Bild]: Zum neuen Bild des Bilanzrechtssystems, in: *Ballwieser, Wolfgang* et al. (Hrsg.): Bilanzrecht und Kapitalmarkt, Festschrift für Adolf Moxter, Düsseldorf 1994, S. 3-31.

Beisse, Heinrich [Krise]: Die Krise des deutschen Bilanzrechts und die Zukunft des Maßgeblichkeitsgrundsatzes, in: *Baetge, Jörg* (Hrsg.): Deutsches Bilanzrecht - In der Krise oder im Aufbruch?, Düsseldorf 2001, S. 1-31.

Beisse, Heinrich [GoB]: Die paradigmatischen GoB, in: *Hommelhoff, Peter/Zätzsch, Roger/Erle, Bernd* (Hrsg.): Gesellschaftsrecht, Rechnungslegung, Steuerrecht, Festschrift für Welf Müller, München 2001, S. 731-753.

Benjamin, Wahjudi P./McEnroe, John E. [Overruling]: The SEC Overruling of SFAS 19 and the Behavior of Security Returns, in: JBFA, Vol. 10 (1983), S. 235-249.

Bernholz, Peter/Breyer, Friedrich [Politische Ökonomie I]: Grundlagen der Politischen Ökonomie, Band 1: Theorie der Wirtschaftssysteme, 3. Auflage, Tübingen 1993.

Biener, Herbert [Auswirkungen]: Auswirkungen der Vierten Richtlinie der EG auf den Informationsgehalt der Rechnungslegung deutscher Unternehmen, in: BFuP, 31. Jg. (1979), S. 1-16.

Biener, Herbert [Möglichkeiten]: Die Möglichkeiten und Grenzen berufsständischer Empfehlungen zur Rechnungslegung, in: *Havermann, Hans* (Hrsg.): Bilanz- und Konzernrecht, Festschrift für Reinhard Goerdeler, Düsseldorf 1987, S. 45-60.

Biener, Herbert [Erwartungslücke]: Die Erwartungslücke - eine endlose Geschichte, in: *Lanfermann, Josef* (Hrsg.): Internationale Wirtschaftsprüfung, Festschrift für Hans Havermann, Düsseldorf 1995, S. 37-63.

Biener, Herbert [Fachnormen]: Fachnormen statt Rechtsnormen - Ein Beitrag zur Deregulierung der Rechnungslegung, in: *Ballwieser, Wolfgang/Moxter, Adolf/Nonnenmacher, Rolf* (Hrsg.): Rechnungslegung - warum und wie, Festschrift für Hermann Clemm, München 1996, S. 59-79.

Biener, Herbert [Stand]: Stand und künftige Entwicklung der Harmonisierung der Vorschriften über die Rechnungslegung und deren Prüfung in der Europäischen Union, in: *Forster, Karl-Heinz* et al. (Hrsg.): Aktien- und Bilanzrecht, Festschrift für Bruno Kropff, Düsseldorf 1997, S. 393-415.

Biener, Herbert [Fortentwicklung]: Die Standardisierung als neue Möglichkeit zur Fortentwicklung der Rechnungslegung, in: *Küting, Karlheinz/Langenbucher, Günther* (Hrsg.): Internationale Rechnungslegung: Festschrift für Claus-Peter Weber, Stuttgart 1999, S. 451-462.

Biener, Herbert [DRSC]: Das DRSC: Auftrag und Perspektiven, in: *Kleindiek, Detlef/Oehler, Wolfgang* (Hrsg.): Die Zukunft des deutschen Bilanzrechts, Köln 2000, S. 55-70.

Blankart, Charles [Finanzen]: Öffentliche Finanzen in der Demokratie, 2. Auflage, München 1994.

Blankart, Charles B./Knieps, Günter [Kommunikationsgüter]: Kommunikationsgüter ökonomisch betrachtet, in: Homo oeconomicus, 11. Jg. (1994), S. 449-463.

Böckem, Hanne [Durchsetzung]: Die Durchsetzung von Rechnungslegungsstandards, Frankfurt am Main et al. 2000.

Böckem, Hanne [Rechnungslegungsstandards]: Die Durchsetzung von Rechnungslegungsstandards in Deutschland, in: DB, 53. Jg. (2000), S. 1185-1191.

Böcking, Hans-Joachim [IAS]: IAS für Konzern- und Einzelabschluss?, in: WPg, 54. Jg. (2001), S. 1433-1440.

Böcking, Hans-Joachim/Klein, Gabriele/Lopatta, Kerstin [Schritt]: Der Entwurf des DRSC zum Purchase Accounting: Ein weiterer Schritt zur kapitalmarktorientierten Rechnungslegung, in: FB, 1. Beilage, 2. Jg. (2000), S. 10-15.

Böcking, Hans-Joachim/Orth, Christian [Fragen]: Offene Fragen und Systemwidrigkeiten bei den neuen Rechnungslegungs- und Prüfungsvorschriften des KonTraG und des KapAEG, in: DB, 51. Jg. (1998), S. 1873-1879.

Börsenverein des deutschen Buchhandels e.V., [Erklärung]: Erklärung des Vorstandes zur Buchpreisbindung vom 29.03.2001, Frankfurt am Main 2001.

Böventer, Edwin v./Illing, Gerhard [Mikroökonomie]: Einführung in die Mikroökonomie, 9. Auflage, München 1997.

Brams, Steven J. [Politics]: Game Theory and Politics, New York, London, 1975.

Brand, Hans [Rechnungslegungskommissionen]: Private Rechnungslegungskommissionen, Frankfurt am Main et al. 1981.

Brandl, Rainer [Rechnungslegungsnormen]: Zur Begründbarkeit handelsrechtlicher Rechnungslegungsnormen, Frankfurt am Main et al. 1987.

Breid, Volker [Erfolgspotentialrechnung]: Erfolgspotentialrechnung, Stuttgart 1994.

Breidenbach, Karin [Normensetzung]: Normensetzung für die Rechnungslegung, Wiesbaden 1997.

Breidenbach, Karin [DRSC]: Aufgaben und Organisation des Deutschen Rechnungslegungs Standards Committee (DRSC), in: StuB, 1. Jg. (1999), S. 641-647.

Brennan, Geoffrey/Buchanan, James M. [Regeln]: Die Begründung von Regeln, Tübingen 1993.

Brink, René van den/Laan, Gerard van der [Axiomatizations]: Axiomatizations of the normalized Banzhaf value and the Shapley value, in: SCW, Vol. 15 (1998), S. 567-582.

Broer, Frank Daniel [Harmonisierung]: Maßgeblichkeitsprinzip und Harmonisierung der Rechnungslegung, Baden-Baden 2001.

Brotte, Jörg [Geschäftsberichte]: US-amerikanische und deutsche Geschäftsberichte, Wiesbaden 1997.

Brown, Paul R. [Analysis]: A Descriptive Analysis of Select Input Bases of the Financial Accounting Standards Board, in: JAR, Vol. 19 (1981), S. 232-246.

Brown, Paul R. [Responsiveness]: FASB Responsiveness to Corporate Input, in: JAAF, Vol. 5 (1981), S. 282-290.

Bruns, Hans-Georg [Anforderungen]: Anforderungen an die handelsrechtliche Rechnungslegung im europäischen und internationalen Kontext, in: WPg, Sonderheft, 54. Jg. (2001), S. S67-S74.

Buchanan, James M. [Seeking]: Rent Seeking and Profit Seeking, in: *Buchanan, James M./Tollison, Robert D./Tullock, Gordon* (Hrsg.): Toward a Theory of the Rent-Seeking Society, College Station 1980, S. 3-15.

Buckley, John W. [Policy]: Policy Models in Accounting: A Critical Commentary, in: AOS, Vol. 5 (1980), S. 49-64.

Budde, Wolfgang Dieter [Wege]: Müssen börsennotierte Gesellschaften eigene Wege gehen?, in: *Ballwieser, Wolfgang/Moxter, Adolf/Nonnenmacher, Rolf* (Hrsg.): Rechnungslegung - warum und wie, Festschrift für Hermann Clemm, München 1996, S. 81-106.

Budde, Wolfgang Dieter/Steuber, Elgin [Veranstaltung]: Jahresabschluß - Was soll die Veranstaltung?, in: *Martens, Klaus-Peter/Westermann, Harm Peter/Zöllner, Wolfgang* (Hrsg.): Festschrift für Carsten Peter Claussen, Köln 1997, S. 583-604.

Budde, Wolfgang Dieter/Steuber, Elgin [Normsetzungsbefugnis]: Normsetzungsbefugnis eines deutschen Standard Setting Body, in: DStR, 36. Jg. (1998), S. 1181-1187.

Budde, Wolfgang Dieter/Steuber, Elgin [§ 342]: Kommentierung zu § 342 HGB, in: *Budde, Wolfgang Dieter* et al. (Hrsg.): Beck'scher Bilanzkommentar, 4. Auflage, München 1999.

Budde, Wolfgang Dieter/Steuber, Elgin [Rückwirkung]: Rückwirkung des Konzernabschlusses auf den Einzelabschluss, in: BB, 55. Jg. (2000), S. 971-977.

Burggraaff, J. A. [Dimension]: The political dimension of accounting standards setting in Europe, in: *Bromwich, Michael/Hopwood, Anthony M.* (Hrsg.): Accounting Standards Setting, London 1983, S. 1-12.

Burton, John C. [Oyster]: The SEC and financial reporting: the sand in the oyster, in: JoA, Vol. 153, No. 6 (1982), S. 34-48.

Busse von Colbe, Walther [Rechnungslegungsziele]: Rechnungslegungsziele und Ansätze zur internationalen Harmonisierung der Rechnungslegung deutscher Unternehmen, in: *Ballwieser, Wolfgang* (Hrsg.): US-amerikanische Rechnungslegung, 4. Auflage, Stuttgart 2000, S. 485-508.

Busse von Colbe, Walther [Firmenwert]: Ist die Bilanzierung des Firmenwerts nach dem Nonamortization-Impairment-Ansatz des SFAS-Entwurfs von 2001 mit § 292a HGB vereinbar, in: DB, 54. Jg. (2001), S. 877-879.

Chatov, Robert [Reporting]: Corporate Financial Reporting, New York 1975.

Chmielewicz, Klaus [Kommission]: Die Kommission Rechnungswesen und das Bilanzrichtlinien-Gesetz, in: *Domsch, Michel* et al. (Hrsg.): Unternehmungserfolg, Festschrift für Walther Busse von Colbe, Wiesbaden 1988, S. 53-87.

Choi, Frederick D./Mueller, Gerhard G. [Accounting]: International Accounting, 2. Auflage, Englewood Cliffs 1992.

Chung, Dennis Y. [Lobbying]: The Informational Effect of Corporate Lobbying Against Proposed Accounting Standards, in: RQFA, 12. Jg. (1999), S. 243-269.

Coase, Ronald H. [Cost]: The Problem of Social Cost, in: JLE, Vol. 3 (1960), S. 1-44.

Coenenberg, Adolf G. (unter Mitarbeit von *Alvarez, Manuel/Brecht, Angelika/Federspieler, Christian/Gantzkow, Marcus/Gröner, Susanne/Keller, Kalina/Klein, Georg/ Meyer, Martin A./Schultze, Wolfgang*) [Jahresabschluß]: Jahresabschluß und Jahresabschlußanalyse, 17. Auflage, Landsberg am Lech 2000.

Coombes, Robert J./Stokes, Donald J. [Responsiveness]: Standard Setter's Responsiveness to Submissions on Exposure Drafts: Australian Evidence, in: AJM, Vol. 10 (1985), S. 31-45.

Daumann, Frank [Interessenverbände]: Interessenverbände im politischen Prozeß, Tübingen 1999.

Dautel, Ralph [Sonderfinanzierung]: Kommunale Sonderfinanzierung, Wiesbaden 1997.

Davidson, Sidney/Anderson, George [Development]: The Development of Accounting and Auditing Standards, in: JoA, Vol. 183, No. 5 (1987), S. 110-127.

Day, Robert [Regulation]: The 'Public Interest' in the Context of Accounting Regulation, in: *McLeay, Stuart/Riccaboni, Angelo* (Hrsg.): Contemporary Issues in Accounting Regulation, Boston et al. 2001, S. 79-94.

Deakin, Edward B. [Oil]: Rational Economic Behavior and Lobbying on Accounting Issues: Evidence from the Oil and Gas Industry, in: AR, Vol. 64 (1989), S. 137-151.

Deegan, Craig/Morris, Richard/Stokes, Donald [Disclosure]: Audit Firm Lobbying on Proposed Disclosure Requirements, in: AJM, Vol. 15 (1990), S. 261-280.

Demsetz, Harold [Production]: The Private Production of Public Goods, in: JLE, Vol. 8 (1970), S. 293-306.

Demski, Joel S. [Impossibility]: The General Impossibility of Normative Accounting Standards, in: AR, Vol. 48 (1973), S. 718-723.

Demski, Joel S./Feltham, Gerald A. [Determination]: Cost Determination: A Conceptual Approach, Ames 1976.

Deutscher Bundesrat [BR-Drs. 872/97]: Enwtwurf eines Gesetzes zur Kontrolle und Transparenz im Unternehmensbereich (KonTraG), Drucksache 872/97, Bonn 1997.

Deutscher Bundestag [BT-Drs. 12/7350]: Entwurf eines Gesetzes zur Änderung des Wirtschaftsrechts für mehr Transparenz und Wettbewerb, Drucksache 12/7350, Bonn 1994.

Deutscher Bundestag [BT-Drs. 13/367]: Entwurf eines Gesetzes zur Verbesserung von Transparenz und Beschränkung von Machtkonzentration in der deutschen Wirtschaft (Transparenz- und Wettbewerbsgesetz), Drucksache 13/367, Bonn 1995.

Deutscher Bundestag [BT-Drs. 13/10038]: Beschlußempfehlung und Bericht des Rechtsausschusses a) zu dem Gesetzentwurf der Bundesregierung - Drucksache 13/9712, b) zu dem Gesetzentwurf der Abgeordneten Hans Martin Bury, Dr. Uwe Jens, Anke Fuchs (Köln), weiterer Abgeordneter und der Fraktion der SPD - Drucksache 13/367, c) zu dem Gesetzentwurf des Bundesrates - Drucksache 13/9716, d) zu dem Antrag der Abgeordneten Margareta Wolf (Frankfurt), Antje Hermenau, Kristin Heyne, weiterer Abgeordneter und der Fraktion BÜNDNIS 90/DIE GRÜNEN - Drucksache 13/7737, Drucksache 13/10038, Bonn 1998.

Deutscher Bundestag [Geschäftsordnung], Geschäftsordnung des Deutschen Bundestages, Berlin 2001.

Deutscher Bundestag [Gesetzgebung], Gesetzgebung, Berlin 2001, http://www. bundestag.de/info/gesgeb/04interess.html, Stand: August 2002.

Deutscher Bundestag [Liste], Öffentliche Liste über die Registrierung von Verbänden und ihren Vertretern, Berlin 2001, http://dip.bundestag.de/cgi-bin/dipweb3?a= verband&c=/usr7/goldop&e=/bt_kad&f=us, Stand: August 2002.

Dietl, Helmut [Zeit]: Institutionen und Zeit, Tübingen 1993.

Deutsches Institut für Normung [Normung]: Was ist Normung - was ist DIN?, Berlin 2002, http://www.din.de/set/gremien2/nas/, Stand: August 2002.

Döllerer, Georg [Ermittlung]: Grundsätze ordnungsmäßiger Bilanzierung, deren Entstehung und Ermittlung, in: BB, 14. Jg. (1959), S. 1217-1221.

Döllerer, Georg [Maßgeblichkeit]: Maßgeblichkeit der Handelsbilanz in Gefahr, in: BB, 26. Jg. (1971), S. 1333-1335.

Döllerer, Georg [Handelsbilanz]: Handelsbilanz ist gleich Steuerbilanz, in: *Baetge, Jörg* (Hrsg.): Der Jahresabschluß im Widerstreit der Interessen, Düsseldorf 1983, S. 157-177.

Döllerer, Georg [Beutesymbol]: Steuerbilanz und Beutesymbol, in: BB, 43. Jg. (1988), S. 238-241.

Dörner, Dietrich [Anforderungen]: Ändert das KonTraG die Anforderungen an den Abschlußprüfer?, in: DB, 51. Jg. (1998), S. 1-8.

Doll, Rainer [Prüfungsqualität]: Wahrnehmung und Signalisierung von Prüfungsqualität, Frankfurt am Main et al. 2000.

Drescher, Sebastian [Gründung]: Gründung eines privaten Rechnungslegungsgremiums in Deutschland - "public versus private standard setting?", in: StuW, 75. Jg. (1998), S. 240-253.

Deutsches Rechnungslegungs Standards Committee, [Satzung]: Satzung, München 1998, http://www.drsc.de/ger/gasc/_tasks.html#charter, Stand: August 2002.

Deutsches Rechnungslegungs Standards Committee, [Pos. Stock Options]: Positionspapier Bilanzierung von Aktienoptionsplänen und ähnlichen Entlohnungsformen, Berlin 2000, http://www.standardsetter.de/drsc/doc/pos-paper_stock.pdf, Stand: August 2002.

Deutsches Rechnungslegungs Standards Committee, [Mitgliederliste]: Mitgliederliste, Berlin 2002, http://www.drsc.de/ger/gasc/tasks.html, Stand: August 2002.

Deutsches Rechnungslegungs Standards Committee, [Stellungnahme]: Stellungnahme zum G4+1 Positionspapier: Accounting for share-based payment, Berlin 2001.

Dobler, Michael [Prüfung]: Die Prüfung des Risikofrüherkennungssystems gemäß § 317 Abs. 4 HGB - Kritische Analyse und empirischer Befund, in: DStR, 39. Jg. (2001), S. 2086-2092.

Dye, Ronald A. [Disclosure]: Disclosure of Nonproprietary Information, in: AH, Vol. 23 (1985), S. 123-145.

Ebke, Werner F. [Entwicklung]: Der Deutsche Standardisierungsrat und das Deutsche Rechnungslegungs Standards Committee: Aussichten für eine professionelle Entwicklung von Rechnungslegungsgrundsätzen, in: ZIP, 20. Jg. (1999), S. 1193-1203.

Ebke, Werner F. [Märkte]: Märkte machen Recht - auch gesellschafts- und Unternehmensrecht!, in: *Schneider, Uwe H. et al.* (Hrsg.): Deutsches und europäisches Gesellschafts-, Konzern- und Kapitalmarktrecht, Festschrift für Marcus Lutter, Köln 2000, S. 17-30.

Ebke, Werner F. [§ 342]: Kommentierung zu § 342 HGB, in: *Schmidt, Karsten* (Hrsg.): Münchener Kommentar zum Handelsgesetzbuch, Band 4, München 2001, S. 1718-1726.

Emmerich, Volker/Habersack, Mathias [Konzernrecht]: Konzernrecht, 7. Auflage, München 2001.

Erle, Bernd [Phantom]: Das Maßgeblichkeitsprinzip - ein Phantom?, in: *Kleindiek, Detlef/Oehler, Wolfgang* (Hrsg.): Die Zukunft des deutschen Bilanzrechts, Köln 2000, S. 177-191.

Ernst, Christoph [Vorschriften]: Neue Vorschriften zur Rechnungslegung und Bilanzierung, in: *Rosen, Rüdiger von* (Hrsg.): Neue Bilanzierungsüberlegungen in Deutschland, Frankfurt am Main 1998, S. 22-34.

Ernst, Christoph [Änderungen]: Überblick über die Änderungen des Handelsgesetzbuchs zu Rechnungslegung und Abschlußprüfung, in: *Dörner, Dietrich/Menold, Dieter/Pfitzer, Norbert* (Hrsg.): Reform des Aktienrechts, der Rechnungslegung und Prüfung, Stuttgart 1999, S. 321-367.

Ernst, Christoph [Quo vadis]: Bilanzrecht: quo vadis?, in: WPg, 54. Jg. (2001), S. 1440-1445.

Ernst, Christoph [Verordnungsentwurf]: EU - Verordnungsentwurf zur Anwendung von IAS: Europäisches Bilanzrecht vor weitreichenden Änderungen, in: BB, 56. Jg. (2001), S. 823-825.

Ernst, Christoph/Seibert, Ulrich/Stuckert, Fritz [KonTraG]: KonTraG, KapAEG, StückAG, EuroEG, Düsseldorf 1998.

Euler, Roland [Renaissance]: Steht die Maßgeblichkeit vor einer Renaissance?, in: *Kleindiek, Detlef/Oehler, Wolfgang* (Hrsg.): Die Zukunft des deutschen Bilanzrechts, Köln 2000, S. 193-199.

Ewert, Ralf [Rechnungslegung]: Rechnungslegung, Globalisierung und Kapitalkosten, in: *Männel, Wolfgang/Küpper, Hans-Ulrich* (Hrsg.): Integration der Unternehmensrechnung, Wiesbaden, 1999, S. 39-46.

Ewert, Ralf/Wagenhofer, Alfred [Ansätze]: Neuere Ansätze zur theoretischen Fundierung von Rechnungslegung und Prüfung, in: *Lachnit, Laurenz/Freidank, Carl-Christian* (Hrsg.): Investororientierte Unternehmenspublizität, Wiesbaden 2000, S. 31-60.

Fama, Eugene F./Laffer, Arthur B. [Information]: Information and Capital Markets, in: JoB, o. Vol. (1971), S. 289-298.

Farrell, Joseph/Saloner, Garth [Coordination]: Coordination Through Committees and Markets, in: RJE, Vol. 19 (1988), S. 235-252.

Federmann, Rudolf [Memoranden]: Die Memoranden zur Anpassung der deutschen Rechnungslegungsvorschriften nach Maßgabe der 4. EG-Richtlinie, in: BB, 35. Jg. (1980), S. 425-437.

Feldhoff, Michael [Regulierung]: Die Regulierung der Rechnungslegung, Frankfurt am Main et al. 1992.

Feldhoff, Michael [Informationen]: Versagt der Markt für Informationen?, in: zfbf, 44. Jg. (1992), S. 1012-1022.

Feldhoff, Michael [Staat]: Staat und Rechnungslegung - eine regulierungstheoretische Perspektive, in: WPg, 47. Jg. (1994), S. 529-536.

Feroz, Ehsan Habib/Hagerman, Robert L. [Compensation]: Management Compensation, Insider Trading and Lobbying Choice: The Case of R&D, in: AJM, Vol. 15 (1990), S. 297-314.

Francis, Jere R. [Pension]: Lobbying against Proposed Accounting Standards: The Case of Employers' Pension Accounting, in: JAPP, Vol. 6 (1987), S. 35-57.

Fudenberg, Drew/Tirole, Jean [Game Theory]: Game Theory, Cambridge, London 1991.

Garcia, D. Linda [Standard Setting]: Standard Setting in the United States: Public and Private Sector Roles, in: JASIS, Vol. 43 (1992), S. 531-537.

Gardner, Roy [Monopolies]: Shapley Value and Disadvantageous Monopolies, in: JET, Vol. 16 (1977), S. 513-517.

Gardner, Roy [Games]: Games for Business and Economics, New York et al. 1995.

Geiger, Thomas [Segmentberichterstattung]: Segmentberichterstattung nach dem Deutschen Rechnungslegungsstandard Nr. 3 des DRSC (DRS 3), in: StuB, 2. Jg. (2000), S. 772-779.

Gerboth, Dale L. [Research]: Research, Intuition, and Politics in Accounting Inquiry, in: AR, Vol. 48 (1973), S. 475-482.

Gilfedder, Doreen/Ó hÒgartaigh, Ciarán [Grasshoppers]: The Grasshoppers and the Great Cattle: Participation and Non-Participation in the ASB's Standard-Setting Process, in: JMG, Vol. 2 (1998), S. 287-296.

Gilfedder, Doreen/Ó hÒgartaigh, Ciarán [Participation]: Participation and Non-Participation in the ASB's Standard -Setting Process, in: *McLeay, Stuart/Riccaboni, Angelo* (Hrsg.): Contemporary Issues in Accounting Regulation, Boston et al. 2001, S. 59-104.

Glaum, Martin [Internationalisierung]: Die Internationalisierung der deutschen Rechnungslegung, in: KOR, 1. Jg. (2001), S. 124-134.

Glazer, Amihai [Incentives]: On the incentives to establish and play political rent-seeking games, in: Public Choice, Vol. 75 (1993), S. 139-148.

Glosten, Lawrence/Milgrom, Paul R. [Bid]: Bid, Ask and Transaction Prices in a Specialist Market with Heterogeneously Informed Traders, in: JFE, Vol. 14 (1985), S. 71-100.

Gonedes, Nicholas J./Dopuch, Nicholas [Equilibrium]: Capital Market Equilibrium, Information Production and Selecting Accounting Techniques: Theoretical Framework and Review of Empirical Work, in: JAR, Vol. 12 (Supplement) (1974), S. 48-129.

Gonedes, Nicholas, J./Dopuch, Nicholas/Penman, Stephan H. [Disclosure]: Disclosure Rules, Information-Production, and Capital Market Equilibrium: The Case of Forecast Disclosure Rules, in: JAR, Vol. 14 (1976), S. 89-137.

Göthel, Stephan R. [Umbruch]: Europäisches Bilanzrecht im Umbruch, in: DB, 54. Jg. (2001), S. 2057-2061.

Groh, Manfred [Rechtsentwicklung]: Handelsbilanz und Steuerbilanz - Behinderung der Rechtsentwicklung durch das Maßgeblichkeitsprinzip, in: *Kleindiek, Detlef/Oehler, Wolfgang* (Hrsg.): Die Zukunft des deutschen Bilanzrechts, Köln 2000, S. 169-176.

Großfeld, Bernhard [Bilanzrecht]: Internationales Bilanzrecht/Internationale Rechnungslegung, in: AG, 42. Jg. (1997), S. 433-448.

Hagerman, Robert L. [Bible]: Accounting in the Bible, in: JoA, Vol. 153, No. 6 (1982), S. 48-52.

Hahn, Klaus [Umbruch]: Deutsche Rechnungslegung im Umbruch, in: DStR, 39. Jg. (2001), S. 1267-1272.

Hakansson, Nils H. [Politics]: On the Politics of Accounting Disclosure and Measurement: An Analysis of Economic Incentives, in: JAR, Vol. 19 (Supplement) (1981), S. 1-35.

Hakansson, Nils H./Kunkel, J. Gregory/Ohlson, James A. [Exchange]: Sufficient and Necessary Conditions for Information to have Social Value in Pure Exchange, in: JoF, Vol. 37 (1982), S. 1169-1182.

Haller, Axel [Grundlagen]: Die Grundlagen der externen Rechnungslegung in den USA, 4. Auflage, Stuttgart 1994.

Haller, Axel [Theory]: Positive Accounting Theory, in: DBW, 54. Jg. (1994), S. 597-612.

Haller, Axel [Merkmale]: Wesentliche Ziele und Merkmale US-amerikanischer Rechnungslegung, in: *Ballwieser, Wolfgang* (Hrsg.): US-amerikanische Rechnungslegung, 4. Auflage, Stuttgart 2001, S. 1-27.

Harberger, Arnold C. [Monopoly]: Monopoly and Resource Allocation, in: AER, Vol 44 (1954), S. 77-87.

Harding, Noel/McKinnon, Jill [Involvement]: User Involvement in the Standard-Setting Process: A Research Note on the Congruence of Accountant and User Perceptions of Decision Usefulness, in: AOS, Vol. 22 (1997), S. 55-67.

Haring, John R. [Rules]: Accounting Rules and "the accounting establishment", in: JoB, o. Vol. (1979), S. 507-519.

Hartl, Rudolf [Politikberatung]: Die Politikberatung durch die Kommission Rechnungswesen im Verband der Hochschullehrer für Betriebswirtschaft e.V., Frankfurt am Main et al. 1986.

Hartmann-Wendels, Thomas [Agency-Theorie]: Agency-Theorie und Publizitätspflicht nichtbörsennotierter Kapitalgesellschaften, in: BFuP, 44. Jg. (1992), S. 412-425.

Havermann, Hans [Aussagewert]: Der Aussagewert des Jahresabschlusses, in: WPg, 41. Jg. (1988), S. 612-617.

Havermann, Hans [Entwicklungen]: Internationale Entwicklungen in der Rechnungslegung, in: *Ballwieser, Wolfgang* et al. (Hrsg.): Bilanzrecht und Kapitalmarkt, Festschrift für Adolf Moxter, Düsseldorf 1994, S. 655-677.

Havermann, Hans [Konzernrechnungslegung]: Konzernrechnungslegung - quo vadis?, in: WPg, 53. Jg. (2000), S. 121-127.

Havermann, Hans [Regelsetzung]: Private Regelsetzung aus der Sicht des Handelsbilanzrechts, in: ZGR, 29. Jg. (2000), S. 693-705.

Hax, Herbert [Rechnungslegungsvorschriften]: Rechnungslegungsvorschriften - Notwendige Rahmenbedingungen für den Kapitalmarkt?, in: *Domsch, Michel* et al. (Hrsg.): Unternehmungserfolg, Festschrift für Walther Busse von Colbe, Wiesbaden 1988, S. 187-201.

Hayn, Sven/Zündorf, Horst [Normierung]: Normierung der Rechnungslegung: Eine kritische Analyse der Anforderungen an das DRSC im internationalen Vergleich, in: *Küting, Karlheinz/Langenbucher, Günther* (Hrsg.): Internationale Rechnungslegung: Festschrift für Claus-Peter Weber, Stuttgart 1999, S. 481-506.

Hebertinger, Martin [Wertsteigerungsmaße]: Wertsteigerungsmaße - Eine kritische Analyse, Frankfurt am Main u.a. 2002.

Heintzen, Markus [Verfassungsmäßigkeit]: Zur Verfassungsmäßigkeit von § 292 a Abs. 2 Nr. 2 a) HGB, in: BB, 54. Jg. (1999), S. 1050-1054.

Heintzen, Markus [Unionsverfassungsrecht]: EU - Verordnungsentwurf zur Anwendung von IAS: Kein Verstoß gegen Unionsverfassungsrecht, in: BB, 56. Jg. (2001), S. 825-829.

Henselmann, Klaus [Stellungnahme]: Stellungnahme zum E-DRS 1a, Chemnitz 2001, http://www.standardsetter.de/drsc/docs/comments/001a/henselmann.html, Stand: August 2002.

Herzig, Norbert [Internationalisierung]: Internationalisierung der Rechnungslegung und steuerliche Gewinnermittlung, in: WPg, 53. Jg. (2000), S. 104-119.

Higgins, Richard S./Shugart II, William F./Tollison, Robert D. [Entry]: Free Entry and Efficient Rent-Seeking, in: *Rowley, Charles K./Tollison, Robert D./Tullock, Gordon* (Hrsg.): The Political Economy of Rent-Seeking, Boston et al. 1988, S. 127-139.

Hillman, Arye L./Katz, Eliakim [Rent Seekers]: Risk-Averse rent seekers and the social cost of monopoly power, in: EJ, Vol. 94 (1984), S. 104-110.

Hirner, Manfred [Interessen]: Der Deutsche Bundestag im Netzwerk organisierter Interessen, in: *Herzog, Dietrich/Rebenstorf, Hilke/Weßels, Bernhard* (Hrsg.): Parlament und Gesellschaft, Opladen 1993, S. 138-183.

Hirshleifer, Jack [Value]: The Private and Social Value of Information and the Reward to Inventive Activity, in: AER, Vol. 61 (1971), S. 561-574.

Holler, Manfred [Party]: Party Power and Government Formation: A Case Study, in: *Holler, Manfred* (Hrsg.): Power, Voting and Voting Power, Würzburg, Wien 1982, S. 273-282.

Holler, Manfred J./Illing, Gerhard [Spieltheorie]: Einführung in die Spieltheorie, 4. Auflage, Berlin et al. 2000.

Holthausen, Robert W./Leftwich, Richard W. [Choice]: The Economic Consequences of Accounting Choice, in: JAE, Vol. 5 (1983), S. 77-117.

Hommel, Michael [Goodwillbilanzierung]: Neue Goodwillbilanzierung - das FASB auf dem Weg zur entobjektivierten Bilanz?, in: BB, 56. Jg. (2001), S. 1943-1949.

Hommelhoff, Peter/Schwab, Martin [Selbststeuerung]: Gesellschaftliche Selbststeuerung im Bilanzrecht - Standard Setting Bodies und staatliche Regulierungsverantwortung nach deutschem Recht, in: BFuP, 50. Jg. (1998), S. 38-56.

Hope, Tony/Briggs, John [Lessons]: Accounting Policy Making - Some Lessons from the Deferred Taxation Debate, in: ABR, Vol. 13 (1982), S. 83-96.

Hopt, Klaus [§ 342]: Kommentierung zu § 342 HGB, in: *Baumbach, Adolf/Hopt, Klaus* (Hrsg.): Handelsgesetzbuch, 30. Auflage, München 2000.

Hosli, Madelaine O. [Power]: Power, Connected Coalitions, and Efficiency: Challenges to the Council of the European Union, in: IPSR, Vol. 20 (1999), S. 371-391.

Hulle, Karel van [Zukunft]: Die Zukunft der europäischen Rechnungslegung im Rahmen einer sich ändernden internationalen Rechnungslegung, in: WPg, 51. Jg. (1998), S. 138-153.

Hütten, Christoph/Brakensiek, Sonja [Bremsen]: Deutsche US-GAAP ohne eine SEC - Auto ohne Bremsen?, in: BB, 55. Jg. (2000), S. 870-872.

IASB, [Board]: Board, London 2001, http://www.iasb.org.uk/cmt/0001.asp?n=84&s=100343684&sc=-{38CE5361-AEF3-11D5-BE6B-003048110251}&sd=405784702, Stand: August 2002.

Institut der Wirtschaftsprüfer in Deutschland e.V. [IDW PS 201]: IDW Prüfungsstandard: Rechnungslegungs- und Prüfungsgrundsätze für die Abschlußprüfung, in: WPg, 53. Jg. (2000), S. 710-713.

Jensen, Michael C./Meckling, William H. [Firm]: Theory of the Firm: Managerial Behavior, Agency Costs and Ownership Structure, in: JFE, 3. Jg. (1976), S. 305-360.

Kaplan, David/Fender, Elizabeth A. [Committee]: The Development of Comment Letters on FASB proposals by the AICPA Accounting Standards Executive Committee, in: AH, Vol. 12 (1998), S. 184-187.

Kelly, Lauren [Changes]: Corporate Lobbying and Changes in Financing or Operating Activities in Reaction to FAS No. 8, in: JAPP, Vol. 1 (1982), S. 153-173.

Kelly, Lauren [Evidence]: Corporate Management Lobbying on FAS No. 8: Some Further Evidence, in: JAR, Vol. 23 (1985), S. 619-632.

Kenny, Sara York/Larson, Robert K. [Development]: Lobbying behaviour and the development of international accounting standards, in: EAR, Vol. 2 (1993), S. 531-554.

King, Raymond D./O'Keefe, Terrence B. [Trading]: Lobbying Activities and Insider Trading, in: AR, Vol. 61 (1986), S. 76-90.

King, Ronald/Waymire, Gregory [Contracts]: Accounting Standard-Setting Institutions and the Governance of Incomplete Contracts, in: JAAF, Vol. 18 (1994), S. 579-605.

Kirchhof, Paul [Geltungsgrund]: Gesetzgebung und private Regelsetzung als Geltungsgrund für Rechnungslegungspflichten?, in: ZGR, 29. Jg. (2000), S. 681-692.

Kirchner, Christian [Überlegungen]: Bilanzrecht und neue Institutionenökonomik: Interdisziplinäre Überlegungen, in: *Budde, Wolfgang D./Moxter, Adolf/Offerhaus, Klaus* (Hrsg.): Handelsbilanzen und Steuerbilanzen, Festschrift für Heinrich Beisse, Düsseldorf 1997, S. 267-283.

Kirchner, Christian [Wettbewerbsfaktor]: Der Wettbewerbsfaktor "Entscheidungsnützlichkeit von Rechnungslegungsinformationen": Eine institutionenökonomische Analyse, in: *Schildbach, Thomas/Wagenhofer, Alfred* (Hrsg.): Wettbewerb und Unternehmensrechnung, Düsseldorf, Frankfurt am Main, 2000, S. 41-68.

Kirk, Donald J. [Politics]: How to keep politics out of standard setting: making private sector rule-making work, in: JoA, Vol. 146, No. 3 (1978), S. 92-94.

Kirk, Donald J. [Requirements]: FASB Voting Requirements, in: AH, Vol. 10 (1990), S. 108-113.

Kirsch, Guy [Ökonomie]: Neue Politische Ökonomie, 3. Auflage, Düsseldorf 1993.

Kleekämper, Heinz [Pferd]: IASC - Das Trojanische Pferd der SEC, in: *Ballwieser, Wolfgang* (Hrsg.): US-amerikanische Rechnungslegung, 4. Auflage, Stuttgart 2000, S. 467-484.

Kleindiek, Detlef [Goodwill-Bilanzierung]: Neue Goodwill-Bilanzierung nach US-GAAP und europäisches Bilanzrecht - Stellungnahme zum E-DRS 1 a, in: BB, 56. Jg. (2001), S. 2572-2577.

Klumpes, P. J. M. [Politics]: The Politics of Rule Development: A Case Study of Australian Pension Fund Accounting Rule-Making, in: ABACUS, Vol. 30 (1994), S. 140-159.

Knorr, Liesel [Daseinsberechtigung]: Hat das Deutsche Rechnungslegungs Standards Committee (DRSC) eine Daseinsberechtigung über 2004 hinaus?, in: KOR, 1. Jg. (2001), S. 89-90.

Knutson, Peter H./Napolitano, Gabrielle U. [Criteria]: Criteria Employed by the AIMR Financial Accounting Policy Committee in Evaluating Financial Accounting Standards, in: AH, Vol. 12 (1998), S. 170-176.

Koller, Heinrich [Selbstregulierung]: Die Selbstregulierung im neuen Rechnungslegungs- und Revisionsrecht, in: ST, 5. Jg. (1999), S. 427-434.

Kommission Rechnungswesen im Verband der Hochschullehrer für Betriebswirtschaft e. V., [Reformvorschläge]: Reformvorschläge zur handelsrechtlichen Rechnungslegung, in: DBW, 39. Jg. (1979), S. 3-70.

Kommission Rechnungswesen im Verband der Hochschullehrer für Betriebswirtschaft e. V., [Stellungnahme]: Stellungnahme zum Regierungsentwurf eines Bilanzrichtlinie-Gesetzes, in: DBW, 43. Jg. (1983), S. 5-15.

König, Thomas/Bräuninger, Thomas [Choice]: The Constitutional Choice of Rules - An Application of the Absolute and Relative Power Concepts to European Legislation, in: Arbeitspapiere des Mannheimer Zentrums für europäische Sozialforschung, Mannheim 1997.

Kreps, David M. [Mikroökonomie]: Mikroökonomische Theorie, Landsberg am Lech 1994.

Krueger, Anne O. [Rent-Seeking]: The Political Economy of the Rent-Seeking Society, in: AER, Vol. 64 (1974), S. 291-303.

Kuhner, Christoph [Verfügungsrechte]: Verfügungsrechte an Unternehmensinformationen - Die Verrechtlichung des Informationsflusses zwischen Unternehmen und Markt im Blickfeld ökonomischer Analysen, Habilitationsschrift, München 1998.

Kuhner, Christoph [Spannungsverhältnis]: Das Spannungsverhältnis zwischen Einzelfallgerechtigkeit und Willkürfreiheit - im Recht und in der Rechnungslegung, in: BFuP, 53. Jg. (2001), S. 523-542.

Kuhner, Christoph [Credible]: Financial Rating Agencies: Are they Credible?, in: sbr, Vol. 53 (2001), S. 2-25.

Küting, Karlheinz [Schwelle]: Die Rechnungslegung in Deutschland an der Schwelle zu einem neuen Jahrtausend, in: DStR, 38. Jg. (2000), S. 38-44.

Küting, Karlheinz/Hütten, Christoph [Standardentwurf]: Warum denn aus Fehlern anderer lernen - Das DRSC und sein erster Standardentwurf, in: StuB, 1. Jg. (1999), S. 487-489.

Küting, Karlheinz/Kessler, Harald [Reform]: Zur geplanten Reform des bilanzsteuerlichen Rückstellungsrechts nach dem Entwurf eines Steuerentlastungsgesetzes 1999/2000/2001, in: DStR, 36. Jg. (1998), S. 1937-1946.

Laakso, Markku [Council]: The Distribution of Power in the U.N. Secretary Council, Research Report Series A, No. 41, Institute for Political Science, University of Helsinki, Helsinki 1977.

Lang, Joachim [Rechtsanwendung]: § 5 - Rechtsanwendung im Steuerrecht, in: *Tipke, Klaus/Lang, Joachim* (Hrsg.): Steuerrecht, 16. Auflage, Köln 1998.

Langenbucher, Günther/Blaum, Ulf [Rechnungslegungsgremium]: Ist ein deutsches Rechnungslegungsgremium notwendig?, in: DB, 48. Jg. (1995), S. 2325-2335.

Laufer, Heinz/Münch, Ursula [System]: Das föderative System der Bundesrepublik Deutschland, Bonn 1997.

Leech, Dennis [Formation]: The Relationship Between Shareholding Concentration and Shareholder Voting Power in British Companies: A Study of the Application of Power Indices for Simple Games, in: MSc, Vol. 34 (1988), S. 509-527.

Leffson, Ulrich [GoB]: Die Grundsätze ordnungsmäßiger Buchführung, 7. Auflage, Düsseldorf 1987.

Leftwich, Richard [Fallacies]: Market Failure Fallacies and Accounting Information, in: JAE, Vol. 2 (1980), S. 193-211.

Lev, Baruch [Equitable]: Toward a Theory of Equitable and Efficient Accounting Policy, in: AR, Vol. 63 (1988), S. 1-22.

Levinsky, René/Silarszky, Peter [Formation]: Voting Power and Coalition Formation: The Case of the Council of the EU, Reihe Osteuropa, Institut für Höhere Studien Wien, Wien 1998.

Lingemann, Stefan/Wasmann, Dirk [KonTraG]: Mehr Kontrolle und Transparenz im Aktienrecht: Das KonTraG tritt in Kraft, in: BB, 53. Jg. (1998), S. 853-862.

Lohr, Wolfgang [Analyse]: Öffentliche Güter und externe Effekte - eine wohlfahrtstheoretische Analyse, Konstanz 1989.

Löw, Edgar [DRSC]: Deutsches Rechnungslegungs Standards Committee, in: ZBB, 13. Jg. (2001), S. 19-29.

Lowe, E.A./Puxty, Anthony G./Laughlin, Richard C. [Myopia]: Simple Theories for Complex Processes: Accounting Policy and the Market for Myopia, in: JAPP, Vol. 2 (1983), S. 19-42.

Luce, R. Duncan/Raiffa, Howard [Games]: Games and Decisions, New York et al. 1967.

Lück, Wolfgang/Holzer, Georg [FASB]: Financial Accounting Standards Board, in: WPg, 29. Jg. (1976), S. 292-299.

Luttermann, Claus [Bilanzrecht]: Bilanzrecht in den USA und internationale Konzernrechnungslegung, Tübingen 1999.

MacArthur, John B. [Analysis]: An Analysis of the Content of Corporate Submissions on Proposed Accounting Standards in the UK, in: ABR, Vol. 19 (1988), S. 213-226.

MacArthur, John B. [Implications]: Some Implications of Auditor and Client Lobbying Activities: A Comparative Analysis, in: ABR, Vol. 19 (1988), S. 56-64.

Marburger, Peter/Gebhard, Thomas [Umweltnormierungen]: Gesellschaftliche Umweltnormierungen, in: *Endres, Alfred/Marburger, Peter* (Hrsg.): Umweltschutz durch gesellschaftliche Selbststeuerung, Bonn 1993, S. 1-48.

Marschak, Jacob/Radner, Roy [Teams]: Economic Theory of Teams, New Haven, London 1972.

McGregor, Warren [View]: An Insider's View of the Current State and Future Direction of International Accounting Standard Setting, in: AH, Vol. 13 (1999), S. 159-168.

McKee, A. James Jr./Bell, Timothy B./Boatsman, James R. [Replication]: Management Preferences Over Accounting Standards: A Replication and Additional Tests, in: AR, Vol. 59 (1984), S. 647-659.

McKee, A. James/Williams, Paul/Beal Frazier, Katherine [Consent]: A case study of accounting firm lobbying: advice of consent, in: CPOA, Vol. 2 (1991), S. 273-294.

McLeay, Stuart/Ordelheide, Dieter/Young, Steven [Lobbying]: Constituent Lobbying and its Impact on the Development of Financial Reporting Regulations: Evidence from Germany, in: AOS, Vol. 25 (2000), S. 79-98.

Melumad, Nahum D./Shibano, Toshiyuki [Delegation]: The Securities and Exchange Commission and the Financial Accounting Standards Board: Regulation through Veto-Based Delegation, in: JAR, Vol. 32 (1994), S. 1-37.

Merkt, Hanno [Unternehmenspublizität]: Unternehmenspublizität, Tübingen 1999.

Meyer, Dirk [Information]: Asymmetrische Information, Institutional Choice und die Funktion von Wertorientierungen, in: Jahrbuch für Sozialwissenschaft, 41. Jg. (1990), S. 104-121.

Milgrom, Paul/Roberts, John [Economics]: Economics, Organization and Management, Englewood Cliffs 1992.

Miller, Paul B./Redding, Rodney J./Bahnson, Paul R. [FASB]: The FASB - The People, the Process and the Politics, 4. Auflage, Boston et al. 1998.

Moxter, Adolf [Bilanzlehre]: Bilanzlehre, 1. Aufl., Wiesbaden 1974.

Moxter, Adolf [Rechenschaft]: Fundamentalgrundsätze ordnungsmäßiger Rechenschaft, in: *Baetge, Jörg/Moxter, Adolf/Schneider, Dieter* (Hrsg.): Bilanzfragen, Festschrift für Ulrich Leffson, Düsseldorf 1976, S. 87-100.

Moxter, Adolf [Sinn und Zweck]: Zum Sinn und Zweck des Handelsrechtlichen Jahresabschlusses nach neuem Recht, in: *Havermann, Hans* (Hrsg.): Bilanz- und Konzernrecht, Festschrift für Reinhard Goerdeler, Düsseldorf 1987, S. 361-374.

Moxter, Adolf [Faktum]: Grundsätze Ordnungsmäßiger Buchführung - ein handelsrechtliches Faktum, von der Rechtsprechung festgestellt, in: Festschrift RFH-BFH, Bonn 1993, S. 533-544.

Moxter, Adolf [DRSC]: Deutsche Rechnungslegungs Standards Committee: Aufgaben und Bedeutung, in: DB, 51. Jg. (1998), S. 1425-1428.

Moxter, Adolf [Mythen]: Rechnungslegungsmythen, in: BB, 55. Jg. (2000), S. 2143-2149.

Moxter, Adolf [Zukunft]: Die Zukunft der Rechnungslegung?, in: DB, 54. Jg. (2001), S. 605-607.

Mueller, Dennis C. [Choice II]: Public Choice II, Cambridge 1989.

Mueller, Gerhard G./Bloomer, Carrie [Ideal]: The Ideal Global Accounting Standard Setter, in: *Möller, Hans Peter/Schmidt, Franz* (Hrsg.): Rechnungswesen als Instrument für Führungsentscheidungen, Festschrift für Adolf G. Coenenberg, Stuttgart 1998, S. 651-665.

Müller, Welf [Ausnahme]: Die Ausnahme und die Regel - Ein Lehrstück, dargestellt am sogenannten Maßgeblichkeitsprinzip, in: DStR, 39. Jg. (2001), S. 1858-1864.

Musgrave, Richard A./Musgrave, Peggy B./Kullmer, Lore [Finanzen I]: Die öffentlichen Finanzen in Theorie und Praxis, Bd. 1, 6. Auflage, Tübingen 1994.

Myerson, Roger B. [Game Theory]: Game Theory, Cambridge, London 1991.

Nett, Lorenz [Allokationsmechanismus]: Der Shapley-Wert - Ein Allokationsmechanismus für die Zuordnung von Gemeinkosten, in: WiSt, 27. Jg. (1998), S. 525-528.

Newman, D. Paul [Power FASB]: An Investigation of the Distribution of Power in the APB and FASB, in: JAR, Vol. 19 (1981), S. 247-262.

Newman, D. Paul [Reply]: A Reply, in: JAR, Vol. 19 (1981), S. 170-173.

Newman, D. Paul [Power SEC]: The SEC's Influence on Accounting Standards: The Power of the Veto, in: JAR, Vol. 19 (1981), S. 135-156.

Niehus, Rudolf J. [Paradigmawechsel]: Zur Entwicklung von "konzernarteigenen" GoB durch Paradigmawechsel - Auch ein Beitrag zur Diskussion über die Internationalisierung der deutschen Konzernrechnungslegung, in: *Ballwieser, Wolfgang* et al. (Hrsg.): Bilanzrecht und Kapitalmarkt, Festschrift für Adolf Moxter, Düsseldorf 1994, S. 623-652.

Niehus, Rudolf J. [Reformbedarf]: Der Reformbedarf im deutschen Bilanzrecht - Perspektiven der deutschen Rechnungslegung, in: *Kleindiek, Detlef/Oehler, Wolfgang* (Hrsg.): Die Zukunft des deutschen Bilanzrechts, Köln 2000, S. 13-30.

Niehus, Rudolf J. [Zukunft]: Die Zukunft der Standards des DRSC, in: DB, 54. Jg. (2001), S. 53-59.

Noth, Michael [Regulierung]: Regulierung bei asymmetrischer Informationsverteilung, Wiesbaden 1994.

Olson, Mancour [Logic]: The Logic of Collective Action, Public Goods and the Theory of Groups, Cambridge 1965.

Olson, Mancour [Nations]: The Rise and Decline of Nations, Economic Growth, Stagflation, and Social Rigidities, New Haven 1982.

Olson, Mancour [Nationen]: Aufstieg und Niedergang von Nationen: Ökonomisches Wachstum, Stagflation und soziale Starrheit, 2. Auflage, Tübingen 1991.

Ordelheide, Dieter [Zwänge]: Regulierung der Rechnungslegung - Ökonomische "Zwänge" und kulturelle Unterschiede, in: *Engelhard, Johann* (Hrsg.): Interkulturelles Management - Theoretische Fundierung und funktionsbereichsspezifische Konzepte, Wiesbaden 1997, S. 235-259.

Ordelheide, Dieter [Wettbewerb]: Wettbewerb der Rechnungslegungssysteme IAS, US-GAAP und HGB - Plädoyer für eine Reform des deutschen Bilanzrechts, in: *Börsig, Clemens/Coenenberg, Adolf G.* (Hrsg.): Controlling und Rechnungswesen im internationalen Wettbewerb, Wiesbaden 1998, S. 15-53.

Ordelheide, Dieter [Ökonomie]: Zur politischen Ökonomie der Rechnungslegung, in: *Ballwieser, Wolfgang/Schildbach, Thomas* (Hrsg.): Rechnungslegung und Steuern international, Düsseldorf, Frankfurt am Main 1998, S. 1-16.

Ossadnik, Wolfgang/Barklage, David [Aufgabenbereich]: Zum Aufgabenbereich eines Rechnungslegungsgremiums und eines Rechnungslegungsbeirats gemäß § 342 f. HGB, in: *Lachnit, Laurenz/Freidank, Carl-Christian* (Hrsg.): Investororientierte Unternehmenspublizität, Wiesbaden 2000, S. 91-122.

Ossenbühl, Fritz [Recht]: Gesetz und Recht - Die Rechtsquellen im demokratischen Rechtsstaat, in: *Isensee, Josef/Kirchhof, Paul* (Hrsg.): Handbuch des Staatsrechts, Band 3, Heidelberg 1988, S. 281-314.

Ossenbühl, Fritz [Staatsrecht]: Gesetz und Verordnung im gegenwärtigen Staatsrecht, in: *Schuppert, Gunnar Folke* (Hrsg.): Das Gesetz als zentrales Steuerungsinstrument des Rechtsstaates, Baden-Baden, 1998, S. 27-44.

Owen, Dwight D. [Controversy]: The FASB's Executive Stock Option Controversy Supports Increasing the Research and Teaching of Political Accounting, in: AOS, Vol. 22 (1997), S. 611-615.

Owen, Guillermo [Game Theory]: Game Theory, 3. Auflage, San Diego et al. 1995.

Paal, Boris P. [DRSC]: Rechnungslegung und DRSC, Baden-Baden 2001.

Paoli, Nicola de/Grass, Doris [IAS]: Deutschland setzt sich bei IAS durch, in: Financial Times Deutschland, 14.12.2001, http://www.ftd.de/pw/eu/FTDBA 8X36VC. html?nv=hpm, Stand: März 2002.

Paulus, Andreas L. [Gemeinschaft]: Die internationale Gemeinschaft im Völkerrecht, München 2001.

Pellens, Bernhard (unter Mitarbeit von *Andreas Bonse, Rolf Uwe Fülbier, Joachim Gassen und Thorsten Sellhorn*) [Rechnungslegung]: Internationale Rechnungslegung, 4. Auflage, Stuttgart 2001.

Pellens, Bernhard/Bonse, Andreas/Gassen, Joachim [Perspektiven]: Perspektiven der deutschen Konzernrechnungslegung, in: DB, 51. Jg. (1998), S. 785-792.

Pellens, Bernhard/Gassen, Joachim [Bereitstellung]: Die Bereitstellung von Rechnungslegungssystemen - Eine Aufgabe des Staates oder des Marktes, in: *Möller, Hans Peter/Schmidt, Franz* (Hrsg.): Rechnungswesen als Instrument für Führungsentscheidungen, Festschrift für Adolf G. Coenenberg, Stuttgart 1998, S. 633-650.

Pellens, Bernhard/Gassen, Joachim [Verordnungsentwurf]: EU-Verordnungsentwurf zur IAS-Konzernrechnungslegung, in: KOR, 1. Jg. (2001), S. 137-142.

Pellens, Bernhard/Sellhorn, Thorsten [Goodwill-Bilanzierung]: Neue Goodwill-Bilanzierung nach US-GAAP, in: DB, 54. Jg. (2001), S. 713-720.

Peltzman, Sam [Regulation]: Toward a more general theory of regulation, in: JLE, Vol. 19 (1976), S. 211-240.

Picot, Arnold [Transaktionskostenansatz]: Transaktionskostenansatz in der Organisationstheorie: Stand der Diskussion und Aussagewert, in: DBW, 42. Jg. (1982), S. 267-284.

Pilhofer, Jochen [DRS 2]: Konzeptionelle Grundlagen des neuen DRS 2 zur Kapitalflussrechnung im Vergleich mit den international anerkannten Standards, in: DStR, 38. Jg. (2000), S. 292-304.

Pitlik, Hans [Föderalismus]: Politische Ökonomie des Föderalismus, Frankfurt am Main 1996.

Popper, Karl R. [Logik]: Logik der Forschung, 10. Auflage, Tübingen 1994.

Posner, Richard A. [Costs]: The Social Costs of Monopoly and Regulation, in: JPE, Vol. 83 (1975), S. 807-827.

Potters, Jan [Lobbying]: Lobbying and Pressure, Amsterdam 1992.

Potters, Jan/Winden, Frans van [Information]: Lobbying and Asymmetric Information, in: Public Choice, Vol. 74 (1992), S. 269-292.

Potters, Jan/Winden, Frans van [Models]: Models of Interest Groups: Four Different Approaches, in: *Schofield, Norman* (Hrsg.): Collective Decision-Making: Social Choice and Political Economy, Boston et al. 1996, S. 337-362.

Puro, Marsha [Audit]: Audit Firm Lobbying Before the Financial Accounting Standards Board: An Empirical Study, in: JAR, Vol. 22 (1984), S. 624-646.

Puro, Marsha [Firms]: Do Large Accounting Firms Collude in the Standards-Setting Process?, in: JAAF, Vol. 9 (1985), S. 165-177.

Richter, Martin [Aktienamt]: Die Sicherung der aktienrechtlichen Publizität durch ein Aktienamt, Köln et al. 1975.

Richter, Martin [Gewinnrealisierung]: Gewinnrealisierung bei langfristiger Fertigung, in: *Ballwieser, Wolfgang* (Hrsg.): US-amerikanische Rechnungslegung, 4. Auflage, Stuttgart 2000, S. 139-168.

Richter, Rudolf [Institutionenökonomik]: Neue Institutionenökonomik, in: *Krause-Junk, Gerold* (Hrsg.): Steuersysteme der Zukunft, Berlin 1998, S. 323-355.

Ronen, Joshua [Discussion]: Discussion of the SEC's Influence on Accounting Standards: The Power of the Veto, in: JAR, Vol. 19 (1981), S. 157-164.

Ronen, Joshua/Schiff, Michael [Setting]: The Setting of Financial Accounting Standards - Private or Public?, in: JoA, Vol. 145, No. 3 (1978), S. 66-73.

Ross, Stephen A. [Regulation]: The Economics of Information and the Disclosure Regulation Debate, in: *Edwards, Franklin R.* (Hrsg.): Issues in Financial Regulation, New York et al. 1979, S. 177-202.

Rost, Peter [Harmonisierungsprozeß]: Der internationale Harmonisierungsprozeß der Rechnungslegung, Frankfurt am Main et al. 1991.

Rudzio, Wolfgang [Demokratie]: Die organisierte Demokratie - Parteien und Verbände in der Bundesrepublik Deutschland, 2. Auflage, Stuttgart 1982.

Rudzio, Wolfgang [System]: Das politische System der Bundesrepublik Deutschland, 5. Auflage, Opladen 2000.

Sack, Robert J. [SEC]: The SEC and the Profession, in: *Previts, Gary John* (Hrsg.): Research in Accounting Regulation, Greenwich 1987, S. 167-175.

Saemann, Georgia [Examination]: An Examination of Comment Letters Filed in the U.S. Financial Accounting Standard-Setting Process by Institutional Interest Groups, in: ABACUS, Vol. 35 (1999), S. 1-28.

Salter, Stephen B./Doupnik, Timothy S. [Systems]: The Relationship Between Legal Systems and Accounting Practices: A Classification Exercise, in: *Most, Kenneth* (Hrsg.): Advances in International Accounting, London 1992, S. 3-22.

Samuelson, Paul A. [Pure]: The Pure Theory of Public Expenditure, in: REconStat, Vol. 36 (1953), S. 387-389.

Sankar, Mandira Roy/Subramanyam, K.R. [Discretion]: Reporting Discretion and Private Information Communication through Earnings, in: JAR, Vol. 39 (2001), S. 365-386.

Schäffeler, Ursula [Steuern]: Latente Steuern nach US-GAAP für deutsche Unternehmen, Frankfurt am Main et al. 2000.

Scheffler, Eberhard [DSR]: Der Deutsche Standardisierungsrat- Struktur, Aufgaben und Kompetenzen, in: BFuP, 51. Jg. (1999), S. 407-417.

Scheffler, Eberhard [Bilanzrecht]: Internationale Rechnungslegung und deutsches Bilanzrecht, in: DStR, 37. Jg. (1999), S. 1285-1292.

Scheffler, Eberhard [Entwicklung]: Zur Entwicklung der Rechnungslegung in Deutschland, in: *Schneider, Uwe H.* et al. (Hrsg.): Deutsches und europäisches Gesellschafts-, Konzern- und Kapitalmarktrecht, Festschrift für Marcus Lutter, Köln 2000, S. 1613-1632.

Scheffler, Eberhard [Rechnungslegung]: Neue Entwicklungen auf dem Gebiet der Rechnungslegung, in: *Freidank, Carl-Christian* (Hrsg.): Die deutsche Rechnungslegung und Wirtschaftsprüfung im Umbruch, München 2001, S. 3-28.

Schildbach, Thomas [Markt]: Jahresabschluß und Markt, Berlin et al. 1986.

Schildbach, Thomas [Überlegungen]: Überlegungen zur Zukunft des Verhältnisses von Handels- und Steuerbilanz, in: BFuP, 41. Jg. (1989), S. 123-140.

Schildbach, Thomas [Rechnungslegungsstandards]: Internationale Rechnungslegungsstandards auch für deutsche Einzelabschlüsse?, in: *Ballwieser, Wolfgang* et al. (Hrsg.): Bilanzrecht und Kapitalmarkt, Festschrift für Adolf Moxter, Düsseldorf 1994, S. 699-721.

Schildbach, Thomas [Steuern]: Latente Steuern auf permanente Differenzen und andere Kuriositäten - Ein Blick in das gelobte Land jenseits der Maßgeblichkeit, in: WPg, 51. Jg. (1998), S. 939-947.

Schildbach, Thomas [Rechnungslegungsgremium]: Das private Rechnungslegungsgremium gemäß § 342 HGB und die Zukunft der Rechnungslegung in Deutschland, in: DB, 52. Jg. (1999), S. 645-652.

Schildbach, Thomas [Wirklichkeit II]: Rechnungslegung nach US-GAAP: Hoffnung und Wirklichkeit (Teil II), in: BB, 54. Jg. (1999), S. 411-415.

Schmalenbach, Eugen [Bilanz]: Dynamische Bilanz, 12. Auflage, Köln, Opladen 1953.

Schmidt, Lutz [Einheitsbilanz]: Maßgeblichkeitsprinzip und Einheitsbilanz, Heidelberg 1993.

Schmidt, Matthias [Legitimating]: Legitimating private accounting standard setting in Germany - problems and perspectives in a normative approach based on the theory of consent, Working Paper, HU Berlin 2001.

Schmidt, Reinhard H. [Informationsproduktion]: Rechnungslegung als Informationsproduktion auf nahezu effizienten Kapitalmärkten, in: zfbf, 34. Jg. (1982), S. 728-748.

Schneider, Dieter [Thesen]: Sieben Thesen zum Verhältnis von Handels- und Steuerbilanz, in: DB, 23. Jg. (1970), S. 1697-1705.

Schneider, Dieter [Maßgeblichkeit]: Maßgeblichkeit der Handelsbilanz für die Steuerbilanz und Besteuerung nach der Leistungsfähigkeit, in: BB, 33. Jg. (1978), S. 1577-1581.

Schneider, Dieter [Kapitalmarkteffizienz]: Kapitalmarkteffizienz durch Jahresabschlußreformen?, Göttingen 1981.

Schneider, Dieter [Theorien]: Theorien zur Entwicklung des Rechnungswesens, in: zfbf, 44. Jg. (1992), S. 3-31.

Schneider, Dieter [Rechnungswesen]: Betriebswirtschaftslehre Band 2: Rechnungswesen, 2. Auflage, München 1997.

Schneider, Dieter [Skalpierung]: Abbau von Steuervergünstigungen durch Skalpierung der Maßgeblichkeit und Verlustverrechnung als "Stärkung der Investitionskraft"?, in: DB, 52. Jg. (1999), S. 105-110.

Schneider, Dieter [Wettbewerb]: Fördern internationale Rechnungslegungsstandards Wettbewerb als Verwertung von Wissen?, in: *Schildbach, Thomas/Wagenhofer, Alfred* (Hrsg.): Wettbewerb und Unternehmensrechnung, Düsseldorf, Frankfurt am Main, 2000, S. 23-40.

Schön, Wolfgang [Bilanzrecht]: Wer entscheidet im Bilanzrecht?, in: DB, 51. Jg. (1998), S. I.

Schotter, A. [Redistribution]: The Paradox of Redistribution: Some Theoretical and Empirical Results, in: *Holler, Manfred* (Hrsg.): Power, Voting and Voting Power, Würzburg, Wien 1982, S. 324-338.

Schreiber, Ulrich [Besteuerung]: Die Bedeutung der US-amerikanischen Rechnungslegung für die Besteuerung von Gewinnen und Ausschüttungen, in: *Ballwieser, Wolfgang* (Hrsg.): US-amerikanische Rechnungslegung, 4. Auflage, Stuttgart 2000, S. 49-98.

Schubarth, Andreas [Regulierung]: Die Regulierung der Rechnungslegung in Deutschland und in der Schweiz, Zürich 1997.

Schulze-Osterloh, Joachim [Steuerbilanz]: Handels- und Steuerbilanz, in: ZGR, 29. Jg. (2000), S. 594-603.

Schuppert, Gunnar Folke/Bumke, Christian [Grenzen]: Verfassungsrechtliche Grenzen privater Standardsetzung - Vorüberlegungen zu einer Theorie der Wahl rechtlicher Regelungsformen, in: *Kleindiek, Detlef/Oehler, Wolfgang* (Hrsg.): Die Zukunft des deutschen Bilanzrechts, Köln 2000, S. 71-126.

Schwab, Martin [Politikberatung]: Rechtsfragen der Politikberatung im Spannungsfeld zwischen Wissenschaftsfreiheit und Unternehmensschutz, Tübingen 1999.

Schwab, Martin [Standardisierungsvertrag]: Der Standardisierungsvertrag für das DRSC - Eine kritische Würdigung, Teil I und Teil II, in: BB, 54. Jg. (1999), S. 731-738 und S. 783-788.

Seibert, Ulrich [Aufsichtsrats-Reform]: Aufsichtsrats-Reform in der 13. Wahlperiode, in: ZBB, 6. Jg. (1994), S. 349-353.

Seibert, Ulrich [KonTraG]: Kontrolle und Transparenz im Unternehmensbereich (KonTraG) - Der Referenten-Entwurf zur Aktienrechtsnovelle, in: WM, 51. Jg. (1997), S. 1-9.

Seidler, Lee J. [Goldfish]: The Financial Accounting Standards Board: Goldfish in a Pool of Sharks, in: AM, o. Vol. (1973), S. 558-566.

Selto, Frank H./Grove, Hugh D. [Indices]: Voting Power Indices and the Setting of Financial Accounting Standard: Extension, in: JAR, Vol. 20 (1982), S. 677-688.

Selto, Frank H./Grove, Hugh D. [Predictive]: The Predictive Power of Voting Power Indices: FASB Voting on Statements of Financial, in: JAR, Vol. 21 (1983), S. 619-622.

Shapley, Lloyd [Value]: A Value for n-Person Games, in: Annals of Mathematics Studies, Vol. 28 (1953), S. 307-317.

Shapley, Lloyd/Shubik, Martin [Power]: A Method for Evaluating the Distribution of Power in a committee system, in: APSR, Vol. 48 (1954), S. 787-792

Siegel, Theodor [Stellungnahme]: Stellungnahme zum E-DRS 1a, Berlin 2001, http://www.standardsetter.de/drsc/docs/comments/001a/siegel.html, Stand: August 2002.

Sigloch, Jochen [Neuordnung]: Die Neuordnung der Rechnungslegung der Unternehmen durch das Bilanzrichtliniengesetz (BiRiLiG) - Grundlagen, Neuerungen und Perspektiven, in: *Böhler, Heymo* et al. (Hrsg.): Mittelstand und Betriebswirtschaft, Bayreuth 1987, S. 103-154.

Sigloch, Jochen [Valet]: Ein Valet dem Maßgeblichkeitsprinzip, in: BFuP, 52. Jg. (2000), S. 157-182.

Smith, John T. [Responding]: Responding to FASB Standard-Setting Proposals, in: AH, Vol. 12 (1998), S. 163-169.

Solomons, David [Regulation]: Financial Accounting Standards: Regulation or Self-regulation?, in: *Burns, Thomas J.* (Hrsg.): Accounting in Transition. Oral Histories of Recent US Experience, Ohio 1974, S. 168-180.

Solomons, David [Politicization]: The Politicization of Accounting, in: JoA, Vol. 146, No. 5 (1978), S. 65-72.

Sondhof, Harald/Hofmann, Ralph [Regulierung]: Unternehmenswert und Regulierung: Shareholder Value-Szenarien für die Deutsche Telekom AG, in: zfbf, 51. Jg. (1999), S. 148-164.

Sontheimer, Kurt/Bleek, Wilhelm [System]: Grundzüge des politischen Systems der Bundesrepublik Deutschland, Bonn 2000.

Spanheimer, Jürgen [Problemfelder]: Spezifische Problemfelder des gesetzlichen Standardisierungsauftrages an den DSR gemäß § 342 Abs. 1 Nr. 1 HGB, in: WPg, 53. Jg. (2000), S. 997-1007.

Spremann, Klaus [Information]: Asymmetrische Information, in: ZfB, 60. Jg. (1990), S. 561-586.

Spremann, Klaus [Wirtschaft]: Wirtschaft, Investition und Finanzierung, 5. Auflage, München 1996.

Sprouse, Robert T. [Discussion]: Discussion of The SEC's Influence on Accounting Standards: The Power of the Veto, in: JAR, Vol. 19 (1981), S. 165-169.

Sprouse, Robert T. [Experience]: Standard setting: the American experience, in: *Bromwich, M./Hopwood, A.M.* (Hrsg.): Accounting Standards Setting, London 1983, S. 42-56.

Stiglitz, Joseph E./Schönfelder, Bruno [Finanzwissenschaft]: Finanzwissenschaft, 2. Auflage, München et al. 1989.

Straffin, Philip D. [Homogeneity]: Homogeneity, Independence, and Power Indices, in: Public Choice, Vol. 29 (1977), S. 107-118.

Sutton, Timothy G. [Analysis]: Lobbying of Accounting Standard Setting Bodies in the U.K. and the U.S.A.: A Downsian Analysis, in: AOS, Vol. 9 (1984), S. 81-95.

Sutton, Timothy G. [Introduction]: The Proposed Introduction of Current Cost Accounting in the UK, in: JAE, Vol. 10 (1988), S. 127-149.

Tandy, Paulette R./Wilburn, Nancy L. [Constituent]: Constituent Participation in Standard-Setting: The FASB's First 100 Statements, in: AH, Vol. 6 (1992), S. 47-58.

Tandy, Paulette R./Wilburn, Nancy L. [Academic]: The Academic Community's Participation in Standard Setting: Submission of Comment Letters on SFAS Nos. 1-117, in: AH, Vol. 10 (1996), S. 92-111.

Thum, Marcel [Möglichkeiten]: Möglichkeiten und Grenzen staatlicher Standardsetzung, in: Homo Oeconomicus, 11. Jg. (1994), S. 465-499.

Thum, Marcel [Netzwerkeffekte]: Netzwerkeffekte, Standardisierung und staatlicher Regulierungsbedarf, Tübingen 1995.

Tinker, Anthony M. [Theories]: Theories of the State and the State of Accounting: Economic Reductionism and Political Voluntarism in Accounting Regulation Theory, in: JAPP, Vol. 3 (1984), S. 55-74.

Tollison, Robert D. [Theory]: Is The Theory of Rent-Seeking Here to Stay?, in: *Rowley, Charles K.* (Hrsg.): Democracy and Public Choice, Essays in Honour of Gordon Tullock, Oxford, New York, 1987, S. 143-157.

Tullock, Gordon [Welfare]: The Welfare Costs of Tariffs, Monopolies, and Theft, in: WEJ, Vol. 5 (1967), S. 224-332.

Tullock, Gordon [Rent Seeking]: Rent Seeking, Aldershot 1993

Varian, Hal [Mikroökonomie]: Mikroökonomie, 3. Auflage, München, Wien, 1994.

Verrecchia, Robert E. [Use]: The Use of Mathematical Models in Financial Accounting, in: JAR, Vol. 20 (Supplement) (1982), S. 1-42.

Wagenhofer, Alfred [Theorie]: Positive Theorie im Rechnungswesen, in: JfB, 38. Jg. (1988), S. 87-94.

Wagenhofer, Alfred [Informationspolitik]: Informationspolitik und Jahresabschluß, Heidelberg 1990.

Wagner, Franz W. [Kapitalmarkt]: Zur Informations- und Ausschüttungsbemessungsfunktion des Jahresabschlusses auf einem organisierten Kapitalmarkt, in: zfbf, 34. Jg. (1982), S. 749-771.

Wagner, Franz W. [Aufgabe]: Aufgabe der Maßgeblichkeit bei einer Internationalisierung der Rechnungslegung?, in: DB, 51. Jg. (1998), S. 2073-2077.

Währisch, Mark [Evolution]: The Evolution of International Accounting Systems, Frankfurt am Main et al. 2001.

Walker, M. [Comment]: Financial Accounting Reports: A Market Model of Disclosure : A Comment, in: JBFA, Vol. 10 (1983), S. 489-493.

Walker, Robert G./Robinson, Peter [Assessment]: A Critical Assessment of the Literature on Political Activity and Accounting Regulation, in: Research in Accounting Regulation, Vol. 7 (1994), S. 3-40.

Walz, W. Rainer [Regulierungstheorien]: Ökonomische Regulierungstheorien vor den Toren des Bilanzrechts, in: Wagner, Franz W. (Hrsg.): Ökonomische Analyse des Bilanzrechts, Düsseldorf, Frankfurt am Main 1993, S. 85-106.

Watrin, Christoph [Regulierungstheorie]: Internationale Rechnungslegung und Regulierungstheorie, Wiesbaden 2001.

Watrin, Christoph [Thesen]: Sieben Thesen zur künftigen Regulierung der Rechnungslegung, in: DB, 54. Jg. (2001), S. 933-938.

Watts, Ross L./Zimmerman, Jerold L. [Towards]: Towards a Positive Theory of the Determination of Accounting Standards, in: AR, Vol. 53 (1978), S. 112-134.

Watts, Ross L./Zimmerman, Jerold L. [Excuses]: The Demand for and Supply of Accounting Theories: The Market for Excuses, in: AR, Vol. 54 (1979), S. 273-305.

Watts, Ross L./Zimmerman, Jerold L. [Positive]: Positive Accounting Theory, Englewood Cliffs 1986.

Weber, Robert [Form]: Games in Coalitional Form, in: *Aumann, Robert/Hart, Sergiu* (Hrsg.): Handbook of Game Theory, Amsterdam et al. 1994, S. 1285-1303.

Weber-Grellet, Heinrich [Maßgeblichkeitsgrundsatz]: Maßgeblichkeitsgrundsatz in Gefahr?, in: DB, 50. Jg. (1997), S. 385-391.

Weber-Grellet, Heinrich [Bilanzrecht]: Das häßliche Bilanzrecht, in: DB, 49. Jg. (1998), S. 2435-2438.

Weber-Grellet, Heinrich [Entwicklungen]: Der Maßgeblichkeitsgrundsatz im Lichte aktueller Entwicklungen, in: BB, 54. Jg. (1999), S. 2659-2666.

Weizsäcker, C. Christian v. [Regulierung]: Staatliche Regulierung - positive und normative Theorie, in: SZVS, 118. Jg. (1982), S. 324-343.

Wiedmann, Harald [§ 342]: Kommentierung zu § 342 HGB, in: *Wiedmann, Harald* (Hrsg.): Bilanzrecht, Kommentar zu den §§ 238 bis 342a HGB, München 1999.

Wiese, Harald [Spieltheorie]: Was kann die Spieltheorie zur Betriebswirtschaftslehre beitragen?, in: *Wirtschaftswissenschaftliche Fakultät der Universität Leipzig/ KPMG/PwC* (Hrsg.): Rechnungslegungskonzeptionen im Widerstreit, Leipzig 2000, S. 311-330.

Wittmann, Waldemar [Unternehmung]: Unternehmung und unvollkommene Information, Köln, Opladen 1959.

Wulff, John K./Koski-Grafer, Susan [Characteristics]: Characteristics of High Quality Accounting Standards: Perspective of the Corporate Preparer, in: AH, Vol. 12 (1998), S. 188-191.

Wysocki, Klaus v. [Anpassung]: Anpassung der handelsrechtlichen Rechnungslegungsvorschriften in Deutschland an die 4. EG-Richtlinie; Anforderungen und Erwartungen aus der Sicht eines Hochschullehrers, in: BFuP, 31. Jg. (1979), S. 62-78.

Wysocki, Klaus v. [Research]: Research into the processes of accounting standard setting in the Federal Republic of Germany, in: *Bromwich, Michael/Hopwood, Anthony M.* (Hrsg.): Accounting Standards Setting, London 1983, S. 57-67.

Wysocki, Klaus v. [Vereinheitlichung]: Vereinheitlichung und Differenzierung von Rechnungslegungsvorschriften durch den Regierungsentwurf des Bilanzrichtlinie-Gesetzes, in: BB, 38. Jg. (1983), S. 96-101.

Wysocki, Klaus v. [Regeln]: DRS 2: Neue Regeln des Deutschen Rechnungslegungs Standards Committee zur Aufstellung von Kapitalflußrechnungen, in: DB, 52. Jg. (1999), S. 2373-2378.

Wysocki, Klaus v. [Politikberatung]: Probleme der Politikberatung durch Fachvertreter der Betriebswirtschaftslehre auf dem Gebiet der Gesetzgebung zur externen Rechnungslegung, in: *Wagner, Udo* (Hrsg.): Zum Erkenntnisstand der Betriebswirtschaftslehre am Beginn des 21. Jahrhunderts, Festschrift für Erich Loitlsberger, Berlin 1999, S. 501-517.

Zeff, Stephen A. [Perspective]: A Perspective on the U.S. Public/Private-Sector Approach to the Regulation of Financial Reporting, in: AH, Vol. 9 (1995), S. 52-70.

Zimmermann, Jochen [Signale]: Widersprüchliche Signale des DSR zur Goodwillbilanzierung?, in: DB, 55. Jg. (2002), S. 385-390.

Zitzelsberger, Sigfried [Überlegungen]: Überlegungen zur Einrichtung eines nationalen Rechnungslegungsgremiums in Deutschland, in: WPg, 51. Jg. (1998), S. 246-258.

BETRIEBSWIRTSCHAFTLICHE STUDIEN
RECHNUNGS- UND FINANZWESEN, ORGANISATION UND INSTITUTION

Die Herausgeber wollen in dieser Schriftenreihe Forschungsarbeiten aus dem Rechnungswesen, dem Finanzwesen, der Organisation und der institutionellen Betriebswirtschaftslehre zusammenfassen. Über den Kreis der eigenen Schüler hinaus soll originellen betriebswirtschaftlichen Arbeiten auf diesem Gebiet eine größere Verbreitung ermöglicht werden. Jüngere Wissenschaftler werden gebeten, ihre Arbeiten, insbesondere auch Dissertationen, an die Herausgeber einzusenden.

Band 1 Joachim Hartle: Möglichkeiten der Entobjektivierung der Bilanz - Eine ökonomische Analyse. 1984.

Band 2 Peter Wachendorff: Alternative Vertragsgestaltung bei öffentlichen Aufträgen - Eine ökonomische Analyse. 1984.

Band 3 Doris Zimmermann: Schmalenbachs Aktivierungsgrundsätze. 1985.

Band 4 Elke Michaelis: Organisation unternehmerischer Aufgaben - Transaktionskosten als Beurteilungskriterium. 1985.

Band 5 Arno Schuppert: Die Überwachung betrieblicher Routinetätigkeiten. Ein Erklärungs-Entscheidungsmodell. 1985.

Band 6 Bonaventura Lehertshuber: Unternehmensvertragsrecht und Konzernhandelsbilanz. 1986.

Band 7 Joachim Schindler: Kapitalkonsolidierung nach dem Bilanzrichtlinien-Gesetz. 1986.

Band 8 Gerhard R. Schell: Die Ertragsermittlung für Bankbewertungen. 1988.

Band 9 Ulrich Hein: Analyse der Neubewertungsverfahren im belgischen und französischen Bilanzrecht. 1988.

Band 10 Rainer Leuthier: Das Interdependenzproblem bei der Unternehmensbewertung. 1988.

Band 11 Dieter Pfaff: Gewinnverwendungsregelungen als Instrument zur Lösung von Agency-Problemen. Ein Beitrag zur Diskussion um die Reformierung der Ausschüttungskompetenz in Aktiengesellschaften. 1989.

Band 12 Christian Debus: Haftungsregelungen im Konzernrecht. Eine ökonomische Analyse. 1990.

Band 13 Ralph Otte: Konzernabschlüsse im öffentlichen Bereich. Notwendigkeit und Zwecke konsolidierter Jahresabschlüsse von Gebietskörperschaften dargestellt am Beispiel der Bundesverwaltung der Bundesrepublik Deutschland. 1990.

Band 14 Rüdiger Zaczyk: Interdisziplinarität im Bilanzrecht. Rechtsfindung im Spannungsfeld zwischen Betriebswirtschaftslehre und dogmatischer Rechtswissenschaft. 1991.

Band 15 Oliver Fliess: Konzernabschluß in Großbritannien – Grundlagen, Stufenkonzeption und Kapitalkonsolidierung. 1991.

Band 16 Joachim Faß: Konzernierung und konsolidierte Rechnungslegung. Eine Analyse der Eignung des Konzernabschlusses als Informationsinstrument und als Grundlage der Ausschüttungsbemessung konzernverbundener Unternehmen. 1992.

Band 17 Michael Feldhoff: Die Regulierung der Rechnungslegung. Eine systematische Darstellung der Grundlagen mit einer Anwendung auf die Frage der Publizität. 1992.

Band 18 Uwe Jüttner: GoB-System, Einzelbewertungsgrundsatz und Imparitätsprinzip. 1993.

Band 19 Ralf Häger: Das Publizitätsverhalten mittelgroßer Kapitalgesellschaften. 1993.

Band 20 Jutta Menninger: Financial Futures und deren bilanzielle Behandlung. 1993.

Band 21 Stefan Lange: Die Kompatibilität von Abschlußprüfung und Beratung. Eine ökonomische Analyse. 1994.

Band 22 Hans Klaus: Gesellschafterfremdfinanzierung und Eigenkapitalersatzrecht bei der Aktiengesellschaft und der GmbH. 1994.

Band 23 Vera Marcelle Krisement: Ansätze zur Messung des Harmonisierungs- und Standardisierungsgrades der externen Rechnungslegung. 1994.

Band 24 Helmut Schmid: Leveraged Management Buy-Out. Begriff, Gestaltungen, optimale Kapitalstruktur und ökonomische Bewertung. 1994.

Band 25 Carsten Carstensen: Vermögensverwaltung, Vermögenserhaltung und Rechnungslegung gemeinnütziger Stiftungen. 1994. 2., unveränderte Auflage 1996.

Band 26 Dirk Hachmeister: Der Discounted Cash Flow als Maß der Unternehmenswertsteigerung. 1995. 2., durchgesehene Auflage 1998. 3., korrigierte Auflage 1999. 4., durchgesehene Auflage 2000.

Band 27 Christine E. Lauer: Interdependenzen zwischen Gewinnermittlungsverfahren, Risiken sowie Aktivitätsniveau und Berichtsverhalten des Managers. Eine ökonomische Analyse. 1995.

Band 28 Ulrich Becker: Das Überleben multinationaler Unternehmungen. Generierung und Transfer von Wissen im internationalen Wettbewerb. 1996.

Band 29 Torsten Ganske: Mitbestimmung, Property-Rights-Ansatz und Transaktionskostentheorie. Eine ökonomische Analyse. 1996.

Band 30 Angelika Thies: Rückstellungen als Problem der wirtschaftlichen Betrachtungsweise. 1996.

Band 31 Hans Peter Willert: Das französische Konzernbilanzrecht. Vergleichende Analyse zum deutschen Recht im Hinblick auf die Konzernbilanzzwecke und deren Grundkonzeption. 1996.

Band 32 Christian Leuz: Rechnungslegung und Kreditfinanzierung. Zum Zusammenhang von Ausschüttungsbegrenzung, bilanzieller Gewinnermittlung und vorsichtiger Rechnungslegung. 1996.

Band 33 Gerald Schenk: Konzernbildung, Interessenkonflikte und ökonomische Effizienz. Ansätze zur Theorie des Konzerns und ihre Relevanz für rechtspolitische Schlußfolgerungen. 1997.

Band 34 Johannes G. Schmidt: Unternehmensbewertung mit Hilfe strategischer Erfolgsfaktoren. 1997.

Band 35 Cornelia Ballwießer: Die handelsrechtliche Konzernrechnungslegung als Informationsinstrument. Eine Zweckmäßigkeitsanalyse. 1997.

Band 36 Bert Böttcher: Eigenkapitalausstattung und Rechnungslegung. US-amerikanische und deutsche Unternehmen im Vergleich. 1997.

Band 37 Andreas-Markus Kuhlewind: Grundlagen einer Bilanzrechtstheorie in den USA. 1997.

Band 38 Maximilian Jung: Zum Konzept der Wesentlichkeit bei Jahresabschlußerstellung und -prüfung. Eine theoretische Untersuchung. 1997.

Band 39 Mathias Babel: Ansatz und Bewertung von Nutzungsrechten. 1997.

Band 40 Georg Hax: Informationsintermediation durch Finanzanalysten. Eine ökonomische Analyse. 1998.

Band 41 Georg Schultze: Der spin-off als Konzernspaltungsform. 1998.

Band 42 Christian Aders: Unternehmensbewertung bei Preisinstabilität und Inflation. 1998.

Band 43 Thomas Schröer: Das Realisationsprinzip in Deutschland und Großbritannien. Eine systematische Untersuchung und ihre Anwendung auf langfristige Auftragsfertigung und Währungsumrechnung. 1998.

Band 44 Anne d'Arcy: Gibt es eine anglo-amerikanische oder eine kontinentaleuropäische Rechnungslegung? Klassen nationaler Rechnungslegungssysteme zwischen Politik und statistischer Überprüfbarkeit. 1999.

Band 45 Christian Back: Richtlinienkonforme Interpretation des Handelsbilanzrechts. Abstrakte Vorgehensweise und konkrete Anwendung am Beispiel des EuGH-Urteils vom 27. Juni 1996. 1999.

Band 46 Cornelia Flury: Gewinnerläuterungsprinzipien. 1999.

Band 47 Hanne Böckem: Die Durchsetzung von Rechnungslegungsstandards. Eine kapitalmarktorientierte Untersuchung. 2000.

Band 48 Jens Kengelbach: Unternehmensbewertung bei internationalen Transaktionen. 2000.

Band 49 Ursula Schäffeler: Latente Steuern nach US-GAAP für deutsche Unternehmen. 2000.

Band 50 Rainer Doll: Wahrnehmung und Signalisierung von Prüfungsqualität. 2000.

Band 51 Brigitte Strasser: Informationsasymmetrien bei Unternehmensakquisitionen. 2000.

Band 52 Lars Franken: Gläubigerschutz durch Rechnungslegung nach US-GAAP. Eine ökonomische Analyse. 2001.

Band 53 Oliver Bärtl: Wertorientierte Unternehmenssteuerung. Zum Zusammenhang von Kapitalmarkt, externer und interner Rechnungslegung. 2001.

Band 54 Gabi Ebbers: A Comparative Analysis of Regulatory Strategies in Accounting and their Impact on Corporate Compliance. 2001.

Band 55 Mark Währisch: The Evolution of International Accounting Systems. Accounting System Adoptions by Firms from a Network Perspective. 2001.

Band 56 Jakob Schröder: F&E-Bilanzierung als Einflußfaktor der F&E-Freudigkeit. 2001.

Band 57 Martin Hebertinger: Wertsteigerungsmaße – Eine kritische Analyse. 2002.

Band 58 Rainer Zensen: Die Bewertung von deutschen Universalbanken unter Berücksichtigung rechtsformspezifischer Besonderheiten. 2002.

Band 59 Oliver Beyhs: Impairment of Assets nach International Accounting Standards. Anwendungshinweise und Zweckmäßigkeitsanalyse. 2002.

Band 60 Britta Leippe: Die Bilanzierung von Leasinggeschäften nach deutschem Handelsrecht und US-GAAP. Darstellung und Zweckmäßigkeitsanalyse. 2002.

Band 61 Christian Heitmann: Beurteilung der Bestandsfestigkeit von Unternehmen mit Neuro-Fuzzy. 2002.

Band 62 Bernd Hacker: Segmentberichterstattung – Eine ökonomische Analyse. 2002.

Band 63 Jörg Hoffmann: Das DRSC und die Regulierung der Rechnungslegung. Eine ökonomische Analyse. 2003.

Kolibri 360 GmbH
Ferdinand-Jühlke-Straße 7
99095 Erfurt, Deutschland
produktsicherheit@kolibri360.de

Druck:
CPI Druckdienstleistungen GmbH
im Auftrag der
Kolibri 360 GmbH
Ferdinand-Jühlke-Str. 7
99095 Erfurt